Aufbruch in die Vernunft

Stefan Weidner

Aufbruch in die Vernunft

Islamdebatten und islamische Welt zwischen 9/11 und den arabischen Revolutionen

DIETZ

Gefördert mit einem Arbeitsstipendium
der Kunststiftung Nordrhein-Westfalen

KUNSTSTIFTUNG NRW

Bibliografische Information der Deutschen Nationalbibliothek

Die Deutsche Nationalbibliothek verzeichnet diese Publikation
in der Deutschen Nationalbibliografie; detaillierte bibliografische
Daten sind im Internet über http://dnb.d-nb.de abrufbar.

978-3-8012-0417-4

Verlag J.H.W. Dietz Nachf. GmbH
Dreizehnmorgenweg 24, 53175 Bonn
Lektorat: Alexander Behrens
Korrektorat: Simone Falk
Umschlag: Mareike Malzbender, Bonn
unter Verwendung der Kalligrafie Gesegneter Tag (1990, japanisches Faltbuch)
der libanesischen Künstlerin und Autorin Etel Adnan (geb. 1925).
Der Textauszug stammt von einem Gedicht der libanesischen Dichterin
Nelly Salameh Amri. Der Anfang lautet auf Deutsch: »Heute ist ein
gesegneter Tag. Die Scharfschützen haben frei. Antigone spricht zu dem König.
Sie muss sterben. Heute ist ein gesegneter Tag ...«
Satz: Petra Strauch
Druck und Verarbeitung: CPI – Ebner & Spiegel, Ulm

Printed in Germany 2011

Besuchen Sie uns im Internet: *www.dietz-verlag.de*

Inhalt

Die Epochenwende, die zu Anfang des Jahres 2011 noch niemand erahnen konnte, hat im Sommer 2011 unübersehbare Ausmaße angenommen. Zwei der am längsten regierenden arabischen Despoten, der Tunesier Ben Ali und der Ägypter Hosni Mubarak, sind von ihren Völkern vertrieben worden. Der Sturz zweier weiterer ist nur noch eine Frage der Zeit und könnte, wenn dieses Buch erschienen ist, bereits Geschichte sein: Der Herrschaftsbereich des Libyers Gaddafi ist gegenwärtig auf die Hauptstadt Tripolis und die angrenzenden Regionen geschrumpft. Nachdem die Übergangsregierung in Benghazi von allen wichtigen Mächten anerkannt wurde und der internationale Strafgerichtshof einen Haftbefehl gegen Gaddafi ausgestellt hat, steht er diplomatisch im Abseits.

Ähnliches gilt für Präsident Saleh im Jemen. Er liegt nach einem Anschlag Anfang Juni schwer verletzt in einem saudi-arabischen Hospital. Per Videobotschaften versucht er, in das Geschehen in seinem Land einzugreifen, aber er wird nur noch als Marionette seiner nach der Macht strebenden Söhne und der mit ihnen verbündeten Stämme wahrgenommen. Die vor dem Attentat langwierig mit ihm ausgehandelte freiwillige Machtübergabe scheiterte an seinem Starrsinn. Die Bildung einer Übergangsregierung unter Beteiligung der Opposition scheint unmöglich. Die Opposition selbst ist zu schwach und zu unentschlossen, um die Macht zu übernehmen. Das Land driftet in die Unregierbarkeit ab.

In Bahrain, dem kleinen Inselstaat an der Westküste des Persischen Golfs, sind die Proteste der politisch und wirtschaftlich marginalisierten schiitischen Bevölkerungsmehrheit mit Hilfe saudi-arabischer Truppen niedergeschlagen worden. Wie um die Saudis dafür zu belohnen, genehmigt die Bundesrepublik Deutschland nur wenige Wochen nach dem saudischen Einmarsch in Bahrain den Verkauf von über zweihundert der modernsten Kampfpanzer in dasjenige Land, das die weltweit radikalste

Variante des Islams als Staatsideologie pflegt und nach Kräften exportiert – im Vergleich zu Saudi-Arabien erscheint selbst der Islam, der in Iran gepredigt wird, moderat.

In anderen arabischen Ländern beeilt man sich, Reformen von oben zu vollziehen, um ein Überschwappen der Proteste zu verhindern – einigermaßen energisch in Marokko, eher halbherzig in Algerien und Jordanien. In Syrien ist die Situation mit dem Beginn des Ramadans am 1. August zu bürgerkriegsähnlichen Zuständen eskaliert. Dem Regime ist jede Propagandalüge, jedes Gewaltmittel zur Unterdrückung der Proteste recht. Es hat aus den Erfahrungen in Tunesien, Ägypten und Libyen gelernt und lässt größtmögliche Härte und Kompromisslosigkeit walten, während es sich in den eigenen Medien als leutselig und reformwillig präsentiert. Die Demonstranten bleiben unerschrocken, ohne dass es ihnen gelänge, das Regime zu spalten oder die Straßen dauerhaft in Besitz zu nehmen. Mal in der einen, mal in der anderen Stadt tut sich ein Machtvakuum auf, bis das Regime mit den Elitetruppen des Präsidentenbruders einmarschiert, nur damit ihm in der nächsten Stadt die Kontrolle wieder entgleitet.

Die syrische Wirtschaft liegt seit mehreren Monaten darnieder, Touristen und Journalisten werden nicht mehr ins Land gelassen. Auch die syrische Gesellschaft selbst ist gespalten. Viele syrische Christen, etwa zehn Prozent der Bevölkerung, ziehen das Assad-Regime einer Instabilität vor, von der, so fürchtet man, nur die Muslimbrüder profitieren würden. Ähnliche Befürchtungen gibt es bei den etablierten Geschäftsleuten, die sich in der herrschenden Korruption gut eingerichtet haben, wie auch bei vielen (keineswegs allen) Alawiten, den Anhängern der heterodoxen schiitischen Glaubensrichtung, der auch der Präsident angehört.

Da Reformversprechen des geschlossen wirkenden Regimes unglaubwürdig sind und ein Militärputsch unwahrscheinlich ist, wird es darauf ankommen, wer den längeren Atem hat, Herrscher oder Volk. Wenn das Regime irgendwann die Gehälter der zahlreichen Staatsbediensteten – sie wurden gerade um ein Drittel erhöht – nicht mehr zahlen kann, dürfte es langsam einknicken. Aber das wird nur der Fall sein, wenn die Demonstrationen sich vom staatlichen Repressionsapparat nicht schließlich doch einschüchtern lassen.

*

Um die Veränderungen in der Region zu begrüßen, muss man nicht davon ausgehen, dass die arabische Welt eine ähnliche Entwicklung nehmen wird wie Osteuropa nach dem Fall der Mauer. Dies ist schon aus wirtschaftlichen Gründen eher unwahrscheinlich – es fehlen wohlwollende, an Demokratie und Rechtsstaat interessierte und zugleich finanzkräftige Nachbarstaaten, wie sie die Osteuropäer in Gestalt der EU vorfanden. Die Araber finden unter ihren Nachbarn nur ebenfalls arme Länder oder überaus reiche, die die Demokratie jedoch als Teufelszeug erachten und ihre Reichtümer bereits jetzt dazu einsetzen, um sie nach Kräften zu untergraben, wie Saudi-Arabien oder die Emirate am Persischen Golf.

In zehn Jahren wird die arabische Welt vermutlich eher so aussehen wie Lateinamerika als wie Europa heute. Aber alles ist besser als die repressive, deprimierende und verdummende Stagnation seit dem Fall der Berliner Mauer und dem Irakkrieg von 1990/91, als die arabische Welt in den Tiefschlaf sank, der sie bis zum magischen Jahr 2011 im Bann hielt und aus dem sie nicht einmal die Terroranschläge vom 11. September 2001 und die darauf folgende militärische Eskalation in Afghanistan und Irak zu wecken vermochten.

Eher dürfte es umgekehrt gewesen sein. Der 11. September und die westliche Reaktion darauf verlängerte die Stagnation, weil die westliche Unterstützung der repressiven, aber eben prowestlichen und islamistenfeindlichen arabischen Diktaturen mit einem Mal deutlich als das bessere Übel erschien. Tatsächlich waren es jedoch ausgerechnet diese Regimes, die die Bevölkerung in die Arme der Islamisten trieben, der einzigen Opposition, die über nennenswerte Mittel, die nötige Infrastruktur und eine Verankerung in der Bevölkerung verfügte. In dieser Konstellation rührten die Erfolge des Islamismus vor allem daher, dass es ihm gelungen ist, die ohnehin unscharfen Grenzen zwischen politischer Religion und traditioneller Gläubigkeit im eigenen Sinn zu unterwandern – ein Phänomen, dass nicht mit der mangelnden Trennung von Staat und Religion im Islam zusammenhängt, sondern schlicht damit, dass in repressiven Staaten der im sonstigen öffentlichen Raum unterdrückte politische Diskurs nirgendwohin anders als in die religiöse Sphäre ausweichen kann.

Der in weiten Teilen schon abgewirtschaftete politische Islamismus fand aus Trotz gegen die westliche Eskalationsstrategie neuen Zulauf, und in der Folge griff die anti-westliche Propaganda auch auf säkulare Kräfte über. Geschürt durch die nach dem 11. September 2001 in breiten Kreisen rezipierte Islamkritik pflegte der Westen die bis heute grassierende Paranoia, dass die arabische Zivilgesellschaft und Demokratiebewegung am Ende nur das Feigenblatt, ja der Steigbügelhalter der Islamisten sind.

Schließlich wurden in dieser Atmosphäre viele Israelis zu dem Glauben verführt, Kompromisse mit den Palästinensern schiebe man am besten so lange wie möglich auf und stärke die zukünftige Verhandlungsposition, indem man die Siedlungstätigkeit im Westjordanland weiter vorantreibt. Die 2006 durchaus demokratisch gewählte palästinensische Regierung unter Führung der Hamas wurde boykottiert und schließlich im Gazastreifen unter Quarantäne gesetzt [⇦ S. 74], was nach dem Muster einer *self fulfilling prophecy* genau zu jener Radikalisierung der Hamas führte, die der Westen durch ihre Einbindung in eine demokratisch gewählte Regierung zu verhindern versucht hatte.

Ohne 9/11 und den Einmarsch im Irak, so dürfen wir vermuten, hätte 2011 einige Jahre früher stattgefunden, und selbst Saddam Hussain wäre womöglich auf ähnliche Weise gegangen worden wie gegenwärtig Gaddafi – sicher nicht unblutig, aber nicht mit einem Nachspiel, das bis heute den Irak in Blut taucht. Dort sterben nach wie vor mehr Menschen durch Gewalt als selbst in den Ländern, die sich im hellsten revolutionären Aufruhr befinden.

*

Die arabischen Revolutionen haben den Tod Bin Ladens zu einer Fußnote gemacht und den israelisch-palästinensischen Konflikt aus der Stagnation befreit. Vordergründig ist dies Israel zunächst zum Nachteil gereicht, da Ägypten entgegen israelischem Wunsch die Grenze zum Gazastreifen geöffnet hat und die Hamas wieder in eine gesamtpalästinensische Regierung eingebunden worden ist. Die Jahrzehnte lang ruhige Grenze zu Syrien, mit den von Israel annektierten Golanhöhen als Streitobjekt im Winterschlaf, erweist sich inzwischen als wunder Punkt, den das Assad-Regime bereits ausgenutzt hat, indem es zuließ, dass Gruppen von Palästinensern die ansonsten hermetisch abgeriegelte Demarkationslinie überrennen konnten, bis die Israelis das Feuer eröffneten. Assads Wille, die eigene Unentbehrlichkeit für Israels Sicherheit unter Beweis zu stellen, kostete mehrere Dutzend in Syrien beheimatete Palästinenser das Leben.

Es dürfte viele in Israel geben, die es mittlerweile bereuen, in den letzten Jahren und aus einer Position der Stärke heraus keinen Friedensvertrag mit den Palästinensern geschlossen zu haben. Jetzt wächst das Selbstbewusstsein der Araber, und es ist nicht mehr anzunehmen, dass sich ihre Regierungen dem westlichen Diktat ähnlich bereitwillig unterwerfen, wie es die autokratischen Regimes vor den Revolutionen taten. Wenn es trotz alledem in absehbarer Zeit zu einem israelisch-palästinensischen Frieden kommt, darf sich Israel indessen Hoffnung machen, dass dieser verlässlicher und weniger kalt sein wird als jeder Frieden, der mit oder im Umfeld von Despoten geschlossen worden ist. Langfristig könnte damit auch Israel von den Entwicklungen profitieren, so turbulent diese in nächster Zeit verlaufen mögen. Im Endeffekt wäre Israel im Nahen Osten dann nur eine Demokratie unter vielen. Es hätte keine Sonderstellung mehr inne, weder in den Augen des Westens noch auch, so ist zu hoffen, in den Augen der Araber. Die »Normalisierung« *(tatbî')*, derzeit im Arabischen noch als Synonym zu »Verrat« gebraucht, wäre vollzogen.

Diese Vision ist kein frommer Wunsch. Für beide Seiten sind die objektiven Anreize für eine solche Normalisierung groß, so mächtig die subjektive Stimmung aktuell dagegen spricht. Wir im Westen würden ebenfalls davon profitieren, da unsere Solidarität mit Israel und die vorschnelle Gleichsetzung Israels mit dem Westen die Normalisierung unseres eigenen Verhältnisses zur arabischen Welt behindert. Wenn aber der arabische Nahe Osten demokratische Formen annimmt, verdienen vor allem die Kräfte in Israel unsere Unterstützung, die ihren Staat nicht für alle Ewigkeit als Ausnahme und Sonderfall in der Region erachten, sondern als integralen und integrierten Teil des östlichen Mittelmeers, des Nahen Ostens, des ›Orients‹. Bliebe Israel permanent ein Fremdkörper dort, stünden seine Überlebenschancen auf lange Sicht sehr schlecht.

Wie wenig das Land aber auf die Veränderung vorbereitet ist, zeigte sich ausgerechnet in dem Moment, da die Araber aufbrachen. Noch Mitte Januar 2011, als Ben Ali in Tunesien bereits gestürzt war, pflegten nach übereinstimmenden Medienberichten die israelischen Geheimdienste die Überzeugung, Mubaraks Stellung sei ungefährdet. Will man nicht annehmen, die besten Geheimdienste der Welt hätten über zu wenig oder über fundamental falsche Informationen verfügt, liegt der Schluss nah, dass es eine irreführende Wahrnehmungsschablone war, die das Erkennen der Realität unmöglich machte.

Man wird sich nicht allzu weit aus dem Fenster lehnen, wenn man diese Wahrnehmungsschablone als Überbleibsel einer kolonialen Mentalität identifiziert, einer Mentalität, die in fast allen Beobachtern wirksam war, selbst solchen, die mit der arabischen Welt sympathisierten. Im Klartext läuft diese Mentalität auf eine zumindest unbewusste Unterschätzung von Arabern und Muslimen hinaus. Man hält sie für unterentwickelt, rückschrittlich, weniger kultiviert, unselbstständig, unaufgeklärt und aufgrund all dessen auch nicht zu selbstbestimmter und zielorientierter politischer Aktion fähig. Und hat die arabische Geschichte seit dem Fall der Berliner Mauer diese Vorurteile nicht bestätigt? Man hätte den Verdacht hegen können, diese Mentalität habe auch die Araber selbst infiziert. Nach Art eines kollektiven Stockholmsyndroms schienen sie – zumindest vor den Kameras – allzu oft denjenigen Kräften zuzujubeln, die sie in Geiselhaft nahmen: den eigenen Diktatoren und den Islamisten. Die Araber, dürfen wir schließen, haben sich selbst überrascht.

*

Daraus folgt: 2011 ist in einem noch größeren Ausmaß ein Epochenjahr, als bereits offensichtlich ist. Dieses Jahr zieht nicht nur – auch dank dem Tod, ja man darf sagen der *Erlegung* Bin Ladens – einen dicken Schlussstrich unter die zehn Jahre nach 9/11; es markiert den Anfang vom Ende einer historischen »longue durée«, einer Großepoche, die mehr als zweihundert Jahre lang wirksam gewesen ist. Gemeint ist die Geschichte des abendländischen Imperialismus und der von ihm etablierten, bis in jüngste Zeit wirksamen kolonialen Strukturen. Die gestürzten und in nächster Zeit wahrscheinlich stürzenden arabischen Regimes haben diese Strukturen im Inneren ihrer Länder oft bruchlos weitergeführt oder sie, meist inspiriert durch sozialistische Vorbilder wie in Ägypten, Libyen, Syrien und Algerien, durch solche ersetzt, die für die Bevölkerung ähnlich entmündigende, ähnlich katastrophale Ergebnisse zeitigten.

Eine zentralistische Einparteienherrschaft mit einem Präsidenten an der Spitze, der nicht rechenschaftspflichtig ist, jedoch Wirtschaft, Militär, Rechtssystem, Parlament und Medien eines Landes kontrolliert, und ein König oder Fürst, der ähnliche Befugnisse hat (wie in Marokko, Saudi-Arabien, Jordanien, den Golfemiraten), unterscheidet sich nicht fundamental von einem Kolonialregime, das mit Hilfe von Marionettenregierungen die eigenen Interessen durchsetzt, das Land ausraubt und die einheimische Bevölkerung verachtet. Dass sie ihre Würde zurückerhalten und endlich wie Menschen behandelt werden möchten, ist ein vielzitiertes Motiv in den Parolen der arabischen Demonstranten gewesen. Aber war dies nicht schon die Losung der antikolonialen Befreiungsbewegungen? *Das kolonisierte Ding wird Mensch* lautet der Titel eines in der DDR herausgegebenen Buchs[1] von Frantz Fanon, des 1961 früh verstorbenen Theoretikers der antikolonialen Befreiung.

Sachlich durchaus korrekt sind nahezu alle Regimes in der arabischen Welt von der Bevölkerung als Ausführungsgehilfen und verlängerter Arm des Westens wahrgenommen worden. Zum Teil konnten sie sich überhaupt nur dank der Unterstützung durch den Westen so lange an der Macht halten. Die erwähnte Öffnung der Grenze zum Gazastreifen durch die ägyptischen Behörden nach dem Sturz Mubaraks erscheint vor diesem Hintergrund weniger ein Akt der Solidarität mit den Palästinensern als ein Akt eigener wiedergewonnener Souveränität: Die Ägypter wollen ihr außenpolitisches Handeln nicht mehr von westlichen Prioritäten bestimmen lassen.

Aber nicht nur die arabischen Revolutionen deuten an, dass die Epoche des Imperialismus sich ihrem Ende zuneigt. Es ist vielmehr auch die sich in einflussreichen Kreisen im Westen durchsetzende Einsicht, die Entwicklungen in der islamischen Welt nicht mehr auf direkte Weise und mit Hilfe simpler Mechanismen steuern zu können. Wenn, wie in diesem Jahr vom amerikanischen Präsidenten groß verkündet, von 2014 an die westlichen Truppen nach dreizehn Jahren »Aufbauarbeit« und »Antiterrorkampf« aus Afghanistan abziehen, und zwar gleich allen ihren Vorgängern voraussichtlich als gescheiterte, wenn nicht geschlagene, dürfte sich sobald kein Bündnis und keine westliche Regierung mehr zu einer ähnlichen Operation im Orient verleiten lassen.

Im Irak ist diese Lektion schon gelernt worden, zum Leidwesen übrigens viel mehr der Iraker als der Amerikaner. Auch in Afgha-

1 Frantz Fanon, *Das kolonisierte Ding wird Mensch*, Leipzig 1986.

nistan werden es die Afghanen sein, die für die westliche Hybris, die Welt verbessern zu können, den höchsten Preis zu zahlen haben. Ohne eine Beteiligung der Taliban an der Macht wird das Land nicht zur Ruhe kommen. Man kann nur hoffen, dass es dann die ›gemäßigten‹ Taliban sind, die in die Führung des Landes eingebunden werden.

Auch in Iran sitzt ein Regime, dessen Zeit eigentlich abgelaufen ist und das beim städtischen und gebildeten Teil der Bevölkerung seit langem diskreditiert ist. In Gestalt der Proteste nach der vermutlich gefälschten Präsidentenwahl im Sommer 2009 fand in Iran gleichsam die Generalprobe zu den arabischen Aufständen von 2011 statt. Sie scheiterte zwar, aber gab das Muster für spontan mittels Mobiltelefonen und Internet koordinierte Protestbewegungen vor, wie sie in der arabischen Welt erfolgreich gewesen sind.

Warum der Aufstand in Iran vorläufig gescheitert ist, lässt sich nach den arabischen Erfahrungen zumindest ein Stück weit erklären. Zum einen ist Iran, anders als die arabischen Staaten mit ihrer gemeinsamen Sprache, ihren transnationalen Medien und ihrem intensiven sozialen und intellektuellen Austausch untereinander, weitgehend isoliert, ja schlimmer noch, es hat mit Irak und Afghanistan zwei Nachbarstaaten im Bürgerkrieg und unter amerikanischer Besatzung. Der äußere Druck auf das Land ist damit viel größer und ein revolutionärer Dominoeffekt, wie er sich in der arabischen Welt ergeben hat, kann sich von außen nicht unterstützend einstellen. Der revolutionäre Impetus muss allein im Land selbst erzeugt und aufrechterhalten werden.

Zum anderen leidet die Protestbewegung in Iran unter der mangelnden Einbindung der ärmeren, weniger gebildeten und strenggläubigeren Bevölkerungsteile, als deren Fürsprecher und Wohltäter die Regierung unter Präsident Ahmadinedschad und die konservativeren Elemente des herrschenden Klerus sich seit jeher stilisieren. Auch in dieser Hinsicht steht aber zu erwarten, dass sich das Machtgefüge allmählich zugunsten der Opposition verschiebt, wenn einesteils der äußere Druck mit dem Abzug westlicher Truppen aus Irak und Afghanistan nachlässt, andernteils die demokratischen Veränderungen in der arabischen Welt an Nachhaltigkeit gewinnen und auch das syrische Assad-Regime stürzt, Irans einziger echter arabischer Verbündeter.

Die These vom Jahr 2011 als Wendejahr für die Epoche des Imperialismus wird im übrigen ausgerechnet durch den Blick auf die Schwierigkeiten der revolutionären Bewegung in Iran bestätigt. Falls es nämlich zutrifft, dass mit den arabischen Autokraten, wie 1979 mit dem iranischen Schah, Regimes gestürzt wurden, die wenig anderes als die autochthone, allenfalls mit einer neuen, etwa sozialistischen Ideologie versehene Fortsetzung von Kolonialsystemen waren, so hat die Islamische Republik, trotz vieler menschenverachtender Gemeinsamkeiten mit den gestürzten arabischen Diktaturen doch zumindest mit der Hörigkeit gegenüber dem Westen und der Verachtung der eigenen Traditionen Schluss gemacht. Der latente Widerstand gegen das Regime kann sich daher in Iran auf bestimmte Elemente, die in der arabischen Welt mit entscheidend waren, nicht stützen: den konservativen Islam und die Teile der Bevölkerung, die, obzwar eigentlich verarmt und perspektivlos, vom Regime mittels aufwendiger Umverteilungen bei Laune gehalten werden.

*

Wenn das Jahr 2011 aber unbestreitbar eine weltpolitische Epochenwende markiert, dürfte es mehr als angezeigt sein, aus diesem Anlass auch eine geistige Wende zu vollziehen und die mentalen Versehrungen aufzuarbeiten, die sich seit 2001, wenn nicht schon lange vorher, in der Begegnung mit der arabisch-islamischen Welt akkumuliert haben. Dieser Aufarbeitung, die ganz unabhängig vom weiteren Ausgang der Ereignisse zu leisten wäre, ist ein Großteil des vorliegenden Buchs gewidmet. Und so sehr sie lange schon ein Desiderat gewesen ist, zeichnen sich ihre Konturen vor dem Hintergrund der Situation von 2011 und nach dem islamfeindlich motivierten Massaker in Norwegen am 22. Juli dieses Jahres [⇥ S. 97] nur umso stärker ab.

Die Versehrungen haben sich naturgemäß auf beiden Seiten niedergeschlagen, im Westen ebenso wie in der islamischen Welt. Ihre offensichtlichste Gestalt ist ein permanentes gegenseitiges Misstrauen, begleitet von Anschuldigungen und Vorwürfen. Dieses Misstrauen, das 2001 und in den Jahren danach seinen Höhepunkt erreicht hatte, wird – auf beiden Seiten – befeuert durch Unkenntnis, Ignoranz, Vorurteile und teils gezielte Desinformation. Überzogene Erwartungen und ideologische Verblendungen treten hinzu und schaukeln sich wechselseitig hoch.

Unverhofft bieten nun die arabischen Revolutionen die Gelegenheit, dieses Misstrauen zu überwinden. Und doch beobachten wir vielfach dieselbe Verunsicherung und Angst wie früher. Was könnte jetzt nicht alles auf uns zukommen an Flüchtlingsströmen und unerlässlicher Wirtschaftshilfe, an Ölkrisen, radikalislamischen Regierungen und Bürgerkriegen, in die wir womöglich hineingezogen werden? Doch auch wenn die Angst immer eine vor der Zukunft ist, steht sie im Bann der Vergangenheit und ist das Resultat vieler Jahrzehnte entfremdeter Politik, sei es in der arabischen Welt selbst, sei es, von Seiten des Westens, im Umgang mit ihr. Um den Blick frei zu bekommen, bräuchte man eine transkulturelle Psychoanalyse.

Für die meisten, besonders die islamkritischen Beobachter, überraschend, bekunden die arabischen Revolutionäre jedoch Werte, die nahezu vollständig aus dem westlichen, beziehungsweise, halten wir die westlichen Werte für universal, dem universalen Wertekanon stammen und die sich auch in unseren Breiten ein jeder auf die Fahnen schreiben könnte, ja auf die Fahnen schreiben sollte.[2] Dies ist das erfreuliche Indiz für eine trotz allen

2 Eines der beeindruckendsten Beispiele dafür bot die vom Satellitenkanal Al-Jazeera live übertragene Freitagspredigt des jungen libyschen Religionsgelehrten Wanis al-Mabruk vor mehreren Zehntausend Gläubigen in Benghazi am 25.3.2011.

Misstrauens erfolgreiche westliche Vermittlung dieser Werte, oder aber (noch besser!) dafür, dass es sich dabei tatsächlich um universelle, zumindest problemlos universalisierbare Werte handelt.

Vor diesem Hintergrund fällt rückblickend auf, dass das arabische Misstrauen gegenüber Europa und den USA ohnedies weniger islamisch oder sonst wie kulturspezifisch begründet worden ist, sondern der wiederholten Erfahrung westlicher Doppelzüngigkeit entsprang: Die Werte, die der Westen verkündete, missachtete er häufig selbst, und zwar gerade in der Auseinandersetzung mit Muslimen und mit der islamischen Welt, sei es direkt, etwa in Guantanamo, in Abu Ghraib oder im Umgang mit Flüchtlingen; oder indem der Westen mit Machthabern kooperierte und diese stützte, welche die westlichen Werte unübersehbar mit Füßen traten, wie die jetzt gestürzten arabischen Diktatorenpräsidenten.

Die Janusköpfigkeit im Umgang mit der arabisch-islamischen Welt zieht sich jedoch – und an diesem Punkt versehren wir uns selbst – mitten durch unsere eigene Gesellschaft. Gemeint ist die Diskrepanz zwischen Regierungspolitik und Zivilgesellschaft, zwischen offiziellem Handeln in der hohen Politik einerseits und andererseits dem Credo der flach profilierten *soft-power* regierungsunabhängiger, aber in aller Regel vom Staat mitgetragener Institutionen. In Ägypten arbeiteten unsere Stiftungen, unsere Kultur- und Austauschinstitute, unsere mit viel staatlichem Geld geförderten NGOs für die Stärkung von Demokratie und Zivilgesellschaft, während die hohe Politik das autokratische Regime Mubarak in Wort und Tat (vor allem durch wirtschaftliche Zusammenarbeit) stützte. Ähnliches gilt für zahlreiche andere Staaten, sogar für Syrien.

Bei dieser Janusköpfigkeit vertritt die offizielle Regierungsebene den politischen Realismus und den unmittelbaren Nutzen; die meist im kulturellen und sozialen Bereich tätige *soft-power* halbstaatlicher Organisationen und NGOs ist hingegen für die Moral zuständig. Die Unglaubwürdigkeit einer solchen Aufspaltung von politischer Moral und politischem Handeln liegt auf der Hand und ist natürlich auch arabischen Beobachtern nicht entgangen. Andernfalls hätte man schon annehmen müssen, dass sich das Goethe-Institut in Kairo, wenn es, wie im Mai 2009, dem regierungskritischen Schriftsteller Alaa Al-Aswani ein Forum bietet, gegen seinen wichtigsten Geldgeber, das Auswärtige Amt, verschworen haben muss, dessen Chef den ägyptischen Präsidenten im Mai 2010 einen »Mann mit enormer Erfahrung, großer Weisheit und die Zukunft fest im Blick« genannt hat.[3] Die Komplexität unseres internationalen politischen Handelns, das dank demokratischer Gewaltenteilung in selbstreferentielle Systeme fast Luhmann'scher Art aufgesplittert und zu keiner einheitlichen Zielsetzung mehr fähig ist, ist wohl unaufhebbar geworden. Eine große Schwäche, ein empörend wunder Punkt im westlichen Selbstbild ist sie nichtsdestoweniger. Auf die damit einhergehende Korrumpierung antwortet aus einem im Prinzip richtigen moralischen Impetus heraus nicht zuletzt die Islamkritik. Sie führt Politik und Moral wieder zu einer einzigen Weltanschauung und Zielsetzung zusammen – freilich um den Preis eines arg verzerrten Blicks auf die Welt [⇨ S. 107].

Während sich das westliche Misstrauen auf die Frage nach der Demokratietauglichkeit der muslimischen Gesellschaften beruft, spielt (von Randgruppen abgesehen, die in unseren Medien leider oft als repräsentativ dargestellt werden) für die arabischen Bürger der Islam offenbar keine prominente Rolle bei der Kritik am Westen – eine Asymmetrie, die zumindest zum Teil dadurch erklärt werden kann, dass die Wahrnehmung des Islams als Gegner unseren Blick dafür getrübt hat, dass selbst der islamisch eingefärbte Widerstand, sei es gegen die despotischen Staatsapparate in der arabischen Welt, sei es gegen Israel oder gegen die westliche Intervention in Afghanistan und im Irak, für Ziele einzutreten vorgibt, mit denen wir uns ebenfalls identifizieren könnten: die Achtung

3 Vgl. Süddeutsche Zeitung, 31.1.2011, http://www.sueddeutsche.de/politik/westerwelle-ueber-mubarak-schwaermen-vom-diktator-1.1053521

der Menschenwürde, politische, wirtschaftliche und kulturelle Teilhabe, Rechtssicherheit, Mitbestimmung, Autonomie, Demokratie, gute Regierungsführung und freie Meinungsäußerung.

Selbst traditionell und orthodox gesinnte Muslime fordern dies, und das ist ein gutes Zeichen selbst dann, wenn die begründete Befürchtung besteht, dass diese Kräfte, einmal an der Macht, die vordem geforderten Rechte ihren politischen Gegnern nicht zugestehen. Für diese Art von Doppelzüngigkeit braucht es nicht den Islam, wir kennen sie ebenso von anderen einstmals revolutionären Bewegungen unterschiedlichster ideologischer Couleur.

*

Die Verbindung von islamischem Widerstand mit aggressivem missionarischem Eifer, die Zurücksetzung durchaus universaler Werte zugunsten tatsächlich eigenwillig interpretierter islamischer ist ein Phänomen, das auf klar zu identifizierende extremistische Gruppen beschränkt ist. Für das zukünftige Verhältnis von Westen und islamischer Welt wird es zentral sein, zwischen diesen Bewegungen und der großen Mehrheit selbst gläubiger und orthodoxer Muslime zu unterscheiden, die ohne entsprechende Gehirnwäsche wenig handfeste Gründe haben, den Zielen der Extremisten zu folgen. Für diese extremistischen Bewegungen ist der Name Salafiten (oder Salafisten) in Mode gekommen, vom arabischen Wort *salaf* – »Vorfahren« (aus der Zeit des Propheten), an denen sich die Salafiten orientieren wollen.

Die Salafiten haben ihren Ursprung nicht im politischen Islam der Muslimbrüder, sondern sind ein Ableger des saudischen Wahhabismus, der Staatsideologie Saudi-Arabiens, die auf die puritanische Bewegung Ibn Abdul-Wahhabs (1703–1792) zurückgeht. Abdul-Wahhab propagierte einen ursprünglichen, von allen Anlagerungen der Geschichte gereinigten Islam und suchte ein Bündnis mit dem Klan der Saud, der nach dem Ersten Weltkrieg das Gebiet des nach ihm benannten heutigen Saudi-Arabien eroberte.

Wahhabismus und Salafismus verdanken ihren Einfluss weniger der Überzeugungskraft ihrer Ideen als den endlosen finanziellen Möglichkeiten, mit denen sie von einflussreichen Kreisen in Saudi-Arabien gefördert werden. Vereinfacht gesagt ist die Ausbreitung des Salafismus der ideologische Preis, den die Welt für das saudische Öl zu zahlen hat. Dass fünfzehn der neunzehn Attentäter von 9/11 Saudis waren, ist ein gern heruntergespielter, aber doch unübersehbarer Beleg für die daraus resultierenden Gefahren.

Leider ist ausgerechnet unsere Islamkritik blind gegen den Unterschied von Islam und salafitischem Extremismus. Sie beraubt sich damit der Möglichkeiten, diejenige islamische Strömung, die mit den westlichen Werten als einzige gar keine Schnittmengen mehr aufweist, zu isolieren und als isoliertes Phänomen effektiv zu bekämpfen. Denn in diesem Kampf käme es darauf an, gerade auch die durchschnittlichen Gläubigen, die traditionellen und orthodoxen Muslime als Bündnispartner zu gewinnen. Sie sind vom Salafismus weitaus stärker betroffen als der Westen, und die missionarische Ideologie der Salafiten zielt weniger auf den Westen als auf den traditionellen und orthodoxen Islam mit seiner oft noch synkretistischen Vielfalt ab. Für Ibn Abdul-Wahhab und die meisten seiner Nachfolger bis heute sind Muslime, die nicht exakt denselben puritanischen Vorstellungen anhängen wie er, schlicht keine echten Muslime, sondern Ungläubige.[4]

Die unübersichtlichen Machtstrukturen in Saudi-Arabien mit über siebentausend jeweils über eigene Haushalte verfügenden Prinzen verschleiern recht effektiv die Quellen für die finanzielle Förderung von Salafiten, Taliban und vergleichbaren Bewegungen. Dass sie sich, auf welchen Umwegen auch immer, über Petrodollars vollzieht, steht außer Frage. Als Fußnote zu dem im Juli bekanntgewordenen sogenannten Panzerdeal sei erwähnt,

4 Wer sich näher für die Thematik interessiert, konsultiere das Buch von Guido Steinberg, *Saudi-Arabien. Politik, Geschichte, Religion,* München 2004. Der ausgewiesene Islamwissenschaftler arbeitete lange als Referent für Terrorismus im Bundeskanzleramt.

dass Saudi-Arabien, gemessen am Pro-Kopf-Einkommen, weltweit am meisten Geld für Rüstung ausgibt (nämlich ein Drittel dieses Pro-Kopf-Einkommens); dass ein Großteil dieser Rüstungstechnik ohne ausländische (d. h. westliche) Expertise und Logistik von den Saudis allein kaum genutzt werden kann; dass nach Schätzungen etwa ein Fünftel des Geldes, das die Saudis für Rüstung ausgeben, in internen Kanälen versickert;[5] und dass gleichwohl die Gefahren, die von Saudi-Arabien ausgehen, in absehbarer Zeit nicht in seiner militärischen Kapazität liegen, sondern in der von ihm finanzierten und geförderten Ausbreitung des Salafismus in der islamischen Welt und anderswo, worauf unlängst sogar der deutsche Innenminister bei der Vorstellung des Verfassungsschutzberichtes 2010 hinwies. Es war derselbe Innenminister, der in seiner Eigenschaft als Mitglied des geheim tagenden Sicherheitskabinetts zur gleichen Zeit den Panzerdeal mit Saudi-Arabien genehmigte.

Mit den arabischen Revolutionen hat Saudi-Arabien zwar erheblich an direktem politischen Einfluss in der Region verloren – Mubarak und Ben Ali waren enge Verbündete Saudi-Arabiens, Ben Ali lebt heute im saudischen Exil. Über die Förderung des Salafismus und anderer Extremvarianten des Islams versucht es jedoch massiv, etwa in Ägypten und unter den libyschen Aufständischen, diesen Einfluss wiederzugewinnen. Für eine tatsächliche Machtübernahme der Salafiten spricht gegenwärtig zwar wenig, da sie den meisten Menschen in der arabischen Welt zurecht als vom Ausland (nämlich dem verhassten Saudi-Arabien) gesteuert erscheinen und offen den Werten widersprechen, für die die Menschen auf die Straße gegangen sind. Gleichwohl aber zählen die Salafiten zu den Hauptverantwortlichen für die Verbreitung radikalen Gedankenguts und für eine neu aufkommende, religiös motivierte Gewalt in den im Umbruch befindlichen Ländern. Der

5 Diese Angaben entnehme ich dem Kapitel »External Relations« in dem Sammelband *Saudi-Arabia in the Balance. Political Economy, Society, Foreign Affairs,* hrsg. von Paul Aarts & Gerd Nonnenman, London (C. Hurst & Co.) 2005, S. 315 ff.

Kampf gegen sie wird in den Köpfen und Herzen der Muslime entschieden, die man sich eben deshalb nicht zum Feind machen sollte; aber auch im Umgang mit Saudi-Arabien, das zu Reformen und zur Öffnung nicht bloß zu ermuntern, sondern mit aller Kraft zu drängen ist – und dessen den Extremismus finanzierende Zirkel gezielt und umstandslos zu bekämpfen wären.

Die Chancen, die für den Westen und vor allem die Europäer in einer weitgehend demokratisierten und mit rechtsstaatlichen Strukturen versehenen arabischen Welt liegen, sind viel zu groß, um sie aufgrund eines wohlfeilen, islamkritisch befeuerten Skeptizismus oder kurzsichtiger Ängste um den Ölpreis zu verspielen. Nutzen wir diese Chancen nicht und zaudern, den arabischen Aufbruch in die Vernunft ideell und materiell zu fördern, riskieren wir das Scheitern oder Abdriften der Revolutionen, bevor der Wandel unumkehrbar ist. Weitere Jahrzehnte weltpolitischer Depression und ideologischer Verhärtung wären die Folge. Das in diesem Buch dokumentierte Jahrzehnt zwischen 2001 und 2011 hat das Maß an geistigem, politischem und materiellem Elend jedoch schon voll genug gemacht.

Can you hear me, Major Mubarak? Momentaufnahme der ägyptischen Revolution auf ihrem Höhepunkt

Es ist gespenstisch. Es ist höhnisch. Gespenstisch ist die Diskrepanz zwischen dem, was nun fünf Tage in Folge vierundzwanzig Stunden lang live auf Al-Jazeera zu sehen und vor allem zu hören war – dem arabischen Satellitenkanal, der sich zum Nukleus des politischen Bewusstseins der Araber gemausert hat – und den Berichten im Stil des Staatsfernsehens, die uns die überforderten und der Landessprache nicht mächtigen Korrespondenten von ARD und ZDF aus Kairo darboten. Höhnisch musste es in den ägyptischen Ohren klingen, als der einstige Welthoffnungsträger Barack Obama Freitagnacht betonte, er habe gegenüber Mubarak den Ernst der Reformen angemahnt. Am Sonntagmorgen sind neunzehn Privatflugzeuge mit den flüchtenden Familien regierungsnaher Geschäftsleute von Kairo aus in die Golfstaaten gestartet. Seit drei Tagen ist keine Polizei auf den Straßen von Kairo gesehen worden. Niemand schränkt mehr die Demonstrationsfreiheit ein, es sind allenfalls die Demonstranten selbst, die zur Ordnung rufen und gegebenenfalls die Armee um Hilfe ersuchen. Das komplette Verfehlen der Realität durch die westlichen Regierungen und unsere Medien wird nur übertroffen vom Verhalten der offiziellen politischen Kaste in Ägypten, die sich durch das Kappen der Internetverbindungen und seit Sonntag auch mit der Abschaltung der Satellitenübertragung von Al-Jazeera ohne Wiederkehr in ihre eigene Truman-Show eingesperrt hat.

Seit dieser »Präsident« 1981 die Herrschaft übernommen hatte, galt in Ägypten der Ausnahmezustand – man braucht kein Politologe zu sein, um zu wissen, dass die Ausnahme, wenn sie zur Regel wird, keine mehr ist und niemanden mehr schreckt. Oh, es muss ein Mächtiger, von allen anderen Mächtigen weithin respektierter Mann gewesen sein, der da am Freitag eine Ausgangssperre ausrief, und, weil sich die Polizei unterdessen in Luft aufgelöst hatte, seine Armee zur Party auf die Straßen schickte! Es wurde die am konsequentesten ignorierte Ausgangssperre der Menschheitsgeschichte und zugleich die auf allen Kanälen am besten als ignoriert dokumentierte. Die schönen, neuen, sandfarbenen Schützenpanzer aber, die diese Ausgangssperre durchsetzen sollten, hatten über Nacht von dreisten Sprayern ein umgekehrtes Vorzeichen verpasst bekommen und trugen das Menetekel des herrschenden Systems an allen Kameras vorbei: »Nieder mit Mubarak!«

Fast ist das Ziel erreicht. Zwar ist Mubarak formell noch an der Macht, doch was da Macht heißt, schwebt wie David Bowies Major Tom fern jeder Bodenkontrolle im Weltraum. Der Zug der Umwälzung fährt mit Volldampf voraus, und der Waggon des Präsidenten, in dem immer noch die Anrufe aus aller Welt eingehen, bleibt auf der Strecke liegen. Das einzige, was diese Regierung noch vermag, ist, den Ägyptern das Chaos auf den Straßen zu überlassen und ihnen so ihre Unbotmäßigkeit heimzuzahlen. Wollen wir doch mal sehen, mögen sich die sogenannten Verantwortlichen gesagt haben, ob das Volk wirklich so reif ist, wie es behauptet. Unverblümt haben sie die ägyptischen Städte zur Plünderung freigegeben. Angefangen hat es am Freitag, dem 28. Januar, mit dem wichtigsten Museum Afrikas, einem der bedeutendsten der Welt, dem sonst festungsartig geschützten Nationalmuseum mit den Schätzen der Pharaonen. Bis sich dieses Sakrileg bei den Demonstranten herumsprach und Bürgerwehren zum Schutz des Museums gebildet wurden. Schließlich übernahm die Armee. Ein paar Vitrinen wurden zertrümmert, einiges wird verloren sein. Das Schlimmste aber konnte vorläufig verhindert werden.

Das Regime hat (wie wir alle) die Selbstorganisationsfähigkeit und Disziplin der Ägypter unterschätzt. Bis Samstagabend haben sich in allen Vierteln die Bürgerkomitees zusammengetan, Straßensperren und Kontrollpunkte errichtet. Wer sie zur Hilfe rufen will, kann die neu eingerichtete Rufnummer 19614 wählen. Das Zeitfenster für die spontanen Plünderer – oder auch organisierten Banden, genau weiß das keiner – schloss sich bereits in der Nacht zum Sonntag wieder. Aber keine Feuerwehr löscht das seit Freitag brennende

Hochhaus der Regierungspartei in bester Innenstadtlage am Nil. Nur das Innenministerium – die ägyptische Stasizentrale – wird von Scharfschützen der Präsidentengarde noch verteidigt. Die Zahl der Todesfälle beträgt bis Sonntagabend, 30. Januar 2011, rund 150. Das sind, wir müssen es sagen, wenige gemessen an dem, was hätte passieren können und vielleicht noch passiert.

Es gab nach den Ereignissen in Tunesien keinen Beobachter, der nicht gesagt hätte, in Ägypten sei dergleichen unmöglich. Und doch wusste jeder, der das Land und seine Menschen nur ein wenig kannte, wie überreif die Zeit war, wie verfahren die Situation, wie verhasst der Diktator. Was für ein schlauer Fuchs, dieser Mubarak, dachte man trotzdem. Er ließ sogar einen populären Schriftsteller wie Alaa Al-Aswani gewähren, der in seinem zweiten Erfolgsroman Chicago *die erbarmungsloseste Satire auf einen aktiven Herrscher in der ganzen zeitgenössischen arabischen Literatur vorlegte. Gab es nicht doch eine Art Meinungsfreiheit in Ägypten, wenn dieses Buch dort erscheinen konnte und der Autor unbehelligt blieb? Doch es war keine Meinungsfreiheit als Recht, sondern eine aus der Überheblichkeit der Herrschenden. Am letzten Dienstag, auf der ersten großen Kundgebung am zentralen Tahrir-Platz, an der Al-Aswani teilnahm, wurde er aufgefordert, vor der Menge zu sprechen. Viel wollte er gar nicht sagen, aber darunter den Satz: Es ist Zeit, dass wir endlich wie Menschen behandelt werden.*

Mit dem sechsundsiebzigjährigen Al-Sulaiman gilt der Vizepräsident, Geheimdienstchef und Chefdiplomat Mubaraks, von den USA und Israel hoch geschätzt, als dessen potenzieller Nachfolger. Wenn er es zum Präsidenten der Übergangszeit schafft, zur Organisation einer neuen Präsidentenwahl unter neuen Wahlgesetzen – nach den alten sind freie Wahlen unmöglich – wird er mehr erreicht haben, als wir ihm zugetraut hätten. Spätestens danach, wenn nicht schon in den kommenden Wochen und wider Willen, wird auch er Vergangenheit sein (und so geschah es zwei Wochen später dann auch). Unvermeidlich wird diese weltpolitische Sonnenwende auf den Nahostkonflikt übergreifen. Nicht in Form einer offenen Bedrohung

Israels; aber doch in einer Gestalt, durch die sich die wenig kompromissbereite israelische Politik der Gegenwart als sinnlos erweist. Ein auch nur halbwegs vom Volkswillen gelenktes Ägypten wird seine Grenzen zum Gazastreifen langsam aber sicher öffnen. Wenn jedoch die Isolation der Hamas ein Ende hat, werden die palästinensisch-israelischen Karten neu gemischt. Dringend nötige Bewegung wird in den komplett festgefahrenen »Friedensprozess« kommen.

Die Alternative zum Mubarak-Regime schien lange allein der politische Islam zu sein. Staunend sehen wir jetzt, mit welcher Wucht die Zivilgesellschaft die Initiative übernommen hat. In letzter Minute, nämlich am Freitag erst, sind die Muslimbrüder auf den Revolutionszug aufgesprungen. Immer noch sitzen sie im letzten Waggon, und dort mögen sie bleiben. Die Prediger in den Moscheen, sämtlich eingesetzt und kontrolliert vom Religionsministerium, sind vorerst ihrer Verantwortung gerecht geworden und haben am Freitag verkündet, dass Allah die freie Meinungsäußerung und den Protest erlaubt, das Chaos und die Gewalt aber verbietet. Der hier und da aufgekommene Vergleich mit der iranischen Revolution von 1979 erledigt sich schon deshalb, weil von einem ägyptischen Khomeini nichts zu sehen ist. Der einzige aus dem Ausland heimkehrende Oppositionspolitiker heißt Mohammed El-Baradei, der ehemalige Leiter der Internationalen Atomenergiebehörde, ein Friedensnobelpreisträger. Die tunesische Lektion, dass eine Selbstverbrennung mehr bewirkt als Selbstmordanschläge, ist so grausam wie unvergesslich und lässt sich aus dem arabischen kollektiven Gedächtnis nicht mehr streichen. Unsere, des Westens Ungläubigkeit angesichts dessen, was geschieht, spiegelt hingegen nicht das Überraschende der neuen Wirklichkeit, sondern nur den in den stotternden Mündern unserer Korrespondenten aufklingenden Subtext, dass die Araber, so unterwickelt und muslimisch wie sie sind, noch gar nicht die Reife zur Selbstbestimmung besäßen. Endlich haben sie die Gelegenheit, uns das Gegenteil zu beweisen.

(Januar 2011)

Mysterium Konversion: Wenn der Islam zum Heiratsantrag wird

Ist man wirklich tendenziell unzurechnungsfähig, wenn man der Versuchung erliegt, zum Islam zu konvertieren? Was geht vor in den Leuten, die der Verfassungsschutz nach Meinung vieler ein wenig genauer unter die Lupe nehmen sollte? Und was tun, wenn sich, um mit Freud zu sprechen, dann herausstellt, dass das Ich gar nicht Herr ist im eigenen Haus! Wenn am Ende in jedem von uns ein Trieb steckt, der sich nur durch die Konversion zum Islam befriedigen lässt?

Die meisten, die sich bei geöffnetem Visier mit dieser Religion auseinandersetzen, ahnen, welche Gründe für sie sprechen könnten. Um zum Islam zu konvertieren, muss man weder einen seelischen Schaden haben noch Hass gegen die eigene Herkunft hegen, wie es die Küchenpsychologen gern hätten. Ich weiß ein wenig, wovon ich rede, denn fast wäre ich als junger Mann selber Muslim geworden. Der Islam bietet, was viele im Christentum heute vermissen und was selbst der Buddhismus und die übrigen Alternativreligionen nicht aufweisen können: den furchtbaren und den anheimelnden Gott, das *mysterium tremendum* und das *mysterium fascinans.*

Diesen furchtbaren, drohenden, im Brustton der Überzeugung sprechenden Gott wird, wer empfänglich für Sprache ist, noch durch die schlechteste Koranübersetzung herausspüren. Der Koran hat in dieser Hinsicht eine andere Wucht als die Bibel, wo einschlägige Passagen erzählerisch besser abgefedert sind, wo Gott selten so unvermittelt und absolut daherkommt. Ein koranischer Vers wie »Wir schufen einst den Menschen und wissen, was ihm seine Seele einzuflüstern sucht: Näher sind wir ihm als seine Halsschlagader« lädt dazu ein, ihn unmittelbar auf die eigene Lebenssituation zu beziehen. Wie ein Donner aus heiterem Himmel mahnt er zur Umkehr. Früher hörten die Christen ähnlich Vehementes in der Predigt. Aber die Autorität eines Priesters, der im Namen Gottes mit Strafen droht, konnte angezweifelt und untergraben werden, weil er doch nur ein Mensch ist. Im Koran wettert Gott höchstpersönlich in seinen eigenen Worten, ja sogar in seiner Muttersprache. Zweifeln kann man, gewiss, aber man zweifelt dann gleich am transzendenten Prinzip und wird es sich gut überlegen.

Noch etwas hat Allah dem biblischen Gott voraus: Wer den Koran liest, fühlt sich öfter selbst angeredet, als wäre auch er ein Prophet. Das ist betörend und unheimlich zugleich, der Appellcharakter ist entsprechend größer und ebenso das Versprechen der Geborgenheit, wenn man nachgibt und sich bekennt. Man könnte den Islam mit dem Heiratsantrag eines äußerst viel versprechenden, obschon recht autoritären Typen vergleichen. Die Versuchung zum Jawort ist bei solchen Anträgen naturgemäß groß, selbst wenn der Verstand schüchtern ein paar Einwände macht. Dies ist die Urszene jeder persönlich motivierten Konversion. Religionswissenschaft und Soziologie haben dazu nicht viel zu sagen, der Verfassungsschutz gar nichts.

Gewiss, für den Geborgenheit verheißenden Heiratsantrag ist scheinbar nur der anfällig, dem die eigene Kultur etwas Vergleichbares nicht oder nicht ausreichend bietet. Doch Hand aufs Herz: Wem bietet die eigene Kultur ausreichend Geborgenheit? Wer kann überhaupt je genug davon bekommen? Nicht umsonst sind wir so vernarrt in alle Arten von Versicherungen. Das Versprechen lockt immer und alle, und der Islam bemüht sich, es einzulösen, nicht zuletzt dank eines Aspekts, den wir Demokraten am heftigsten kritisieren (und komischerweise als Christen nicht missen): Dass Religion und Gesetz, Staat und Moschee *ein* Ding sind. Schluss mit den ewigen Persönlichkeitsspaltungen, verheißt der Islam, Schluss mit dem *first*, dem *second*, dem *third* und so weiter *life!* Die Demokratie verlangt von den Bürgern, Gesetze ständig zu überdenken, zu verändern, zu verbessern. Sie macht es schwer, sich mit dem *Status quo* zu identifizieren, und so droht sie, uns ständig zu überfordern. Mit dieser Überforderung macht die Konversion Schluss, selbst wenn der Verstand wieder einwendet, dass der Konvertit ja nicht im islamischen Mittelalter, sondern meist nach wie vor in einer westlichen Demokratie lebt.

Das Anheimelnde des Islams, sein *mysterium fascinans,* ist in diesem Beispiel bereits berührt. Wagen wir, was in der laufenden Debatte niemand wagt, und reden wir übers Herz. Welche Herzensnahrung offeriert das heutige Christentum oder selbst der Buddhismus? Bietet nicht in Wahrheit die säkularisierte Gesellschaft in dieser Hinsicht viel mehr als die meisten Religionen? Nur der Islam kann auf emotionalem Feld mit der westlichen Konsumgesellschaft konkurrieren. Wie schwer sein Stand im Wettkampf um die Seelen ist, erkennen wir am Konsumrausch, der die Muslime ergreift, sobald sie es sich leisten können; am Bauboom in den arabischen Emiraten, an den riesigen *shopping malls* von Dubai, Abu Dhabi, Riad. Der Vorteil des Islams besteht einzig darin, dass für den Konsum Geld benötigt wird, der Glaube an Allah hingegen kostenlos ist. Die Konversion ist in der Tat eher eine Sache für weniger Bemittelte oder diejenigen unter den Geldhabern, die die Befriedigung emotionaler Bedürfnisse über den Konsum ablehnen. Gute Gründe dafür lassen sich finden.

Bliebe, um die Konversion zu erklären, die Frage, worin die Herzensnahrung des Islams genau besteht. Für die meisten Konvertiten, und für fast alle, die in die Versuchung der Konversion geraten, sind die Muslime selbst dieser Grund. Nicht umsonst sind die meisten deutschen Konvertiten keine zornigen jungen Männer, sondern Frauen, die Muslime geheiratet haben oder heiraten wollen. Wie problematisch auch immer sich Freundschaften oder Ehen mit Muslimen wie mit allen anderen Menschen entwickeln, so wenig wird dies mit der Religion selbst zu tun haben: Muslime (gleich ob gläubig oder nicht) sind rein statistisch betrachtet soziabler als der durchschnittliche Mitteleuropäer. Vom Charme, den muslimische Gastgeber in ihrer Heimat gegenüber Fremden entwickeln können, gar nicht zu reden. Sowieso kann, wer in der islamischen Welt reist, leicht der bekannten südlichen Faszination erliegen. Mag das alles mit dem Islam wenig zu tun haben, das stärkere Licht, die froheren Farben, die intensiveren Gerüche tragen zu seiner Aura unleugbar bei.

Das vom geistigen Standpunkt aus stärkste Argument für die Konversion haben wir aber noch gar nicht erwähnt. Es ist die gottsucherische Seite des Islams, jene die sich mit dem überlieferten Religionsgesetz nicht zufrieden gibt, ja es oft nicht einmal wörtlich nimmt. Hier zeigt sich der Islam als eine Religion, die in Wahrheit ein großer, sich immer neue Einflüsse einverleibender Synkretismus ist. Jüdisches, Christliches, Hinduistisches, Altarabisches (wie die Wallfahrt nach Mekka), lokale Volksreligionen und sufisch-mystische Orden bilden ein kaum entwirrbares Gemisch, in das die neuen Islamdenker außerdem noch modernes westliches Gedankengut integriert haben. In einem solchen Universalislam kann jeder Gläubige nach seiner Façon glücklich werden, dabei Wein trinken wie die großen muslimischen Dichter Hafis [S. 243] und Abu Nuwas und dennoch durch gelegentliches Blättern im Koran jederzeit an der göttlichen Allgegenwart teilhaben. Den Fundamentalisten ist das ein Dorn im Auge, aber keine Religion macht so einfach glücklich wie dieser nach Lust und Laune interpretierte und interpretierbare Islam, und seine Verbreitung ist groß.

Wer daher glaubt, dass er gegen die Versuchung, Muslim zu werden, allezeit gefeit ist, dürfte sich nicht tief genug in die eigene Seele geschaut haben. Was aber mich betrifft, sollte ich vielleicht verraten, warum ich trotzdem nicht konvertiert bin. Nun, ich kann einfach keine autoritären Typen ausstehen, selbst wenn sie Allah heißen. Aber manchmal frage ich mich, ob ich nicht zu streng bin mit diesem Gott und den Fehler der Fundamentalisten begehe, nämlich alles, was Er angeblich gesagt hat, wörtlich zu verstehen.

Vergesst die Konvertiten, zählt endlich Apostaten!

Kommen wir noch einmal auf die Konvertitendebatte zurück, die nach dem Auffliegen der sogenannten Sauerlandgruppe deutscher Muslime und ihrer Anschlagspläne die Medien eine Weile in Atem hielt und den Verfassungsschutz bis heute beschäftigt. Sind nicht ausgerechnet die für uns schmeichelhaften Aspekte der Angelegenheit geflissentlich übersehen worden? Wir haben, so scheint es, eine Heidenangst vor der frohen Botschaft. Diese Angst ist derjenigen vergleichbar, die manche Völker dazu treibt, ihren Kindern hässliche Namen zu geben, um dadurch einen sozusagen homöopathischen Abschreckungseffekt zu erzielen. Überhaupt die Homöopathie. Während sich die Krankenkassen schwer damit tun, ist sie im öffentlichen Umgang mit der Terrorgefahr zum Allheilmittel avanciert. Und so hat also, wie zuvor schon in London, die erfolgreiche Vereitelung eines Terroranschlags den Flair einer schlechten Nachricht angenommen, und, statt zu beruhigen, lediglich weitere Beunruhigungen ausgelöst. Die Folgen davon spüren wir alle unmittelbar und europaweit. Dass ich, wenn ich mich ins Flugzeug setze, keinen Schluck Wasser mehr mitnehmen kann und jede Zahnpastatube in einem durchsichtigen Plastiksäckchen verstauen soll, ist sicherheitstechnisch so verstiegen, dass selbst Staaten, in denen sich im Wochenrhythmus echte Terroranschläge ereignen und die ansonsten jeden Flugpassagier penibel kontrollieren, etwa Pakistan und Algerien, die EU-Regelungen nicht übernommen haben.

Doch zurück zu den Islam-Konvertiten! Was ist, möchten wir fragen, eigentlich mit den Apostaten? Wenn hierzulande 4000 Menschen pro Jahr zum Islam konvertieren, wie die Statistiker errechnet haben, wollen wir doch wissen, ob damit ein Plus von 4000 Seelen für Allah zu veranschlagen ist. Gleich woher diese konvertierten Seelen kommen, ob von Gläubigen oder Ungläubigen, Praktizierenden oder nicht Praktizierenden, Katholiken, Protestanten, Kirchenaustretern oder Sonstigen: Es entsteht doch der

Eindruck, dass alljährlich mehrere Tausend von den *unsrigen an die anderen* verloren gehen. Lassen wir die Frage außen vor, wer die *unsrigen* und die *anderen* genau sind. Viel bemerkenswerter ist, was das Gerede von den Konvertiten und die Zahlenspiele in Sachen Übertritt zum Islam eigentlich verdecken: Dass nämlich auf jeden Konvertiten zwei, drei, vier oder sogar fünf Muslime kommen, Einwanderer oder Kinder von Einwanderern, die ihre überlieferte Religiosität allmählich aufgeben und sich soweit assimilieren, dass sie ihrem Denken und Handeln nach kaum noch Muslime genannt werden können. Menschen also, Muslime, die zu »uns« konvertieren.

Unser Problem ist nun, dass uns die Mittel fehlen, diese Menschen zu erfassen oder in ihrer »Konversion« überhaupt zu würdigen, weil unsere Gesellschaft nichts darstellt, zu dem man wirklich konvertieren könnte. Zwar kann man sich zum Grundgesetz, metaphorisch gesprochen, »bekennen«, auch zu den sogenannten westlichen Werten, das Muslimsein bildet dazu jedoch keinen Gegensatz wie der Islam zum Christentum. Im Grunde wissen wir nicht einmal selber genau genug, wer wir sind, um diejenigen sicher erkennen zu können, die auf unsere Seite überwechseln.

In der gegenwärtigen Situation stellt sich das nicht mehr wie früher als Integrationserleichterung heraus, sondern im Gegenteil als potenzielles Ausschlussverfahren: Weil sich Muslimsein und Grundgesetz (obwohl das manche behaupten) keineswegs so diametral gegenüberstehen und einander ausschließen wie Muslimsein und Christsein [⇤ S. 161], weil man also auf die Grundgesetzseite nicht wechseln kann wie in eine andere Religion, liegt der Schluss nahe, dass man – und Muslime insbesondere – dies überhaupt nicht richtig kann. In der Folge steht jeder auch noch so säkularisierte Muslim unter einem ständigen Rechtfertigungsdruck, werden Muslime, selbst wenn sie noch so säkularisiert sind, doch zunächst als Muslime wahrgenommen und damit auf ihre Herkunft verwiesen und zurückgewiesen – ein guter Grund für eine echte Rückbesinnung auf die Religion.

Der logische Widersinn, dass man zwar von »uns« zum Islam konvertieren kann, aber nicht offiziell vom Islam zu uns, findet seine spiegelbildliche Entsprechung im überlieferten, wenn auch neuerdings aufgeweichten Apostasieverbot des Islam. Gemäß einer extremen Deutung aus klassischer Zeit [➔ S. 136] ist ein Muslim, der vom Islam abfällt, vogelfrei und des Todes würdig. Dies hat, obschon in Europa die Risiken für Apostaten kalkulierbar sein dürften, doch zur Folge, dass sich kein Muslim, der sich nicht dringend dazu veranlasst sieht, mit Pauken und Trompeten seinen Austritt aus dem Islam erklärt. Und es bedeutet ferner, dass im Islam der Austritt aus der Religion nicht wirklich vorgesehen ist. Mithin werden auch säkularisierte, ungläubige und der Riten zunehmend unkundige Muslime von ihren Glaubenshütern weiterhin hartnäckig als Muslime betrachtet. Der offizielle Islam hat kein Interesse, sich über die Quote des Abfalls von der Religion ernsthaft Rechenschaft abzulegen. Das Ergebnis wäre wenig schmeichelhaft.

Dass die Zahl der unerklärten Islam-Apostaten, also der Muslime, die im traditionellen Sinne keine mehr sind oder sich nur noch rudimentär (wie etwa der nicht-praktizierende Christ, die kirchensteuerliche Karteileiche) als solche verstehen, seit Jahrzehnten wächst, dürfte schwer zu bestreiten sein, auch wenn es dem Islam seit den neunziger Jahren (und verstärkt nach dem 11. September) gelungen sein mag, dieses Wachstum zu verlangsamen. Die aus den genannten Gründen nur schwer überprüfbare Zahl von faktischen Apostaten reicht jedenfalls an die der Konvertiten noch lange nicht heran. Wer die frohe Botschaft nicht wahrhaben will, schaue sich beim nächsten Ramadan auf den Straßen, bei den Muslimen seines Viertels und unter seinen muslimischen Bekannten um. Ein gläubiger Muslim sollte dann nämlich untertags weder essen noch rauchen, ja idealerweise nicht einmal trinken, schon gar nicht auf der Straße. Großartige Gelegenheit, endlich einmal die Apostaten zu zählen!

Wie glaubwürdig ist die Trennung von Glaube und Politik?

Einer verbreiteten Sicht zufolge hat der Islam etwas sozusagen politisch Unhygienisches. Nicht dass von ihm eine große Ansteckungsgefahr ausginge; dennoch finden wir es ein wenig schmuddelig, dass im Islam Politik und Religion nicht deutlich getrennt sind, dass die Scharia [→ S. 161] zugleich weltliches wie religiöses Gesetz sein will und dass, wer gläubiger Muslim ist, zumindest theoretisch mit unserem säkularen Rechtsstaat gewisse Schwierigkeiten haben müsste. Zwar bezweifelt die Islamwissenschaft mittlerweile [→ S. 156], dass die Muslime wirklich nicht zwischen religiöser und weltlicher Macht zu unterscheiden wüssten. Doch lassen wir die Behauptung einmal so stehen: Im Islam eine Trennung von Staat und Religion zu suchen, liefe am Ende doch nur darauf hinaus, die von uns bevorzugten politischen Konzepte im anderen wiederfinden zu wollen. Selbst wenn dies gelänge: das Unähnliche, andere ist inspirierender! Fürs Protokoll aber halten wir fest: Der traditionelle Islam kennt zumindest eine strikte Trennung zwischen Privat und Öffentlich – der Schleier der Frau, und die nach außen schmucklosen, ihre ganze Pracht erst nach innen entfaltenden Häuser der klassischen islamischen Architektur zeugen bis heute von einer Abtrennung, ja Heiligung des Privaten, die viel größer ist als bei uns.

Nehmen wir also die Behauptung, Religion und Politik seien im Islam mangelhaft getrennt, einmal als zutreffend an und begreifen wir sie als Anregung, über unser eigenes Verständnis von Politik und Glauben nachzudenken: Ist die behauptete Aufspaltung von Politik und Religion, von Staat und privaten Glaubensangelegenheiten bei uns überhaupt ehrlich? Zugespitzt formuliert: Ist diese Trennung klug, stark, zukunftsfähig und resistent genug, sich auf dem weltweiten Markt der Systeme, im Konkurrenzkampf um die attraktivste Vision des Lebens und Zusammenlebens, zu behaupten?

Eine ihrer frühsten Ausformulierungen erhielt diese bei uns gängige Sicht bei Friedrich Schleiermacher, der der Religion angesichts des Ansturms der aufklärerischen Kritik einen eigenen, unangreifbaren Raum bewahren wollte: »Ihr [d. h. der Religion] Wesen ist weder Denken noch Handeln, sondern Anschauung und Gefühl«, heißt es an einer berühmten Stelle in Schleiermachers Reden *Über die Religion*. Diese Idee war so erfolgreich, dass sie zur gängigen Sicht auf die Religion geworden ist. Dies erklärt auch, warum der orthodoxe Islam im Westen weithin mit Befremden betrachtet wird, während der (vordergründig) die Innerlichkeit predigende Sufismus, die islamische Mystik, zu einer beachtlichen Popularität gelangt ist, ebenso wie diejenigen Religionen, von denen man (naiverweise) glaubt, dass sie in den Rest des Lebens nicht wirklich eingreifen, wie Buddhismus und Hinduismus.

Mit der Reduktion des Religiösen auf Anschauung und Gefühl verbirgt sich die Hoffnung, die Reibungsflächen, die die verschiedenen religiösen Traditionen zwangsläufig mitbringen, einzuklammern oder unter Quarantäne zu setzen, statt dass sie sich aneinander messen und abschleifen – einerseits die Reibungsflächen zwischen den verschiedenen Religionen, andererseits die zwischen unserer Anschauung, unserem Gefühl und unserer sozialen und politischen Existenz. Es ist eine friedensstiftende oder friedenserhaltende Taktik, deren Ursprünge anderthalb Jahrhunderte vor Schleiermachers Reden *Über die Religion* liegen, beim Westfälischen Frieden.

Aus zwei Gründen scheint mir dieser Gedanke jedoch nicht mehr in die Zeit zu passen: Er ist zu defensiv, das heißt, er lässt es nicht als erstrebenswert erscheinen, die tieferen Überzeugungen und Glaubensvorstellungen, seien sie nun explizit religiös oder ohne Gottesbezug, in den öffentlichen und politischen Raum zu tragen und dort *als ganze* einzubringen und zu verhandeln. Ein Wettstreit um die besseren Ideen ist so nicht möglich, schon gar keine offene und faire Konkurrenz der Kulturen, der in ihnen transportierten politischen und gesellschaftlichen Visionen. Die

Muslime, die ihre Überzeugungen sozusagen auf der Zunge tragen, wenn sie die Sphären nicht trennen, lassen wir, noch bevor es zu Wettstreit und Vergleich kommt, regelmäßig ins Leere laufen, setzen ihnen unsere Überzeugungen nicht als etwas Integrales entgegen, sondern pochen vielmehr auf die Trennung und tun so, als wirkten unsere religiösen oder auch säkularen Glaubensvorstellungen (man denke nicht, wer säkularisiert und aufgeklärt ist, glaube nichts mehr!) nicht in die politischen Prozesse hinein.

Vermutlich verhält es sich sogar derart, dass viele von uns, besonders diejenigen, die sich nicht klar zu einer Religion bekennen, ihre Glaubens- und Vorstellungswelten gar nicht bewusst erfassen, dass sie sich keine Rechenschaft darüber ablegen, weil niemand es von ihnen verlangt, ja weil es geradezu verpönt ist. Wir überprüfen unsere intimeren Überzeugungen allzu selten an der Wirklichkeit, im öffentlichen Raum, oder wenn, dann allenfalls verschämt, vielfach gebrochen und gleichsam rationalisiert, an den politischen Diskurs angepasst. Statt Anschauung und Gefühl, wie Schleiermacher wollte, eigens zu kultivieren, vernachlässigen wir beides. Ein sehr apathisches, passives Seelenleben dürfte die Folge sein, und die Kompensationstechniken dafür sind unübersehbar: die Ausbreitung trivialer Attitüden zur besten Sendezeit, die ärztliche Behandlung und damit möglichst Ausschaltung unserer Kränkungen – also eines Kraftwerks unserer Gefühle – in der Psychotherapie, versteckte Ressentiments, die sich in leichthin übergestreiften Meinungen Ausdruck verschaffen. Das alles aber ohne Kontinuität, Kohärenz und eine die *verschiedenen* Bereiche unseres Lebens umfassende Vision.

Was aber wären unsere Glaubensvorstellungen, inneren Überzeugungen und (post- oder pseudo-) religiösen Gefühle? Im selben Moment, in dem ich die Frage stelle, wird klar: Wir wissen es gar nicht mehr. Während wir in Talkshows oder vor dem Psychiater die Details unseres Intimlebens ausplaudern, haben wir es verlernt, uns über unsere Weltbilder und Glaubensvorstellungen (gleich ob religiös oder nicht) Rechenschaft abzulegen und sie zur Diskussion zu stellen. Was diese Glaubensvorstellungen sind, erfahren wir überhaupt nur *ex negativo,* und zwar wenn andere aus dem Rahmen dieser Vorstellungen fallen – etwa Muslime oder auch nur eine Tagesschau-Sprecherin, die, wie Eva Herman, ein traditionelles Frauenbild propagiert, das unserem Welt- und Selbstbild selbst nicht mehr behagt, obwohl es doch vielfach auch unsere Lebensrealität noch ist.

Ohne dass wir es zugestehen (denn wir behaupten, die Sphären mustergültig getrennt zu haben), umgeben wir unsere meist nicht mehr explizit religiösen Glaubensvorstellungen mit einem Schweigeverbot – oder wir halten sie für so selbstverständlich, dass wir meinen, sie nicht mehr diskutieren zu müssen. Vielleicht finden wir deshalb die Vermischung der ursprünglich natürlich zusammengehörigen Sphären so unhygienisch: Wir haben die Thematisierung grundsätzlicher Glaubensvorstellungen mit einem intimen Tabu umgeben. Nicht nur verschleiern wir sie dadurch, behalten sie für uns; wir müssen sie auch gar nicht erst präzisieren. Der Bereich unserer Glaubensvorstellungen ist dadurch zwar geschützt, aber zugleich so abgeschottet, dass er zu verkümmern droht. Ja womöglich verfügen wir schon über gar keine solchen Glaubensvorstellungen mehr. Das wäre immerhin eine sehr bequeme Haltung: Wenn wir keine Prinzipien haben, kann uns auch nichts erschüttern. Wir geben Lippenbekenntnisse zu Grundgesetz, Demokratie und Rechtsstaat ab, aber was dies genau heißt, kümmert allenfalls den Spezialisten. Infolgedessen gibt es kein Thema mehr, das eine Gegenöffentlichkeit jenseits unserer politischen Institutionen mobilisieren könnte.

Was wir den Muslimen vorwerfen, wenn wir von ihnen die Trennung eigentlich untrennbarer Sphären verlangen, ist dies: Dass sie, anders als wir, höhere Prinzipien kennen und wirksam werden lassen wollen. Dass sie eine Vision jenseits des individuellen Heils haben. Dies muss uns, die wir eine solche Vision nicht haben, als Bedrohung erscheinen, zumal wir, anders als die Muslime, offenbar an einer Beibehaltung des *Status quo* ein großes

Interesse haben. Von Muslimen die Trennung der Sphären zu verlangen, heißt: Seid zufrieden mit dem, was wir euch geben. Aber wie zufrieden sollen und wollen wir selbst damit sein?

Es gibt im 21. Jahrhundert keine selbstverständlichen Glaubensvorstellungen mehr. Keine Religion ist unhinterfragt, aber auch keine Aufklärung, kein gesunder Menschenverstand, ja nicht einmal die verbreitete Heilssuche in einer zum Glücken verurteilten Biografie. Das Fehlen von Visionen im öffentlichen Diskursraum lässt sich tatsächlich nur mit der Vermutung erklären, dass die meisten von uns immer noch leidlich zufrieden sind [⇤ 181]. Auch die Entscheidungen unserer Politik zielen offenbar vor allem auf die Beibehaltung des gegenwärtigen Zustands ab. Zufriedenheit ist ein hohes Gut, aber ein Blick über den Tellerrand lehrt, dass sie trügerisch ist.

Übrigens: Wenige gesellschaftliche Visionen scheinen mir unattraktiver als die des politischen Islams heute. Die arabischen Revolutionäre haben das ebenfalls erkannt: In der gesellschaftlichen Vision der meisten von ihnen spielt der Islam keine führende Rolle. Was sie allerdings mit dem politischen Islam verbindet und von uns unterscheidet, ist das Vorhandensein einer politischen Vision überhaupt. Wer aber der Meinung ist, wir bräuchten eine solche Vision nicht mehr, wird sich die Frage gefallen lassen müssen, welches Leben sinnhaltiger ist – dasjenige mit oder das ohne Vision.

Sind wir nur Materialisten? Dekadenz im Kulturvergleich

Obwohl der arabische Geschichtsschreiber Ibn Khaldun (1332–1406) bereits im Mittelalter die These vom zyklischen Aufstieg und Niedergang der Kulturen entwickelte und dabei unter anderem die zunehmende Verstädterung als Symptom von Dekadenz ausmachte,[6] entspringt unser heutiger Begriff von Dekadenz der Vorstellungswelt des modernen Westens. Anfang der zwanziger Jahre prophezeite Oswald Spengler in seinem gleichnamigen Werk den *Untergang des Abendlandes* – wir seien zu verwöhnt und verfeinert, um mit den dynamischen Völkern Asiens und Amerikas mitzuhalten. Wenn man sieht, wie die Nato in Afghanistan an den Taliban zu scheitern droht, könnte man ihm fast Recht geben. Aber dass das Abendland im 20. Jahrhundert fast tatsächlich untergegangen wäre, verdanken wir nicht unserer Dekadenz, sondern ausgerechnet den Bewegungen, die Europa vor ihr retten wollten: Nationalsozialismus und Kommunismus. Gegenwärtig macht eine dritte gegen die Dekadenz gerichtete, wertkonservative Bewegung von sich reden: der politische Islam.

Als hätte er von Spengler gelernt, baut der Islamismus auf einen der populärsten Vorwürfe gegen das Abendland auf: den des westlichen Materialismus und des damit einhergehenden moralischen Verfalls. Bei dem Vordenker der Islamisten, dem 1966 unter der Diktatur Gamal Abd An-Nassers hingerichteten Ägypter Sayyid Qutb, findet sich dieser Vorwurf in seiner schärfsten Form. Vormals Pädagoge und allem Neuen aufgeschlossener Literaturkritiker, wandte er sich dem radikalen Islam zu, nachdem er sich zwischen 1948 und 1951 in den USA aufgehalten hatte. Er fühlte sich abgestoßen von der landläufigen Promiskuität und dem zur Schau getragenem Reichtum in den USA, dürfte als dunkelhäutiger Oberägypter selber Opfer des alltäglichen Rassismus gewesen

6 Ibn Khaldun, *Die Muqaddima. Betrachtungen zur Weltgeschichte*, München 2011.

sein und litt unter einem Heimweh, das einer ausgewachsenen Depression ähnelte – er hatte sein Exil nicht selbst gewählt, sondern war vom ägyptischen Erziehungsministerium dorthin verbannt worden, weil seine Reformideen den Machthabern zu fortschrittlich waren (also gerade nicht islamisch und traditionell genug).

Die Sicht Qutbs auf den angeblich materialistischen Westen prägte weite Kreise auch jenseits des harten Kerns der Islamisten und ist heute ein Gemeinplatz in der islamischen Welt, wiederholt von den bekanntesten Religionsgelehrten ebenso wie vom Taxifahrer und so manchem säkularisierten Schriftsteller. Aber Qutb sah auch den dekadenten Aspekt der herrschenden Schicht *in der arabischen* Welt, die er deswegen als »unislamisch« brandmarkte. Während wir dazu neigen, den Ölscheich und den korrupten Machthaber als klassische Manifestationen des ›orientalischen Despotismus‹ anzusehen, ist der kleine Mann im Orient der erste, der den Ölscheich und Despoten verachtet und verspottet, wo es ihm möglich ist. Für ihn, wie für Sayyid Qutb, sind der Ölscheich, der sein Geld mit dem Westen macht, und der Despot, der vom Westen gestützt wird, schlicht ein Teil des Westens. Dekadenz und Westen, beziehungsweise Verwestlichung, sind in dieser Perspektive identisch, ja synonym.

Ist der Dekadenzvorwurf gegen das Abendland deshalb bloßer Unfug? Auffälligerweise wird er auch von wertkonservativen Bewegungen im Westen selbst vorgebracht. Dabei wird von der Unterstellung ausgegangen, wir seien verweichlicht, zu bequem und den weltlichen Annehmlichkeiten so sehr verfallen, dass damit der Verlust nicht-materieller Werte und Ziele einhergehe. In Henryk M. Broders antiislamischem Bestseller *Hurra, wir kapitulieren* klingt dieses Bild eines verweichlichten Westens, der seine Werte nicht verteidigt, ebenso durch wie im Manifest des antiislamischen norwegischen Massenmörders Anders Breivik. Vielleicht lässt sich aus dieser sehr pauschalen Sicht aber doch ein diskussionswürdiger Kern herausschälen: Demnach widersetzt sich die religiöse Tradition des Islams oder vergleichbarer Bewegungen einem im Westen weitverbreiteten Weltbild, demgemäß der Mensch ursprünglich in der materiellen Welt zu Hause ist, und propagiert seinerseits ein entgegengesetztes Weltbild, das von der Fremdheit des Menschen in der (materiellen, körperlichen) Welt ausgeht.

Tatsächlich ist nach Ansicht der islamischen Mystik der Mensch auf der Welt nur in einem Exil, und zwar, nota bene, im »*westlichen* Exil«, wie es in einem berühmten sufischen Traktat aus dem zwölften Jahrhundert heißt. »Westen« wird hier metaphorisch als Fremde und Entwurzelung begriffen. Poetisch formuliert dieses Gefühl im dreizehnten Jahrhundert der persische Sufi-Dichter Rumi: »Wir waren im Himmel, wir waren die Freunde der Engel / Deshalb lass uns zurückkehren, Herr, denn dort ist unsere Heimat.«

Wenn der Mensch in der diesseitigen Welt fremd ist und eigentlich im Jenseits zu Hause, erscheint diese Welt zwangsläufig als mangelhaft und inkommensurabel: Sie lässt sich nicht vollständig in Sprache, Begriffe und Wissen übersetzen. Die Erfahrung dieser Unübersetzbarkeit kennt natürlich auch das abendländische Denken. Einer seiner wesentlichen Antriebe besteht gerade darin, diese Unübersetzbarkeit der materiellen Welt ins Denken zu überwinden. Dabei ist im Lauf der Geschichte eine zunehmende Anzahl von Philosophen davon ausgegangen, dass der Grund für die Unübersetzbarkeit der Welt im Denken und in der Sprache begründet ist, dass der Mangel also auf Seiten des Menschen besteht, nicht auf Seiten der äußeren Welt. Die Welt, nicht der Mensch, bekommt hier die größere Schwerkraft zugewiesen, das heißt, der Mensch muss sich nach der Welt ausrichten. Wer zu Vereinfachungen neigt, darf dies Materialismus nennen.

Die umgekehrte Lösung für das Problem der Fremdheit des Menschen in der Welt erachtet nicht Denken und Sprache als mangelhaft, sondern die Welt selbst, die nicht in unser Denken ›passen‹ und sich nicht angemessen in Begriffe übersetzen lassen will. Die Betonung (und Schwerkraft) liegt damit auf dem Menschen und seiner Sicht, die Welt wird entsprechend geringer geschätzt. Eine solche Haltung bietet sich besonders dann an, wenn Denken und Sprache als von Gott gestiftet betrachtet werden, wenn also dort das Defizit nicht gesucht werden kann. Eine menschengemäße Heimat bietet dementsprechend nur das (wiederum den Vorstellungen der Menschen entsprechende) Jenseits, wie in den Versen von Rumi. Diese Einstellung ist dem Abendland nicht fremd, sie hat es im Gegenteil lange dominiert. Seit der Neuzeit und dem Entstehen einer falsifizierbaren Wissenschaft jedoch hat sich das Verhältnis umgekehrt zugunsten der größeren Schwerkraft der Welt.

Dieses neuzeitliche westliche Modell ist deshalb so erfolgreich, weil es eben nicht davon ausgeht, (dank einer Offenbarung o.ä.) schon alles zu wissen, sondern weil es das eigene Wissen als defizitär empfindet und es sich im Zugehen auf die Welt erst erarbeiten will und damit sukzessive unsere Fremdheit in der Welt abbaut. In der Folge weiß, wer so auf die Welt zugeht, natürlich mehr von der Welt als derjenige, der das Wissen immer schon zu haben glaubt. Diesem bleibt eine andere Aufgabe: Das Wissen, das er vollständig schon zu besitzen meint, umzusetzen und es, so weit es in der inkommensurablen Welt möglich ist, Wirklichkeit werden zu lassen, um so die Fremdheit abzubauen. Ein Weg, dies zu tun, bestünde etwa in der Einführung einer islamischen Moral und islamischen Umgestaltung der Gesellschaft, einer Arbeit am Menschen, an seinem Verhalten also. Oder um ein Beispiel für ein ähnliches Denken im Abendland zu bringen, im Kommunismus und der Umgestaltung der menschlichen Verhältnisse gemäß seinem ›Wissen‹, dem dialektischen Materialismus, der ironischerweise ausgerechnet von seiner faktischen, materiellen Richtigkeit überzeugt ist.

Schon an diesem Beispiel sehen wir, dass der Unterschied zwischen Abendland und Islam oft nicht greift, denn natürlich versucht auch der moderne Westen, die Welt nach seinem Bild und seinen Begriffen zu gestalten. Andererseits hat der Islam nichts gegen eine Fortentwicklung des säkularen Wissens, solange das Menschenbild davon nicht zu stark berührt wird. Auch das Gefühl der Fremdheit in der Welt werden tatsächlich nicht mehr Menschen im Orient als im Abendland empfinden. Die Unterschiede liegen in der Gewichtung. Im übrigen dürfte es ein Charakteristikum aller Dekadenz-, respektive Wertebewahrungsdiskurse sein, Wissen nicht als etwas immerfort zu Erwerbendes zu betrachten, sondern zu glauben, in den entscheidenden Punkten schon darüber zu verfügen, um dann die entsprechende gesellschaftliche und moralische Durchsetzung einzufordern. Der Dekadenz- und Entartungsdiskurs im Kommunismus und Nationalsozialismus beruht, wie angedeutet, auf denselben Voraussetzungen wie der heutige der Islamisten, wohingegen die klassische islamische Kultur in ihrer Gesamtheit sicher eine viel weniger strenge Position einnahm als die heutigen, eher am westlichen Entartungsdiskurs geschulten Islamisten. Für die klassische Kultur war das Wissen zwar ebenfalls objektiv durch Gott gegeben, der Mensch hatte aber nur eine beschränkte Einsicht in dieses Wissen und war sich dieser Beschränkung bewusst, wodurch die Akzeptanz unterschiedlicher Meinungen und Lebensentwürfe begünstigt wurde [⇤ S. 156].

Nun hat aber die abendländische Ausrichtung auf die Welt und die damit einhergehende Einsicht, nie endgültig und genügend zu wissen, tatsächlich eine schwerwiegende Konsequenz: Sie überlässt Norm und Moral dem Gutdünken des einzelnen, was für diesen eine ungeheure Last werden kann. Andererseits führt dies aber dazu, dass uns moralische Fragen womöglich intensiver und existenzieller beschäftigen, als es in Gesellschaften der Fall ist, in denen die Moral dem Individuum fertig vorgegeben wird und man ihr nur zu folgen braucht, aber nicht über sie nachdenken, geschweige denn die eigene Haltung stets hinterfragen muss.

Wenn aber, wie die Erfahrung von Faschismus und Kommunismus lehrt, die anti-dekadenten Bewegungen gefährlicher sind als jede Dekadenz, dann wird uns die Liebe zum Nutzlosen und das unaufhörliche Fragen, gerade auch auf dem Feld der Ethik, nicht nur vor dem politischen Islam, sondern auch vor den lauernden Fundamentalismen und Fertigbauweltanschauungen in unseren Breiten zu schützen vermögen.

Islam und Westen: Hardware oder Software?

Nur wenige politischer Denker haben – und zwar schon lange vor dem 11. September 2001 – eine so illustre Gegnerschaft auf sich gezogen wie der 2008 im Alter von 81 Jahren verstorbene amerikanische Politikwissenschaftler Samuel Huntington. Charakteristisch für den Großteil der Huntington-Kritik war die darin mitschwingende Annahme, dass man ihm auch deshalb widersprechen muss, damit seine pessimistischen Behauptungen nicht eintreten. Man bekam den Eindruck vermittelt, Huntington versuche nicht, eine Realität zu beschreiben und zu analysieren, sondern er schreibe sie herbei oder wünsche sie sogar. Gegen dieses Herbeischreiben und Herbeiwünschen von Seiten Huntingtons haben all jene angeschrieben und angewünscht, die das Böse, das Huntington vermeintlich wünscht, nicht wünschen. Merkwürdigerweise hat der 11. September 2001 in dieser Hinsicht nicht zu größerem Realitätssinn geführt. Er hat die Fronten verschärft, aber kaum jemanden zu einem Frontwechsel veranlasst. Huntington gilt bis heute als *persona non grata* im Ost-West-Diskurs, und viele Kommentatoren, in der islamischen Welt die meisten, erachten ihn als Vordenker, mithin auch Macher der gegenwärtigen Ost-West-Konflikte.

Gewiss kann eine Lagebeschreibung wie die Huntingtons, zumal wenn damit, wie es bei ihm der Fall war, eine Politikberatung einhergeht, die vermuteten oder vorausgesagten Zustände mit herbeiführen; an den Attentaten vom 11. September 2001 wird man Huntington indessen nicht die Schuld geben können. Vielmehr hat er sie am kühnsten vorausgedacht. Das allein sollte genügen, um ihn als politischen Denker ernst zu nehmen. Die pointierteste These Huntingtons, wie er sie in seinem Buch formuliert, lautet: »Solange der Islam der Islam bleibt (und er wird es bleiben) und der Westen der Westen bleibt (was fraglicher ist), wird dieser fundamentale Konflikt zwischen zwei großen Kulturkreisen und Lebensformen ihre Beziehungen zueinander weiterhin und auch in Zukunft definieren, so wie er sie 1400 Jahre lang definiert hat. (...) Das tiefere Problem für den Westen ist nicht der islamische Fundamentalismus. Das tiefere Problem ist der Islam, eine andere Kultur, deren Menschen von der Überlegenheit ihrer Kultur überzeugt und von der Unterlegenheit ihrer Macht besessen sind. Das Problem für den Islam sind nicht die CIA oder das US-amerikanische Verteidigungsministerium. Das Problem ist der Westen, ein anderer Kulturkreis, dessen Menschen von der Universalität ihrer Kultur überzeugt sind und glauben, dass ihre überlegene, wenngleich schwindende Macht, ihnen die Verpflichtung auferlegt, diese Kultur über die ganze Erde zu verbreiten.«[7]

Diese Aussage weckt schon deshalb Widerspruch, weil sie deterministisch ist. Sie behauptet, dass alle Variablen von Islam und Westen soweit unabänderlich sind, dass sie zwangsläufig in den Konflikt führen werden, wie es immer der Fall war. Nicht aufgrund dieser oder jener sachlichen politischen Differenzen kämpfen Westen und Islam miteinander, sondern weil sie traditionell einander entgegengesetzt sind. Die Behauptung kommt fast einer Tautologie gleich: Islam und christliches Abendland kämpfen miteinander, weil sie Islam und christliches Abendland sind und eben seit jeher miteinander kämpfen. Genau in dieser Tautologie liegt die Attraktivität der These für viele Beobachter. Um sie ganz zu erfassen, muss weiter ausgeholt werden.

Huntingtons Beschreibung des Kampfes beinhaltet eine »harte« Definition des Islams und des ihm entgegengesetzten christlichen Abendlands, der »westlichen Zivilisation«. Diese harte Definition hat ihren weichen Widerpart, und die meisten Stellungnahmen zum Islam lassen sich einem der beiden Ansätze zuordnen. »Hart« und »weich« ist hier wörtlich zu nehmen und meint keinesfalls »freundlich« oder »unfreundlich«. Wenn man es in Begriffen der Computersprache beschreibt, wird der Unterschied am deutlichsten: Die einen begreifen den Islam als Software, die ande-

7 Samuel Huntington, *Der Kampf der Kulturen*, München 1996, S. 339 und S. 350.

ren als Hardware. In die Software kann man eingreifen, man kann sie ändern, entwickeln, fortschreiben, anpassen, modernisieren. Die Hardware ist festgelegt; Manipulationen sind nur in geringem Maße möglich. Wenn sie den Anforderungen nicht mehr genügt, muss man sie austauschen und die alte auf den Müll schmeißen – den Müllhaufen der religiösen Ideen.

Legt man die harte Definition zugrunde, ist die Bandbreite der Anwendungen, für die dieser Rechner genutzt werden kann, von vorneherein sehr beschränkt. Als Anwendungen wären zu verstehen: neue oder veränderte Bedürfnisse, neue soziale und politische Konstellationen, neue Lebensweisen. Oft erscheint der Islam in dieser Theorie wie einer dieser urzeitlichen Homecomputer, für die man noch Floppy-Disks als Speichermedium benutzte. Es versteht sich, dass darauf das Programm »Moderne«, wenn überhaupt, nur sehr langsam läuft, von häufigen Abstürzen begleitet. Und die Simpelversion von Moderne, die man darauf allenfalls zum Laufen bekäme, würde nur Äußerlichkeiten betreffen, eine tiefgreifende Modernisierung bedeutete sie nicht.

Aber die Hardware-Theorie lässt sich, wenngleich zum Preis eines sehr waghalsigen Denkmanövers, auch zugunsten des Islams verwenden. Unter den muslimischen Anhängern dieser Vorstellung, zumeist Fundamentalisten, ist es nämlich *communis opinio*, dass diese Hardware perfekt sei, allen denkbaren Programmen und Umständen problemlos gewachsen. Die Religion wird als eine Art Supercomputer verstanden, der – da von Allah höchstpersönlich ersonnen – fehlerfrei wie aus dem Nichts mit einem Mal auf der Welt war und seitdem nicht aufhört, fehlerfrei zu laufen. Eventuelle Macken liegen nur an unsachgemäßer Bedienung – der Mensch ist fehlbar, nicht der Computer!

Diejenigen, die den Islam lieber mit einer Software vergleichen, haben es einfacher, sie müssen nicht so dogmatisch sein. Auch hier gibt es natürlich solche, die den Islam als eine sehr gute, und solche, die ihn als eine eher mittelmäßige, den neuen Hardwarebedingungen nur mit großen Eingriffen anzupassende Software betrachten. Gleichwohl sind die Unterschiede nicht so krass wie der Bruch innerhalb der Hardware-Vertreter. Deutet man den Islam als Software, so ist die Hardware zunächst einmal die menschliche Natur, dann aber auch eine bestimmte Geschichte, die die Menschen geprägt hat. Die Software muss sich diesen Bedingungen anpassen. Den Vorteil der Flexibilität bezahlt die Software-Theorie mit einem hohen Unbestimmtheitsfaktor. Was der Islam ist, vermag sie nie gültig zu sagen, und es sind immer weitere Abweichungen vom ursprünglichen Quellcode denkbar.

In den Islamwissenschaften wird die harte Definition häufig essenzialistisch genannt, obwohl deren Vertreter das nicht gerne hören. Essenzialistisch meint: Der Islam habe einen letztlich unveränderlichen Wesenskern, eine Essenz. Diese Position hat eine schwerwiegende, deterministische Konsequenz, wie wir bereits bei Huntington gesehen haben. Bestimmte Elemente gehören demnach so wesensgemäß zum Islam, dass dieser ohne sie nicht denkbar ist, also kein »richtiger«, »echter« Islam mehr wäre. Der Islam ist daher nur eingeschränkt entwicklungsfähig – Hardware eben. Ein Beispiel für eine strenge essenzialistische Definition ist folgendes Zitat aus einem 2001 erschienenen Buch von Tilman Nagel, einem emeritierten Göttinger Islamwissenschaftler: »Sich zu dieser Religion (d. h. dem Islam) zu bekennen, ohne das Gesetz (d. h. die Scharia) in seiner Gänze zu bejahen und als unbezweifelbaren und stets gültigen Maßstab für jegliches Tun und Lassen zu befolgen, ist unmöglich; denn das Gesetz ist ein wesentlicher Teil der islamischen Heilsbotschaft.«[8]

Der Essentialismus gibt sich hier schon sprachlich zu erkennen. Die Scharia muss in ihrer »Gänze« – ohne jede Abstriche! – bejaht werden. Andernfalls sei es »unmöglich«, sich zum Islam zu bekennen. Die Scharia ist »unbezweifelbar« und außerhalb der Zeit (»stets gültig«). Und sie gilt ausnahmslos (»für jegliches Tun und Lassen«). Ein islamischer Fundamentalist hätte seine Sicht auf den

8 Tilman Nagel, *Das islamische Recht*, Westhoven 2001, S. 3.

Islam nicht radikaler formulieren können als dieser Islamwissenschaftler. Überhaupt ist es ein Kennzeichen des Essentialismus, dass sich Orientalisten und Fundamentalisten in der Sache verblüffend einig sind, während sie sich in der Wertung deutlich unterscheiden.

Einer der renommiertesten und meistzitierten Islamwissenschaftler unter den Essenzialisten, der 1916 geborene Bernard Lewis, begreift die Tatsache dieser sachlichen Übereinstimmung zwischen Orientalisten und Fundamentalisten kurioserweise sogar als Beleg für die Richtigkeit seiner Darstellungen. Um sich gegen den Vorwurf des berühmten Autors von *Orientalism*, Edward Said [⇐ S. 104], zu verteidigen, er verzerre das Bild des Islams, verweist er darauf, dass seine Bücher sowohl von den Muslim-Brüdern als auch vom israelischen Geheimdienst zur Lektüre empfohlen werden. Von ihren Gegnern werden die Essenzialisten unter den Islamwissenschaftlern häufig der Voreingenommenheit gegen den Islam beschuldigt. Dieser Vorwurf bietet sich in der Tat an. In der Wahrnehmung einer auf ständige Erneuerung und Veränderung ausgerichteten Gesellschaft wie der unseren gilt es *per se* als negativ, wenn etwas als nicht reformierbar erscheint oder so dargestellt wird. Eine auf eher auf Bewahrung ausgerichtete Geisteshaltung könnte dies freilich auch anders sehen. Und es ist kein Zufall, dass die Gegner der Essenzialisten politisch eher links, die Essenzialisten selbst (auch und gerade unter den Islamwissenschaftlern) hingegen vornehmlich im konservativen Lager zu finden sind.

Wissenschaftlich betrachtet ist der Essenzialismus, unabhängig von der Frage, wie wir ihn politisch werten, überdies leicht angreifbar. Stets äußert er sich in Allaussagen, die kaum zeitliche (das heißt geschichtliche) oder räumliche (das heißt geographische), geschweige denn individuelle Differenzierungen zulassen. Es versteht sich von selbst, dass jede Aussage nach dem Muster, »der Islam ist …« ausgesprochen pauschal ist und der Komplexität ihres Gegenstandes wahrscheinlich nicht gerecht werden kann. Gleichwohl ist diese Denkrichtung nicht einfach abzutun. Ohne essenzialistische Voraussetzungen könnte man nämlich überhaupt keine allgemeinen Aussagen formulieren, und ohne diese kommt man nicht aus. Problematisch werden diese Urteile indessen, wenn jede Relativierung ihres Gültigkeitsanspruchs ausgeschlossen wird wie in den jede Ausnahme verwerfenden Formulierungen Tilman Nagels.

Der Essentialismus hat jedoch noch andere Vorteile, von denen der größte seine leichte Vermittelbarkeit ist. Er bietet anschauliche Erklärungen zu einem komplexen, unübersichtlichen Sachverhalt und erfüllt damit ein Grundbedürfnis der Öffentlichkeit. Weder dieses Bedürfnis noch seine Erklärungen sind zu verachten. Allerdings muss man sich über die Grenzen dieser Herangehensweise im Klaren sein. Schließlich sprechen für den Essentialismus auch psychologische Gründe. Gesteht man nämlich die bloß eingeschränkte Gültigkeit seiner Aussagen zu, ist sogleich alles, was man gelernt, erfahren und gedacht hat, nur halb so viel wert, und dies ist, besonders wenn ein Gegenstand so schwierig zu erarbeiten ist wie der Islam, zweifellos eine Kränkung. Überdies dürften viele Akademiker allgemein formulierte Erkenntnisse nach dem Schema »x *ist* y« immer noch für das höchste Ziel ihrer Tätigkeit halten. Darauf zu verzichten, wo es doch so evident scheint (und selbst die weltanschaulichen Gegner, die Fundamentalisten einem recht geben), bedeutet eine allzu große Enthaltsamkeit, wenn es nicht sogar der Weigerung gleichkäme, der Aufgabe gerecht zu werden, für die sie bezahlt werden, nämlich den Islam zu *verstehen*. Nicht selten haben daher diese Allaussagen etwas Zwanghaftes und Apodiktisches an sich.

Für Nicht-Essenzialisten, also diejenigen, die den Islam als Software erachten, ist »Islam« nur ein Oberbegriff für sehr vielgestaltige Phänomene. Die radikalen Software-Theoretiker halten eine Beschreibung des Islams (oder des Orients) als solchen (d. h. unabhängig von eng begrenzten historischen und geographischen Manifestationen) für unmöglich und lehnen sie grundsätzlich ab, da sie jede Rede über den Islam diskurstheoretisch als Manifestation der Macht oder als Klischee, als einen abendländischen »Mythos Orient« (so der Titel eines von Edward Said inspirierten Buchs von Andreas Pflitsch) begreifen. Statt des Islams wird von diesen Forschern gleichsam meta-orientalistisch der Diskurs über den Islam analysiert, so dass einem der Schluss nahegelegt wird, den Islam selbst gebe es nicht oder man könne jedenfalls nicht darüber reden. Weniger radikalen Software-Islam-Theoretikern genügt es, festzuhalten, dass der Islam interpretier- und wandelbar ist und daher letztgültige Aussagen über ihn allenfalls als didaktische Pontonbrücken zu gebrauchen sind, als Einwegerkenntnisse sozusagen.

Man ahnt, die Software-Theorie kämpft mit harten theoretischen Bandagen. Tatsächlich ist sie, was die Komplexität ihrer Denkbewegungen angeht, jeder Hardware-Theorie deutlich überlegen. Damit ist aber auch eines der größten Probleme der Software-Theorie benannt, nämlich die Schwierigkeit, ihre Erkenntnisse einer breiteren Öffentlichkeit zu vermitteln. In aller Regel ist sowohl ihre Argumentation zu komplex wie auch ihre Ergebnisse zu wenig aussagekräftig und unmittelbar verwertbar sind. Das bedeutet, dass diese Denker nur begrenzt in den öffentlichen und politischen Raum wirken können, wie es dem Essentialismus, sei es der Orientalisten, sei es der Fundamentalisten, sei es im Westen, sei es in der islamischen Welt, mit seinen einfachen Wahrheiten leicht gelingt.

Die Software-Sichtweise hat aber noch eine andere, substanziellere Schwäche. Diese besteht darin, dass dem, was sie unter Islam versteht, zumindest theoretisch keinerlei Grenzen auferlegt sind. Um in der Computerterminologie zu bleiben, besagt dies, dass das Software-Modell nicht einmal eine Änderung des Quellcodes ausschließen kann. Dies jedoch würde bedeuten, dass der Islam Formen annehmen kann, die mit keiner seiner historischen Manifestationen notwendig etwas zu tun haben müssen, und es stellt sich die Frage, ab welchem Punkt der Software-Entwicklung es nicht sinnvoller wäre, auf das Label »Islam« gänzlich zu verzichten – genau so wie wir weitgehend darauf verzichten, uns als Christen oder christliche Welt oder christliches Abendland zu bezeichnen und stattdessen lieber »westliche Zivilisation« oder »westliche Wertegemeinschaft« nennen. Natürlich ist dagegen nichts einzuwenden, es deutet vielmehr auf eine gesunde Entwicklung hin. Wir stehen nicht unter dem Zwang, alles, was man irgendwie noch mit dem Christentum in Verbindung bringen kann, gleich auch christlich zu nennen. Nur dieser Ablösung verdankt es der Begriff des Christentums, wenn er trotz aller Veränderungen, die er durchgemacht hat, in der Substanz – oder Essenz – gleichsam heil geblieben ist. Wir sind uns bewusst, dass die »westlichen Werte« nicht einfach mit dem Christentum gleichgesetzt werden können, so viel Christliches darin auch sein mag. Gesteht man dies zu, so ahnt man auch, warum der Essentialismus trotz seiner Schwächen unersetzlich ist. Er allein könnte am Ende in der Lage sein, einen sinnvollen Begriff von Islam aufrecht zu erhalten. Und die große Gefahr für das gegenwärtige Christentum liegt wohl nicht so sehr in der Säkularisierung der Gesellschaft, sondern in der Software-Konzeption seiner Vertreter, die es immer weiter an die Gesellschaft anpassen wollen und damit den Bezug zur Mitte der Religion, zu einem unverrückbaren Kern, und sei es zu einem imaginären, aufs Spiel setzen.

Schließlich fällt auf, dass der ›Islam-als-Software-Deutung‹ häufig eine apologetische Sichtweise eignet. Da der Islam gemäß dieser Denkschule stets in Entwicklung begriffen und vielgestaltig ist, bietet er naturgemäß wenig Angriffsfläche. Und da er nicht, wie bei den Essenzialisten, dies oder das »ist«, kann er auch nicht für dies oder das verantwortlich gemacht werden. Muslime dieser Denkrichtung neigen gerne dazu, den Islam auf ihre je persönliche Weise freundlich auszulegen, was oft nichts als die Ausformulierung des eigenen Islam-Wunschbildes ist. Gelegentlich kippt diese Auslegung dann in eine Art *ad hoc*-Essentialismus um: Die rein persönliche Islam-Interpretation wird zum »eigentlichen« Islam erklärt. Das ist fast immer nett gemeint, aber selten hilfreich, und besonders der unerfahrene Beobachter wird dadurch regelmäßig verwirrt, weil er meint, jetzt endlich aus dem Mund eines echten Muslims etwas Unbestreitbares über den Islam erfahren zu haben.

Muslime, die sich der Problematik bewusst sind, werden das individuelle Moment ihrer Sichtweise nicht verschleiern. Zurecht wird so jemand sagen, dass er sich nicht vorschreiben lässt, was der Islam ist, sondern sich als Muslim das Recht nimmt, seine Religion zu interpretieren, und sei es entsprechend seinen persönlichen Vorlieben. Ein gutes Beispiel für eine solche persönliche Islam-Deutung, die auf einem ausgefeilten theoretischen Fundament ruht und, jedenfalls in der hier zitierten Formulierung, von vielen Muslimen geteilt werden dürfte, stammt von Abu Zaid, dem 2010 verstorbenen ägyptischen Theologen, der bekannt geworden ist, als er von seiner Frau zwangsgeschieden wurde. Der Grund: Aufgrund seiner fortschrittlichen Koran-Deutung wurde er zum Ungläubigen erklärt, und mit einem Ungläubigen darf eine Muslimin – seine Frau – nicht verheiratet sein. Abu Zaid sagt: »Der Islam ist sehr einfach, und gleichzeitig ist er eine Ordnung, viel umfassender als alle Theologie und alle Rituale. Er ist eine Religion der Gemeinschaft. Muslim ist, vor dessen Hand und Zunge die Menschen sicher sind, heißt es in einem Hadith. (...) Jeder ist Muslim, der mit seinen Mitmenschen und dem Universum sorgsam umgeht und sich bemüht, eine gute Spur zu hinterlassen. Ich kann einen Arzt, der den Menschen dient und sein Leben ihrem Leben unterordnet, nur als Muslim betrachten, gleich ob er Abdullah oder Georg heißt.«[9]

Abu Zaid, abgesehen von diesem soften persönlichen Islam-Verständnis, ist aber einer der wichtigsten Theoretiker der innerislamischen Software-Deutung. Sein Schicksal, die Zwangsscheidung, und dass er jetzt im Exil leben muss, wenn er sich keiner Gefahr aussetzen will, sagt einiges über die bedauerlich schwache gesellschaftliche Stellung dieser an einer Fortentwicklung des

9 Nasr Hamid Abu Zaid, *Ein Leben mit dem Islam*, Freiburg 1999, S. 207f.

Islams interessierten Theologie. Damit kein verzerrtes Bild aufkommt, sei betont, dass, obwohl er von den Fundamentalisten angefeindet wird, seine Islam-Deutung nahezu alle grundlegenden (d.h. essenziellen) Aspekte auch des traditionellen Islams mit einbezieht, also auch zahlreiche Hardwarekomponenten beibehält. Gerade die Nähe zur essenzialistischen Deutung auch der Fundamentalisten, gerade die Arbeit mit ihrer Begrifflichkeit, in ihrem Kosmos, ist es, die die Islam-Hardliner auf den Plan ruft. Abu Zaid bewegt sich auf ihrem ureigenen Gebiet, und das macht ihn zu einer unmittelbaren, theoretisch außerdem überlegenen Konkurrenz.

Engt man den Blick hingegen auf die radikale Avantgarde der Software-Denker ein, so scheint der Islam derzeit in das Stadium zu gelangen, in dem sich das Christentum bereits seit längerem befindet. Ideen, die bis in die Gegenwart hinein dem herkömmlichen Islam-Verständnis (und zumal seiner Dogmatik) fremd sind, werden bisweilen umstandslos, unter Ausblendung aller Widerstände, mit dem Islam zusammengedacht.

Ähnlich verhält es sich mit dem breit diskutierten Thema: »Islam und Demokratie«. Die Versuche fortschrittlicher Islam-Denker (Sofware-Schule), die Vereinbarkeit von beiden zu erweisen, sind ebenso zahlreich wie verschiedenartig, oft von unglaublicher Komplexität, auf umfassendem Wissen aufbauend, von überragender Intelligenz. Nicht selten wird diese Vereinbarkeit aber auch einfach nur so dahin behauptet – wie sie ebenso leichtfertig von vielen rundweg geleugnet wird. Doch kann man die Vereinbarkeit von Islam und Demokratie weder beweisen noch widerlegen wie ein Naturgesetz, und die Wahrheit liegt wahrscheinlich irgendwo in der Mitte. Weder ist »der Islam« gänzlich mit der modernen Demokratie zu vereinbaren (wäre es »das Christentum«?) noch schließt er eine gewisse Kompatibilität aus. Aber was auch immer man dazu dekretiert, forscht oder meint, es ist einerlei. Denn selbst gesetzt, diese Vereinbarkeit bestünde nachweislich nicht, wäre es sehr wohl möglich, sie neu zu begründen und zu diesem Zweck alle widersprechenden Dogmen nach Art einer radikalen Reformation über Bord zu werfen. Das christliche Abendland hat es vorgemacht, und ohne Probleme und Blut lief es auch hier nicht ab. Daher ist es nicht erforderlich, die Vereinbarkeit von Islam und Demokratie – oder westlichen Werten – tatsächlich aus der Religion heraus zu begründen. Es genügt, sie zu wollen, sie zu behaupten und danach zu leben und sich trotzdem »Muslim« zu nennen, wenn man nach seiner Religion gefragt wird, so wie ich mich »Christ« nenne, wenn ich explizit nach meiner Religion gefragt werde. Den inneren, intimen Glaubenshaushalt macht man sowieso mit sich selber aus, jenseits der großen theoretischen Begründungszusammenhänge.

Bliebe nur die Frage, wie überzeugend und vermittelbar eine solche Haltung wäre. Nach dem jetzigen Stand der Dinge taugt sie wohl nicht dazu, die Mehrheit der Muslime (besonders in der islamischen Welt) dort abzuholen, wo sie gerade stehen. Aber es ist ohnehin die Naivität reformerischer Islam-Denker zu glauben, theoretische Überlegungen könnten mehr als theoretische Überlegungen sein. Nicht diese – und seien sie noch so genial, noch so überzeugend und verständlich dargestellt, noch so gut begründet – können die Menschen zu einem modernen Islam-Verständnis führen, sondern allein handfeste Tatsachen. Wenn es sich in einer Demokratie angenehmer lebt, wird spätestens die dritte Generation diese Demokratie lebenspraktisch mit ihrem Muslim-Sein vereinbaren. Ob das theoretisch funktioniert ist für sie so unwichtig wie für mich die theoretische Vereinbarkeit der römisch-katholischen Dogmatik mit der modernen Verfassungsdemokratie.

Vor diesem Hintergrund kann man vermuten, dass es in den gegenwärtigen Islam-Diskussionen, gleichgültig von wie berufener Seite, nur vordergründig darum geht, wirkliche Erkenntnisse über den Islam zu verbreiten. Vielmehr soll ein diffus gewordener, eben nicht mehr klar definierbarer Begriff – Islam – mit neuen (oder auch, wie bei den Fundamentalisten, *wieder* alten) Inhalten gefüllt werden. Der zunehmenden Unklarheit des Begriffs begegnet man mit zwei unterschiedlichen Strategien, die zu den skizzierten Grundannahmen führen. Dies ist einerseits die Überdeterminierung – man versucht den Islambegriff peinlich genau zu bestimmen (die Hardware-Grundannahme) –, andererseits die Unterdeterminierung – man bestimmt den Begriff so wenig wie möglich, man hält ihn offen (die Software-Grundannahme). Was offensichtlich fehlt, oder was jedenfalls bedroht ist und abhanden zu kommen scheint, ist eine Art Begriffsmitte, ähnlich wie man von einer politischen Mitte redet. Diese Mitte, das gleichsam unverdorben natürliche, ausgeglichene Islamempfinden, wie wir es in der älteren Generation noch finden (beispielhaft dargestellt in vielen Romanen des ägyptischen Literaturnobelpreisträgers Nagib Machfus), geht allmählich verloren, es bröckelt an allen Ecken und Enden ab, es wird dauernd vor unliebsame Entscheidungen gestellt, Entscheidungen, die es nicht fällen kann und möchte.

Beide, Essenzialisten und Anti-Essenzialisten, tragen zur Zerstörung dieser Mitte bei. Gleich wem man folgt, man ist am Rand des Begriffs. Für einen zwar gläubigen, aber nicht radikalen, nicht radikalisierten Muslim würde sich die Definitionsnot nicht stellen. Er ist einfach in seinem Glauben. Aber da von überallher an ihm gezerrt wird, ist er nicht mehr so in dieser Mitte, wie er das früher, in weniger globalisierten und noch nicht fundamentalistisch verseuchten Zeiten war. Einen islamischen *common sense* zu bestimmen, wird daher zunehmend schwieriger. Die Definitionswut der Fundamentalisten, um hier einen Vergleich mit der deutschen Geschichte zu wagen, verschiebt den Islambegriff in ähnlicher Weise aus dem Zentrum, wie der Nationalsozialismus in Deutschland den Patriotismus aus dem Zentrum nach rechts getrieben hat. Der Radikalisierung auf der einen Seite steht eine Öffnung auf der anderen gegenüber: islamische Fernsehprediger neuer, moderner, mondäner Schule, Islampop, Schnellrestaurants nach amerikanischem Vorbild, nur ohne Schweinefleisch, sexy Kopftücher von Yves Saint Laurent, ein islamisch begründeter Feminismus, oder auch der völlige Verzicht auf alle traditionellen islamischen

Wertvorstellungen bei gleichzeitig behaupteter Identifikation mit dem eigenen kulturellen Hintergrund sowie der ein oder anderen, gerade schicken allislamischen Idee, etwa der Solidarität mit den Palästinensern.

An diesem Punkt kommt Huntington wieder ins Spiel. Auf eine nähere Bestimmung dessen, was der Islam oder der Westen ist, hatte er verzichtet. Wie auch immer der Islam sich entwickelt, welches Islambild sich bei den Muslimen durchsetzt, Islam und Westen bleiben gemäß seiner Deutung ein Gegensatz, sowohl ihrer Essenz nach als auch historisch. Man kann mit Huntington den 11. September erklären, ohne sich für eine bestimmte Deutung des Islams entscheiden zu müssen. Dies wird dadurch möglich, dass Huntington aus dem, was zu erklären ist, den Grund selbst macht. Dass Islam und Abendland verfeindet sind, wird damit begründet, dass sie *per definitionem* verfeindet sind. Islam heißt: Feindschaft gegen die christliche Welt. Christliches Abendland heißt: Feindschaft gegen den Islam. Das ist eine sehr grobe Sicht der Dinge. Sie hat aber einen großen Vorteil: Ist das Problem vornehmlich die Gegensätzlichkeit der Begriffe, unabhängig vom jeweiligen Gehalt, so besteht die Lösung in nichts anderem als der Zersetzung dieser Begriffe – was darunter als ihr Inhalt zu Tage tritt, lässt sich dann leicht verarbeiten. Der Kampf der Zivilisationen ist ein Kampf um Begriffe, nicht mit Gewehren. Dieser Kampf um Begriffe lässt sich weniger als Kampf um die Definition von Begriffen beschreiben, erst recht nicht als Kampf um ihren tatsächlichen Inhalt, sondern als einer um ihre Gehaltsintensität, um die Gehaltsdichte von »Islam« und »westlicher Welt«.

Der Kampf der Zivilisationen ist also in vollem Gange, aber er läuft zivilisierter ab als erwartet. Seine Front ist nicht der Irak oder New York oder Palästina. Dort explodieren nur die anderswo abgeschossenen Raketen. Der Kampf ist nichts anderes als die Beschreibung des Kampfes, die Front verläuft in der Grauzone des Geredes über den Islam. Damit hat der Westen bereits einen gigantischen Vorteil, denn er hat die Schlacht in das Gebiet des Gegners getragen. Alle Verheerungen, gleich von welcher Seite angerichtet, treffen das feindliche Gebiet, so wie ja der Fundamentalismus bislang praktisch immer den Islam selber versehrt hat, während er dem Westen bloß Nadelstiche im Rhythmus halbjährlicher Terroranschläge versetzte. Statt über die widerlichen Seiten des Christentums zu reden, seien sie nun vergangen oder gegenwärtig, statt über die Problematik der Universalität westlicher Werte, über ungleiche Maßstäbe und so weiter zu diskutieren (freilich tun wir das auch, Selbstkritik ist schließlich unsere Stärke, aber dabei geht es um wenig), diskutieren wir alle wie wild über den Islam.

Die Auseinandersetzung hat zwei Runden, aber es ist gut möglich, dass sie schon nach der ersten entschieden wird. Die erste Runde ist der Kampf um die Entleerung (Unterdeterminierung) oder die auf Überdeterminierung hinauslaufende Bewahrung des Islam-Begriffs. Wenn die Entleerung gelingt, hat der Westen den Kampf auf friedliche Weise für sich entschieden. Wie ein trojanisches Pferd haben sich dann die westlichen Wertvorstellungen und die westliche Weltanschauungsweise in das Bedeutungsfeld von »Islam« geschlichen. Im Ergebnis wäre die islamische Kultur der westlichen weitgehend angeglichen, nicht nur äußerlich, auch was Empfindungs- und Denkstrukturen angeht. Das ist ungefähr das, was mit einem großen Teil der zweiten und fast der gesamten dritten Generation von Türken in Deutschland geschieht. Wenn man sie fragt, sind sie Muslime, so sagen sie ja, gewiss, aber ein Konfliktpotenzial ergibt sich nicht daraus, sondern allenfalls Probleme, die mit dem sozialen Status von Einwanderern zusammenhängen. Gelingt aber die Unterdeterminierung nicht oder nur unzureichend, kommt es zur eigentlichen Auseinandersetzung, erst dann werden sich beide Begriffe im Vollbesitz ihres Gehaltes so entgegenstehen, wie Huntington behauptet.

Unter dem Globalisierungsdruck zur Unterdeterminierung – immer mehr traditionell fremde Seinselemente müssen in den Islam integriert werden – droht die Mitte des islamischen Selbstverständnisses in die Verwestlichung abzudriften. Dem wirkt die

Überdeterminierung entgegen. Der Antisemitismus, besonders in der Gestalt des Verschwörungstheorie-Antisemitismus, ist eines der populärsten Mittel zur Schließung der Fronten. Ein anderes Element ist zum Beispiel die zunehmend rigidere Auslegung von Wein-Verboten, Fastenpflichten und ähnlichen bloß symbolischen Regeln. Dazu zählt aber auch die explizit gegen den westlichen Menschenrechtsdiskurs gerichtete Brutalisierung und kompromisslose Anwendung des Scharia-Strafrechts, die eilfertige Anwendung von Apostasie-Paragrafen, das strikte Gebot der Verschleierung, eben weil der Westen sich in die Menschenrechts- und Frauenfrage so unrettbar verbissen hat und so gut zu treffen ist, eben weil eine Essenz der westlichen Kultur in ihrem Exhibitionismus zu treffen ist – und durch den so simplen und harmlosen Akt der Verschleierung höchst öffentlichkeitswirksam konterkariert werden kann. Will einer in seinem Land noch als Muslim gelten, so die ultimative Logik der Islam-Strategen, muss er sich den Vorgaben der Überdeterminierer unterwerfen. Tut er es nicht, wird er eben geächtet, wie Abu Zaid. Ohnedies verwestlichte Muslime wie die deutschen Türken stellen hingegen keine Gefahr da. Sie sind schon übergelaufen und viel zu weit von der Mitte entfernt, um in diese noch hineinwirken zu können. Selbst die fortschrittlichste saudische Frau wird nie über den Umweg der Porno-Darstellerin zum Filmstar werden wollen. Auch wenn sie Filmstars nicht grundsätzlich schlecht findet.

Erklärungsbedürftig bleibt, warum sich Unterdeterministen und Überdeterministen im Westen wie im Islam finden, obwohl ja die Überdeterministen und Hardware-Theoretiker im Westen sicher nicht in die gleiche Kerbe schlagen möchten wie die Fundamentalisten. Man könnte sie als *agents provocateurs* bezeichnen. Sie bedienen sich des Stilmittels der Prolepse. Sie nehmen den Ausgang der ersten Runde des Kampfes vorweg und beschreiben den Zustand danach, als wäre er schon eingetreten. Die Unterdeterminierer, die Software-Theoretiker, werden durch dieses Verfahren für irrelevant erklärt, bevor die erste Runde überhaupt entschieden ist.

Dies geschieht vor dem Hintergrund, dass der Software-Theoretiker, der Unterdeterminierer, ja vor allem deshalb einer ist, weil er auf diese Weise hoffen kann, den eigentlichen Kampf zu vermeiden, wie es tatsächlich gelänge, wenn er sich durchsetzt. Er ist gleichsam Optimist, ein lieber Mensch, der lieber nicht kämpfen will. Die Hardware-Theoretiker werfen ihm Wunschdenken vor und bezeichnen ihn als Idealisten. Als solcher will er einen netten, einen soften Islam. Der Überdeterminierer im Westen versteht sich dagegen als nüchterner Realist. Er lässt sich über die harte Natur des Islams nichts einreden. Er tut so, als gäbe es da gegenwärtig über den Inhalt des Islambegriffs gar nichts zu verhandeln. Er hält diese ganze erste Runde im Kampf für reichlich überflüssig, für Augenwischerei, während die Islam-Hardliner schon längst zu den Waffen gegriffen haben. Man soll endlich zur Sache schreiten, bevor man der Gefahr nicht mehr wehren kann. Der Überdeterminierer, Hardware-Theoretiker, Essenzialist benimmt sich wie ein General, der, während die Regierung noch Verhandlungen führt, an keine Einigung mehr glaubt und vorsichtshalber seine Truppen aufstellt. Er hat den Verdacht, und die ein oder andere Schießerei bestätigt ihn darin, der Feind tue nur so, als verhandele er, verbessere tatsächlich aber vor allem seine militärische Position. Einerseits kann man diese Generäle besonders wachsam nennen. Andererseits sind sie ebenfalls naiv. Sie wollen nicht sehen, dass es viel klüger ist, die Gegenseite zum Überlaufen zu verlocken und ihre Disziplin und Moral zu unterminieren. Stattdessen stärken sie eben diese, indem sie sich martialisch zum Kampf aufstellen. Vielleicht wird aber auch diese erste Runde nie entschieden werden, oder vielleicht wird, während sie noch läuft, bereits mit der zweiten begonnen, so dass beide gleichzeitig stattfinden – der Kampf um Begriffe und der Kampf mit den Waffen. Genau dies ist sogar sehr wahrscheinlich der Fall. Das erhöht die Unübersichtlichkeit beträchtlich. Wollen wir also lieber nicht den Durchblick behaupten.

Von Bin Laden wachgeküsst. Wie steht es um die deutsche Orientalistik?

Um zu erfahren, wie es heute um die einst weltberühmte deutschsprachige Orientalistik steht, musste man im Jahr 2007 nur nach Freiburg fahren. Dort fand der XXX. Deutsche Orientalistentag statt (die römischen Ziffern sind wichtig – eine kleine, letzte Verbeugung vor dem philologischen Ursprung der Disziplin), und das Erste und Wichtigste, was ich davon berichten kann, lautet: Die deutsche Orientalistik ist in der Gegenwart angekommen, ja macht den Eindruck, als wolle sie diese Gegenwart überholen. »Welche Vergangenheit, welche Zukunft«, hieß das Motto der Tagung, aber wirklich umstritten war nur die Vergangenheit, die Zukunft scheint dagegen klar vorgezeichnet. Selbstbewusst beansprucht die Orientalistik, in einer globalisierten Welt ihrem Namen auf unerwartete Weise neu gerecht zu werden: als kulturelle *Orientierungs*wissenschaft. Der Deutsche Orientalistentag ist das Forum der Jungen, des wissenschaftlichen Nachwuchses geworden; die arrivierten, verbeamteten, mit festen Gehältern und Lehrstühlen Versehenen waren unter den 1100 Teilnehmern – mehr als je zuvor! – in der Minderheit. Auf den rund fünfhundert Vorträgen und Veranstaltungen konnte man also jenen lauschen, die in zehn bis fünfzehn Jahren die Leherstühle und Denkstile der orientalistischen Fächer von der Afrikanistik bis zur Japanologie (ja, soweit reicht dieses Fach!) prägen werden – wenn unsere doppelzüngige Bildungspolitik sie lässt. Entgegen allen Sonntagsreden über Bildungsoffensiven werden nämlich, so erfuhr man auch, die Lehrstühle weiter abgebaut, werden die Nachwuchswissenschaftler auf schlecht dotierte, ewig befristete Stellen verbannt oder ins akademische Exil getrieben. Die deutsche Orientalistik, als wollte sie auch da ihrem Namen gerecht werden, ist über die ganze Welt verstreut. Ihre Muttersprache, apropos Zukunft, ist Englisch.

Schon auf dem letzten Orientalistentag in Halle hatte sich gezeigt, dass insbesondere die (die meisten Teilnehmer stellenden)

Islamwissenschaftler ihren Dornröschenschlaf abgeschüttelt hatten. Unschön ist nur, dass der Prinz, der sie wachküsste, ausgerechnet Bin Laden heißt. »Aus der Philologie herausgebombt«, hatte ZEIT-Redakteur Jörg Lau das auf der einführenden Podiumsdiskussion über »Das öffentliche Bild des Islam« genannt und schien damit dem Erfurter Kommunikationswissenschaftler Kai Hafis zu widersprechen, der von einer Renaissance des Themas schon seit dem zweiten Golfkrieg Anfang der neunziger Jahre zu berichten wusste. Als Medienmacher, der vor dem 11. September kaum über Islam publizierte und sich erst danach intensiver mit dem Thema auseinandersetzte, hat Lau wohl recht. Allerdings erscheinen die Medien dann als mindestens ebenso verschlafen wie die Islamwissenschaften.

Die eigentliche Problematik liegt natürlich tiefer: Wie jede Wissenschaft hat auch die von den islamischen Kulturen die Schwierigkeit, dass sie komplizierte Zusammenhänge, je weiter sie sich aus dem medialen Fenster lehnt, desto vereinfachender erklären muss – und eben damit den Umfang und die unhintergehbare Komplexität ihres Wissens verrät. Ekkehard Rotter, seines Zeichens Historiker und Bruder des Islamwissenschaftlers Gernot Rotter, spielte in der Diskussionsrunde unbekümmert das Sprachrohr des islamkritischen Stammtischs und erklärte, dass er sich als Christ von den Aussagen des Korans beleidigt fühle. Wie sinnvoll oder historisch angemessen ein solches Gefühl ist, wurde leider nicht diskutiert. Denn um sich nicht mehr beleidigt zu fühlen, bleibt Rotter, da der Koran nun einmal der Koran ist, wenig anderes übrig als entweder Muslim zu werden oder den Koran abzuschaffen, respektive ihn zu verbieten, wie es der holländische Rechtspopulist Geert Wilders tatsächlich schon vorgeschlagen hat. Weder das eine noch das andere ist aber wirklich empfehlenswert. Immerhin konnte, wer in den vorderen Reihen saß, auf Rotters Schoß ein Abhilfe versprechendes Buch des studierten Islamwissenschaftlers und Journalisten Michael Lüders entdecken: »Allahs langer Schatten. Warum wir keine Angst vor dem Islam haben müssen.«

Anspruchsvolleren Erkenntnisgewinn als diese Diskussionsveranstaltung lieferte der anfängliche Festvortrag von Patricia Crone aus Princeton, die die muslimischen Deutungen des berühmten Koranverses 2:256 (»Es ist kein Zwang im Glauben«) erläuterte und dabei die Aporien deutlich machte, in die sich die islamischen Gelehrten angesichts säkularisierter Gesellschaften manövriert haben. Nach klassischer Deutung impliziert der Vers natürlich keine Religionsfreiheit. Soll er heute, wie es gerade modern gesinnte Gläubige gerne tun, als Plädoyer für Religionsfreiheit gelesen werden, müsste diesen klassischen Deutungen offen widersprochen werden, was den an die Autorität der Tradition gebundenen islamischen Gelehrten unmöglich erscheint.

Daher wird die traditionelle Deutung entweder vor Fremden verschwiegen oder sinnentfremdet, wie in der Antwort einer Gruppe von achtunddreißig Islamgelehrten auf die Regensburger Rede des Papstes. Der Islam, darf man Patricia Crone deuten, ist somit in einem Teufelskreis gefangen: Ohne Säkularisierung kein Bruch mit dem tradierten Religionsverständnis; ohne Bruch mit dem traditionellen Verständnis keine Vereinbarkeit des Islams mit der säkularen Gesellschaft. Hoffnungsträger sind angesichts dessen die Muslime, die im säkularisierten Westen leben; sie allein können ungefährdet aus diesem Kreis herausspringen. Oder es sind die, für Crone freilich nicht vorhersehbaren, demokratischen Revolutionen, die ein offeneres Gespräch über den Problemkreis Islam und Säkularisierung ermöglichen, als es in den autoritären Oligarchien der Fall war, die die Religion instrumentalisierten.

Man merkt an diesem Beispiel, wie sehr die neue, selbstbewusste Islamkunde am offenen Herzen der Religion operiert. Dieses Verfahren ist schmerzhaft für einen echten Gläubigen; wenn der Patient mitarbeitet, vielleicht aber auch heilsam. Vor allem jedoch wehrt gründliche Sachkenntnis die halbwissenschaftlichen Quacksalber ab, die in den letzten Jahren ebenfalls auf den Plan getreten sind und den Wissenshunger des Publikums mit spektakulären Thesen füttern.

Für Gesprächsstoff sorgte zum Beispiel der Saarbrücker Theologe (ohne Arabischkenntnisse, wohlgemerkt) Karl-Heinz Ohlig, der den frühen Islam als eine christliche Sekte deutete. Mohammed (wörtlich übersetzt »der Gepriesene«), sei kein Eigenname, sondern bezeichne Jesus Christus. Einen Religionsstifter Mohammed habe es hingegen nie gegeben. Zu dieser These liefert Christoph Luxenbergs viel diskutiertes Buch über eine vermeintliche syro-aramäische (also nicht- oder nur halbarabische) Lesart des Korans angeblich den sprachwissenschaftlichen Unterbau. Die vier entspannt wirkenden jungen Männer, die im Auftrag der Berlin-Brandenburgischen Akademie der Wissenschaften die Datenbank »Corpus Coranicum« erstellen [→ S. 149], beantworteten die Fragen aus dem Publikum, wie sie mit den Thesen Luxenbergs und anderer sogenannter »Revisionisten« umgingen, mit beeindruckender Kaltblütigkeit: Nun, sie würden alle brauchbaren Anregungen dankbar entgegennehmen, und von offensichtlichen Übertreibungen wolle man sich dabei nicht irritieren lassen.

Die Beispiele, die sie dann brachten, waren von überragender Evidenz. So entpuppten sich koranische Aussagen über die Einheit Gottes im Vergleich mit Stellen aus dem Deuteronomium und dem nicänischen Glaubensbekenntnis als Antwort und bewusster Gegenentwurf zu den christlich-jüdischen Vorbildern. Wenn die Forschungen des »Corpus Coranicum« dereinst online zugänglich gemacht werden, wird dies auch die islamische Welt nicht unberührt lassen. Leider aber lässt die Online-Publikation der Ergebnisse auf sich warten (http://koran.bbaw.de/).

Man sieht aber daran: Was die Philologie im engeren Sinne betrifft, gehen von der deutschen Orientalistik nach wie vor starke Impulse aus. Umso bedauerlicher ist, dass Literatur- und Sprachwissenschaften immer weiter ins Hintertreffen geraten gegenüber Sozial- und Politikwissenschaften, deren Wirken zwar aktuellen Bedürfnissen entgegenkommen mag, deren massives Auftreten auf diesem Kongress aber doch den Eindruck vermittelt, der Orient sei vor allem ein Fall für Sozialarbeiter und Politikberater. Betrachtet man die auch auf dem Orientalistentag breit diskutierten Versuche, einen islamischen Religionsunterricht zu etablieren, erweist sich der Islam angesichts seiner zerstrittenen Vertreter leider wirklich als solcher Fall.

Was aber bleibt, wenn man sich dann kopfschüttelnd und müde von den immergleichen Querelen abwendet? An Erbaulichem hatte die Tagung nicht viel zu bieten, Kunst und Literatur musste man lange suchen, und was man dann fand, trug Titel wie: »Die Prinzeninseln als multireligiöser Raum in der türkischen Literatur« oder »Die Mythologie der Arbeit in mittelalterlichen Handwerkertexten« – ernstzunehmende Magisterarbeiten gewiss, aber man möchte doch wissen, wer unter diesen Orientalisten in zehn oder fünfzehn Jahren noch das Interesse und die Fähigkeit haben wird, etwa die großen Dichtungen des Orients in ein inspiriertes Deutsch zu bringen; ja wer an unseren Lehrstühlen sie dann überhaupt noch wird lesen können?

Der Blick auf den Orient nicht als erhaltenswerten und der Vermittlung würdigen Kulturraum, sondern als einzigen großen Problemfall könnte sich am Ende selbst als das größte Problem erweisen. Eine zunehmende akademische Blindheit greift gegenüber der Tatsache um sich, dass es noch andere kulturelle Werte, Lebensentwürfe und Weltdeutungen gibt als die im Westen in den letzten paar Jahrzehnten entwickelten.

Beklagen wir daher nach Kräften die Abwanderung der Schöngeister aus der Orientalistik! Und staunen wie Kinder, was aus diesen dann alles so werden kann: Diplomaten, Journalisten, Bibliothekare, Lektoren und Dolmetscher ja sowieso; aber auch Romanschriftsteller oder, wie der unermüdliche Mitorganisator des Freiburger Orientalistentags, Ludwig Ammann, höchst erfolgreiche Filmverleiher. Dass die Beschäftigung mit dem Orient Fantasie und Kreativität anregt, wird vor diesem Hintergrund niemand bestreiten. Nur müssten Fantasie und Kreativität langsam auch einmal die Gelegenheit bekommen, auf die akademische Beschäftigung mit dem Orient zurückzuwirken!

Verwirrung allenthalben: Der Gaza-Krieg in der deutschen Öffentlichkeit

Die Stellungnahme der deutschen Bundeskanzlerin Angela Merkel zu Beginn des kurz nach Weihnachten 2008 für einen Monat heftig entbrannten Gaza-Krieges verblüffte durch seine Einseitigkeit: Ihr zufolge hatte allein die Hamas Schuld an diesem Krieg. Mit diesem Urteil blendete die Bundeskanzlerin die jahrelange Blockade des Gaza-Streifens durch Israel, die Gründe für die Machtübernahme der Hamas sowie die Geschichte des israelisch-palästinensischen Konflikts aus.

Überraschend war dieses Urteil aus zwei Gründen: Erstens weil es einseitig und daher diplomatisch ungeschickt ist, und zweitens, weil es in seiner Einseitigkeit die Meinungsvielfalt ignoriert, die in der deutschen Öffentlichkeit zu diesem Konflikt zu finden war.

Die folgenden Ausführungen zu diesem Meinungsbild in der deutschen Öffentlichkeit können sich nicht auf Statistiken stützen – solche sind nicht nur noch nicht erhoben, sie sind auch störanfällig und manipulierbar. Und wenn das Ziel eine Bewertung dieser Berichterstattung ist, wäre uns aber selbst mit einer verlässlichen Statistik vermutlich nur wenig geholfen. Zur Erläuterung das folgende Beispiel:

Obwohl vieles dafür spricht, dass die westliche und besonders die deutsche Öffentlichkeit mehrheitlich eine pro-israelische Haltung einnimmt, wird von Israel und seinen Freunden behauptet, dass die Medien mehrheitlich gegen Israel seien, dass der Kampf um die Gunst des Publikums im Westen für Israel verloren sei. Dasselbe gilt umgekehrt: Selbst wenn wir eine pro-palästinensische Tendenz in den westlichen Medien erkennen könnten, wären die Palästinenser und die Araber mit der Darstellung des Konflikts wahrscheinlich nicht zufrieden.

Jede Seite wirft den Medien vor, das Bild zu verzerren. Der Grund für diesen Vorwurf ist leicht erklärt: Es liegt daran, dass keine Seite ihre eigene Sicht vollständig wiederfindet, dass sich keine Seite angemessen vertreten fühlt, weil wir in Europa und besonders in Deutschland natürlich unsere eigene Sicht auf den Konflikt haben. Daher hat jede der beiden Seiten das Gefühl, dass der Konflikt nicht gerecht dargestellt wird.

Im Folgenden will ich versuchen, zu einer Bewertung jenseits des Vorwurfs der Einseitigkeit zu kommen. Dieser Vorwurf stimmt wahrscheinlich schon deshalb nicht, weil beide Seiten in diesem Konflikt den Medien Einseitigkeit vorwerfen. Die deutsche Bundeskanzlerin war einseitig. Die Medien nicht.

Wenn wir die öffentliche Meinung in Deutschland beurteilen wollen, ist es am sinnvollsten, die öffentlich-rechtlichen Medien zum Maßstab zu nehmen, sowie ferner die großen (unabhängigen) Tageszeitungen und Medienkonzerne, einschließlich ihrer Aktivitäten im Internet, also zum Beispiel *Der Spiegel* und *Spiegel-Online*. Das Privatfernsehen hat zwar noch mehr Zuschauer als das öffentliche, bringt jedoch nur sehr wenig politische Berichterstattung und bleibt im Rahmen dessen, was auch im öffentlich-rechtlichen TV zu sehen ist. Ähnliches gilt wohl auch für die Boulevard-Presse, mit der entscheidenden Ausnahme der Bild-Zeitung, da die Springer-Presse sich von vornherein eine pro-israelische Haltung auf die Fahnen geschrieben hat. Die Bild-Zeitung ist wichtig, wegen ihrer festgelegten Einstellung zu Israel-Fragen für die Betrachtung hier aber nicht weiter interessant.

Wenn wir uns anschauen, wie sich der Gaza-Krieg in diesen öffentlich-rechtlichen und Mainstream-Medien von Ende September bis Ende Januar 2009 dargestellt hat, dürfen wir zunächst sagen: Er wurde sehr intensiv dargestellt! Ungefähr einen Monat lang war dieses Thema in allen Medien breit repräsentiert, es war unmöglich, nicht davon zu erfahren, nicht die Zahlen der Toten auf beiden Seiten zu kennen, und ebenso war es unmöglich, nicht davon zu erfahren, dass die Fakten unterschiedlich gedeutet werden und dass die Meinungen dazu weit auseinandergehen. Stellen wir uns einen imaginären Beobachter vor, der keine vorgefasste Meinung zu diesem Konflikt gehabt hätte und alle Zeitungen sowie Radio- und Fernsehberichterstattungen zum Konflikt verfolgt hätte: Ein solcher Beobachter müsste am Ende sehr verwirrt sein und wüsste wahrscheinlich nicht, was er denken und wie er darüber urteilen soll.

Allerdings haben die meisten Menschen bereits eine vorgefasste Meinung. In diesem Zusammenhang ist es wichtig, auf zwei typisch deutsche Gegebenheiten hinzuweisen, die in der Beurteilung des Konflikts in Deutschland eine große Rolle spielen. Zum einen wäre die tiefe Scham und historische Schuld der Deutschen gegenüber den Juden zu nennen; dieses Gefühl schlägt in der Beurteilung des Konflikts zum Vorteil Israels aus. Wir müssen jedoch bedenken, dass dieses Gefühl der Schuld mit den Jahren allmählich verblasst. In der jüngeren Generation ist das Verblassen des Schuldgefühls deutlich zu spüren. Diese Generation hat in den Medien und in der Politik jedoch erst rudimentär Verantwortung und Führungspositionen übernommen.

Die zweite Eigenschaft, auf die ich hinweisen möchte, hat ebenfalls mit dem Zweiten Weltkrieg zu tun: Es ist der weit verbreitete Pazifismus der Deutschen. Krieg und Gewaltanwendung gelten den meisten als schlechte und untaugliche Mittel zur Konfliktlösung. Dieser Pazifismus hat die Deutschen davon abgehalten, am Irak-Krieg teilzunehmen. In Bezug auf Gaza wirkt sich dieser Pazifismus zum Nachteil Israels aus: Die rücksichtslose Anwendung von kriegerischen Mitteln schadet dem Ansehen Israels in Deutschland.

Zwei weitere Punkte müssen wir erwähnen, wenn wir die öffentliche Meinung in Deutschland zum Gaza-Krieg gerecht beurteilen wollen. Viele Menschen im Westen können sich mit Israel leichter identifizieren als mit den Arabern. Dafür gibt es mehrere verständliche Gründe: Israel wirkt, jedenfalls von außen, wie ein westlicher, europäischer Staat. Viele Israelis haben europäische Wurzeln, und zudem ist Israel ein Teil des geschichtlichen und religiösen Selbstverständnisses des Abendlandes (was für den arabischen Nahen Osten so nicht ohne weiteres gilt). Jedes Kind im Westen kennt den Namen Israels schon aus der Bibel.

Diese insgesamt pro-israelische Grundstimmung in Deutschland und im Westen paart sich besonders seit dem 11. September 2001 mit Angst vor den Arabern und Muslimen im Allgemeinen. Der »gefühlten« Nähe zu Israel steht eine »gefühlte« Distanz zu Arabern und Muslimen gegenüber. Im Fall des Gaza-Krieges wirkt sich diese Angst vor allem auf die Wahrnehmung der Hamas aus. Durch alle Kommentare und Berichterstattungen in den Mainstream-Medien zieht sich der Grundton, dass die Hamas schlecht sei. Dies äußert sich vor allem in feststehenden Redewendungen. Die Nennung der Hamas wird häufig begleitet von Beiwörtern wie »die radikalislamische Hamas« oder »die militante Hamas« oder es ist die Rede von den »Hamas-Terroristen«. In vielen Kommentaren wird die Hamas daher auch mit den Taliban und Al-Qaida verglichen. Die Bezeichnung der Hamas als radikal-islamisch usw., ist nach dem 11. September und vor dem Hintergrund der Bush-Regierung gleichbedeutend mit einer Entrechtung: Wer als radikal oder als Terrorist bezeichnet wird, ist im Sinne der Bush-Regierung und wohl auch Israels als vogelfrei zu betrachten, kann, wie es geschehen ist, nach Belieben liquidiert, entführt, eingesperrt und gefoltert werden. Benutzt man vor diesem Hintergrund Wendungen wie »radikal-islamisch« bei der Erwähnung der Hamas, erklärt man sich, ob bewusst oder nicht, mit der israelischen Sichtweise und Politik solidarisch. Das gilt selbst dann, wenn die Hamas tatsächlich nichts anderes als radikal-islamisch wäre; denn auch wer radikal-islamisch ist, hat Menschenrechte; auch wer die Menschenrechte nicht anerkennt, darf nicht als vogelfrei bezeichnet werden.

Dass es der israelischen Diplomatie gelungen ist, die europäische Union dazu zu bewegen, die Hamas auf die Liste der Terrororganisationen zu setzen, erweist sich als großer israelischer Propagandaerfolg. Das Ergebnis ist eine Lähmung der europäischen Diplomatie, die mit der Hamas nicht verhandeln darf, weil sie auf der Liste der terroristischen Organisationen steht.

Eine weitere Besonderheit der westlichen Medien wirkt sich unbeabsichtigt ebenfalls positiv auf die Wahrnehmung Israels aus: In unseren Medien werden keine Leichen gezeigt, keine Opfer, keine Schwerverletzten. Dies geschieht aus Gründen der Pietät. Wenn es aber über 1400 palästinensische Opfer gibt und nur 13 israelische, wie im Gaza-Krieg 2008/9, profitiert von dieser Pietät natürlich die stärkere Seite: Auf beiden Seiten werden die Opfer unsichtbar, aber auf der einen sind es hundert Mal so viele wie auf der anderen.

Wir können also zusammenfassen, dass die Grundvoraussetzungen für eine pro-palästinensische oder auch nur ausgeglichene Wahrnehmung des israelisch-palästinensischen Konflikts in Deutschland schlecht sind. Angesichts dessen scheint mir jedoch, dass die Darstellung des Gaza-Kriegs in den deutschen Medien eine für die palästinensische Sache positive Entwicklung aufweist. Seit ich persönlich diesen Konflikt verfolge, also seit rund zwanzig Jahren, habe ich selten so viele israelkritische Stimmen gehört wie in den drei Wochen des Gaza-Krieges und danach.

Ich möchte zwei Beispiele geben, eins vom Anfang des Krieges, das andere aus den Tagen danach. Beide stammen aus dem Ersten Deutschen Fernsehen, dem ältesten und einem der wichtigsten öffentlich-rechtlichen Fernsehsender in Deutschland. An einem der ersten Tage des Krieges, nachdem Angela Merkel ihr eingangs erwähntes einseitiges Statement pro Israel äußerte, lud der Sender den Islamwissenschaftler Udo Steinbach als Kommentator ein. Steinbach vertritt eine entschieden pro-palästinensische Haltung. Er kritisierte die deutsche Regierung, verteidigte die Hamas und verurteilte den israelischen Angriff. Zur besten Sendezeit hörten die Zuschauer in den Nachrichten über den Konflikt zunächst eine klare, pro-palästinensische Stellungnahme.[10]

Aber das deutsche Fernsehen wäre nicht das deutsche Fernsehen, wenn es diese pro-palästinensische Meinung eines Fachmanns ohne Widerspruch hingenommen hätte. Direkt in Anschluss an das Interview mit Steinbach brachte der Sender einen

10 http://www.youtube.com/watch?v=LLW5_FehwMM

Kommentar von einem Redakteur des Senders, der eindeutig pro-israelisch war. Die Zuschauer standen also vor der Wahl, dem Fachmann Steinbach zu glauben oder der »offiziellen« Sichtweise des öffentlich-rechtlichen Senders, welche sich im Kommentar ausdrückte. Der Zuschauer, der nicht schon vorher eine klare Meinung hatte, musste zwangsläufig verwirrt werden.

Dasselbe Phänomen ließ sich kurz nach dem Krieg in einer populären Polit-Talkshow mit dem Namen »Hart aber fair« beobachten. Unter dem Thema: »Blutige Trümmer in Gaza – wie weit geht unsere Solidarität mit Israel« wurde über den Gaza-Krieg diskutiert[11]. Auffällig war, dass von den fünf eingeladenen Diskussionsteilnehmern drei eine pro-palästinensische Position vertraten. Dennoch kann man nicht sagen, dass die Diskussion mit dem Ergebnis endete, dass der israelische Angriff zu verurteilen sei. Vielmehr zeigte sich die gleiche Verwirrung wie bereits am Anfang des Gaza-Krieges: Alle redeten durcheinander, die Diskussionsteilnehmer schrien sich gegenseitig an. Am Ende konnte sich jeder Zuschauer in seiner vorgefassten Meinung bestätigt fühlen; aus der emotional geführten Diskussion konnte man nicht lernen.

Die Verwirrung in diesen Sendungen spiegelt die Orientierungslosigkeit der Medienmacher im Allgemeinen wieder. Die Verantwortlichen in den Medien wissen offensichtlich selber nicht mehr, welches Bild sie vermitteln wollen, welches Bild das richtige ist. Das deutet darauf hin, dass in den deutschen Medien und in der Öffentlichkeit insgesamt die Sympathien nicht mehr eindeutig pro Israel sind.

Das Ergebnis dieser Orientierungslosigkeit ist der Verzicht auf ein klares Urteil. Ohne ein klares Urteil, ohne eine klare Änderung der öffentlichen Meinung, wird aber nur der *Status quo,* die bestehende Politik und Situation unterstützt. Als in jeder Hinsicht stärkere Partei profitiert davon Israel. Wenn trotz aller Diskussionen am Ende doch alles gleich bleibt, bleibt die Überlegenheit Israels

11 http://www.wdr.de/tv/hartaberfair/sendungen/2009/20090121.php5?akt=1

bestehen, und die deutsche und europäische Politik (inklusive Bundeskanzlerin) brauchen ihre Position nicht zu ändern.

Wenn wir die Wirkung dieser Orientierungslosigkeit beurteilen wollen, müssen wir einen weiteren Punkt bedenken: Viele Menschen in Deutschland glauben durchaus, dass der Gaza-Krieg in der brutalen Form, in der er geführt wurde, unangemessen oder falsch war. Israel zu kritisieren, bedeutet in Deutschland jedoch nicht, eine direkte Sympathie mit den Palästinensern zu empfinden. Das liegt nicht zuletzt an dem erwähnten negativen Image des Islams und der Araber im Allgemeinen. Und weil, wie erwähnt, die Hamas in Europa von den meisten Menschen (wie von der Politik) für eine Terrororganisation gehalten wird, hat die Machtübernahme der Hamas eine Parteinahme für die Palästinenser zusätzlich erschwert.

Ich vermute daher, dass die Kritik an Israel und das Mitleid mit den Palästinensern nicht politisch motiviert sind, sondern humanitär. In der deutschen Öffentlichkeit wird das Leiden der Zivilbevölkerung in Gaza beklagt, aber nur selten wird die Situation politisch analysiert. Man leidet mit den Palästinensern als Menschen, aber man engagiert sich nicht für die palästinensische Sache. Diese Trennung zwischen den Menschen und ihren elementarsten politischen Anliegen – Freiheit von israelischer Fremdherrschaft und alles, was daraus folgt – ist ein Paradox, eine Abstraktion, die uns nur im sicheren Mitteleuropa schlüssig vorkommt. In Wirklichkeit hängt beides untrennbar zusammen.

Stellen wir uns aber jetzt vor, die Palästinenser oder die Araber insgesamt würden eine geschicktere Öffentlichkeitsarbeit machen. Stellen wir uns weiter vor, sie hätten eine bessere Diplomatie und wären weniger zerstritten; stellen wir uns ebenfalls vor, die Palästinenser und die Araber insgesamt hätten eine gemeinsame und realistische Strategie zur Lösung dieses Konflikts; nun, in einem solchen Fall könnte Israel mit seiner gegenwärtigen Politik den Kampf um die Sympathie der deutschen und europäischen Öffentlichkeit verlieren; und dann wäre es nur eine Frage der Zeit, bis die israelische Politik die bedingungslose Unterstützung durch die europäischen Regierungen verliert. Die einsetzende Demokratisierung infolge der arabischen Revolutionen könnte für die Palästinenser eine derartige Perspektive eröffnen.

Trotz der erwähnten, wesentlich besseren Grundvoraussetzungen für Israel hat die Berichterstattung über den Gaza-Krieg Anfang 2009 gezeigt, dass sich in den Medien etwas bewegt. Noch vor wenigen Jahren gab es keine Verwirrung, weil die Verantwortlichen in den öffentlich-rechtlichen Medien zu wissen glaubten, welche Position in diesem Konflikt einzunehmen war: eine proisraelische. Diese Zeit ist vorbei. Es besteht daher die Hoffnung, dass auch die israelisch-palästinensische Auseinandersetzung eines Tages so wahrgenommen wird, wie es die Tatsachen gebieten.

Antigone im Morgenland: Ein Ausflug in den Gaza-Streifen

Im Gaza-Streifen herrscht seit den ersten freien Wahlen in den Palästinensergebieten die Hamas-Partei. Politisch korrekt gesprochen: Die radikal-islamische Hamas. Es ist wichtig, das »radikal-islamisch« hinzuzusetzen. Zum einen, weil es stimmt: Die Hamas ist ziemlich radikal islamisch. Zum anderen aber, weil wir in den Verdacht geraten könnten, mit der Hamas zu sympathisieren, wenn wir sie nicht bei jeder Erwähnung gleich auch mit dem richtigen Adjektiv versehen. Nein, mit der Hamas sympathisieren wir nicht. Trotzdem wollen wir wissen: Wie lebt es sich eigentlich in einem von Israel hermetisch abgeriegelten, von radikalen Islamisten beherrschten Küstenstreifen, der anderthalb Millionen Einwohner zählt und noch nicht einmal so groß ist wie das Bundesland Bremen?

Machen wir einen zweitägigen Ausflug dorthin. Der einzige Weg hinein führt über den israelischen Grenzübergang Erez im Norden. Die Abfertigungshalle sieht aus wie der Terminal eines Flughafens, doch abgesehen von ein paar spärlichen Grenzbeamten und Soldaten ist er menschenleer. Man begreift: Diese brandneue Halle ist für eine andere, bessere Wirklichkeit gebaut. Bis vor ein paar Jahren hat man offenbar mit einem lebhaften Personenverkehr gerechnet. Wer solch eine Anlage baut, will Handel treiben. Wollen die Palästinenser es nicht?

An diesem Donnerstagnachmittag sind wir die einzigen, drei Menschen vom Goethe-Institut mit Sprachlehrmaterialien für die Stadtbibliothek von Gaza, wo ein Palästinenser Deutschkurse gibt. Nach einer Stunde Wartezeit erhalten wir unsere Pässe zurück, es geht durch ein Labyrinth von Gängen, mehrere Schleusen öffnen sich, dann eine Schiebetür aus schwerem Stahl, und wir blicken wieder in das gleißende Nachmittagslicht. Nun laufen wir durch einen überdachten, mit Kameras und Lautsprechern gespickten Zaungang, der in eine mit fünf Meter hohen Betonplatten ummauerte Straße mündet. Als die Betonmauern die Sicht freigeben, sehen wir Steppe und zertrümmerte Gebäude. Zweihundert Meter vor uns sit-

zen die palästinensischen Grenzer in einem Blechverschlag, wie ihn bei uns die Bauarbeiter benutzen. Es ist heiß an diesem Septembernachmittag, und bis wir am palästinensischen Posten zu unserem Fahrer ins Auto steigen dürfen, müssen wir mit unserem Gepäck zu Fuß gehen. Niemand unter den Hamas-Grenzbeamten interessiert sich für uns. Ich bin erleichtert, denn ich habe eine Flasche Whiskey in meinem Gepäck. Die Einfuhr von Alkohol ist seit Machtübernahme der Hamas streng verboten.

Wir fühlen uns wie in einen Film von Tarkowski versetzt. Kein Auto kommt uns entgegen, außer ein paar Eselskarren und Radfahrern ist die Straße verlassen, die Gebäude ringsum sind zerstört oder aufgegeben. Alles ist grau und staubig, es gibt kaum Vegetation. Selbst in den Außenbezirken von Gaza-Stadt sind die Straßen noch menschenleer. Plötzlich sehen wir, gekleidet in schöne dunkelblaue Uniformen, die ersten Bärtigen an einer Straßenkreuzung, Autos, und bald sieht es aus wie an einem verkehrsarmen Feiertag in einer beliebigen arabischen Kleinstadt. Wir fahren durch bis zur Küste, wo unser Hotel liegt, das berühmte El-Deira. Es scheint, dass wir die einzigen Gäste sind. Umso schöner wirkt das Hotel, ich glaube im ganzen Nahen Osten kein schöneres gesehen zu haben. Nicht eine dieser modernen Betonburgen, sondern von überschaubarer Größe, sehr dezent, aber geschmackvoll im maurischen Stil eingerichtet, mit einer Terrasse direkt auf den Strand. Der Gaza-Streifen hat etwas Verwunschenes.

Am Abend halte ich in der Stadtbibliothek einen arabischen Vortrag über die deutschen Übersetzungen des unlängst verstorbenen palästinensischen Dichters Mahmud Darwish. Etwa vierzig Besucher kommen – am Vortag im Goethe-Institut in Ramallah waren es doppelt so viele. Mangels Zeitungen ist es in Gaza kaum möglich, auf Veranstaltungen hinzuweisen, und wer nicht in unmittelbarer Nähe wohnt, für den ist der Aufwand groß: Das nur sporadisch von Israel durchgelassene Benzin ist streng rationiert, entsprechend teuer eine Fahrt mit dem Taxi oder dem eigenen Wagen. Aus Rafah im Süden des Streifens nach Gaza-Stadt zu fahren, kostet mehr als ein Billigflug in Europa. Othman Hussain, ein bekannter Avantgarde-Dichter, der an der Grenze zu Ägypten wohnt, ist trotzdem gekommen. Eine Freundin hat ihn auf uns aufmerksam gemacht. Seit zehn Jahren haben sie sich nicht mehr gesehen, weil die Palästinenser der West-Bank nicht in den Gaza-Streifen einreisen dürfen und umgekehrt. Aber sie war bei meinem Vortrag am Abend zuvor in Ramallah, und als sie hörte, dass wir nach Gaza fahren würden, rief sie ihn an.

Ich bin überrascht, wie einfach die Kommunikation in den abgeschotteten Gaza-Streifen ist. Man stelle sich eine räumliche Trennung wie im Deutschland während der Teilung vor, nur dass fast jeder auf beiden Seiten ein Mobiltelefon und eine E-Mail-Adresse hat. Die Teilung wirkt dadurch weniger streng, aber zugleich absurder, willkürlicher, unerklärlicher. Wenn die Menschen sowieso miteinander kommunizieren können, warum sollen sie sich nicht auch begegnen dürfen? Frag Israel! Ich verspreche Othman Hussain am Mobiltelefon von Ramallah aus, ihm den Whiskey mitzubringen, den ich beim Hinflug gekauft habe.

Nach dem Vortrag ziehen wir uns in eine Ecke der Bibliothek zurück, und die Whiskeyflasche wird gegen zwei von Hussains Gedichtbänden getauscht. Wir verdünnen mit dem Alkohol unsere Cola, bis sie auffällig hell wird, und mischen uns wieder unter die Leute. Aber der junge Direktor der Bibliothek hat uns gesehen und wirft uns einen verunsicherten Blick zu, etwa so, wie es der Leiter einer Stadtbibliothek bei uns täte, wenn der Dichter, der gerade gelesen hat, auf einmal mit seinen Freunden einen Joint raucht. Er hat in Frankreich studiert, aber er trägt den Bart, der ihn als Hamasi kennzeichnet. Seit die Hamas im Sommer 2007 die Macht im Gaza-Streifen an sich gerissen hat, darf er die von den Franzosen renovierte Bibliothek führen.

Er sieht nicht aus, als hätte er je eine Waffe getragen. Die Machtübernahme der Hamas hat vor allem einen Austausch der Führungseliten, eine Neuverteilung der Posten und Pöstchen bedeutet. Die neuen Leute sind hoch motiviert und in der Regel gut *ausgebildet, die organisatorischen Fähigkeiten der Hamas scheinen beträchtlich. Nach der Machtübernahme ist im Gaza-Streifen trotz des heftigen Widerstandes der Fatah-Anhänger (dem von Arafat gegründeten, alles beherrschenden Flügel in der PLO) und der weitgehenden Blockade kein Chaos ausgebrochen. Die Mafia-ähnliche Position einiger Familienclans, mit denen sich die Fatah stets arrangiert hatte, konnte die Hamas-Bewegung brechen, und als die aus der West-Bank bezahlten Lehrer von der Fatah aus zum Streik aufgerufen wurden, gelang es mithilfe von Studenten der jetzt zerbombten Islamischen Universität, den Unterricht an den meisten Schulen aufrechtzuerhalten.*

Dennoch scheint die Hamas nicht sehr beliebt. Denn der Preis für die an sich gewünschte und durch die Wahlen von 2006 demokratisch legitimierte Neuverteilung der Macht ist die Blockade, die sich mit der Machtübernahme der Hamas im Sommer 2007 kontinuierlich verschärft hat. Die Belagerung ist die Strafe, die die Hamas nach den Vorstellungen Israels, aber auch der alten Fatah-Garde in Ramallah und der ägyptischen Regierung, für ihre Unbotmäßigkeit zu zahlen hat. Denn die Hamas ist der natürliche Verbündete der ägyptischen Muslimbrüder (als deren palästinensischer Zweig sie in den sechziger Jahren gegründet wurde) und damit der mächtigsten Oppositionsbewegung in Ägypten. An einem Erfolg einer demokratisch gewählten Hamas-Regierung war dem demokratisch nicht legitimierten Regime von Mubarak daher ebenso wenig gelegen wie der abgewählten Fatah in Ramallah. Israel hätte zwar mit der Hamas einen weit härteren Verhandlungspartner zu fürchten gehabt, jedoch immerhin mit einer Regierung verhandeln können, die ein legitimes, von der Bevölkerung getragenes Mandat hat und deren Beschlüsse auch gegen die radikalen Kräfte durchsetzbar gewesen wären.

Wenn man schon Kausalitäten anführt, sollte man daher zumindest bis Anfang 2006 zurückgehen, zu den ersten freien Wahlen der Palästinenser. Der daraufhin erfolgte Boykott der gewählten Hamas-Regierung ausgerechnet durch diejenigen, darunter Deutschland und die EU, die sonst am lautesten die Demokratie in der arabischen Welt fordern, sprach allen demokratischen Prinzipien Hohn. Wenn die Europäer die Hamas nun als Alleinverursacherin des Konflikts ausmachen, mag dies auch dazu dienen, die eigene Mitschuld an der gegenwärtigen Eskalation zu verwischen.

Trotz des verbotenen Whiskeys werden wir von dem Bibliothekar herzlich verabschiedet und fahren zu einem neu eröffneten Restaurant an der Küste; einem Gerücht zufolge ist ein kleines privates Museum mit antiken Kunstschätzen daran angeschlossen. Wir parken vor der belebten Terrasse des Restaurants. Es befindet sich direkt am Meer, das Geräusch der Brandung vermischt sich mit dem Gedudel der Ramadanserien, die auf mehreren großen Flachbildschirmen zu sehen sind. Das könnte jetzt Beirut sein oder Tel Aviv: Die ausgelassene Stimmung, die gedeckten Tafeln, die Festbeleuchtung, die elegant gekleideten Menschen – kaum eine Frau mit Kopftuch darunter. Der Besitzer des Restaurants, Djaudat El-Khudeiri, heißt die Gäste aus Deutschland persönlich willkommen. Er ist Mitte vierzig, ein reicher Bauunternehmer aus besserer Familie, sein Bruder, so hören wir gerüchteweise, habe einen Parlamentssitz für die Hamas in Ramallah gewonnen.

Wer in Zeiten der Belagerung ein Luxusrestaurant baut, statt sein Geld im Ausland anzulegen, spekuliert auf eine Verbesserung der Lage. Niemand dieser Menschen kann Interesse an der Eskalation haben. Stolz führt uns El-Khudeiri durch sein Museum. Ein begabter Innenarchitekt muss hier am Werk gewesen sein. Die Ausstellungsstücke, angeblich sämtlich bei Bauarbeiten in Gaza entdeckt (das Gebiet ist seit der Antike besiedelt), sind in dem hohen Saal geschmackvoll präsentiert. Es sei nur ein Anfang, erzählt El-Khudeiri, aber er wolle ein Zeichen setzen und das wenig entwickelte Bewusstsein der Bevölkerung für den Wert der antiken Fundstücke fördern, die hier allenthalben in der Erde herumlägen. Auch der Gaza-Streifen habe etwas vorzuweisen.

Wir fahren zurück ins Hotel. Nirgendwo schläft man ruhiger als in Gaza. Die Zivilisation schweigt, kein Auto fährt; hier könnte man

Urlaub verbringen, denke ich einen Moment. Beim Frühstück auf der Hotelterrasse schauen wir einer Gruppe von zwanzig Fischern zu. Sie haben ein Schleppnetz etwa fünfzig Meter weit aufs Meer hinaus gezogen. Nun holen sie es ein, je eine Gruppe an einem Ende ziehend. Es dauert eine halbe Stunde, bis sie das ganze Netz aus dem Wasser gezogen haben. Erst scheint es leer, doch dann blitzt an mehreren Stellen etwas auf – ein paar Dutzend sehr kleine Sardinen zappeln im Netz und werden von den Fischern aufgesammelt.

Auf dem Fischmarkt eine Stunde später finden wir die Sardinen wieder. Die Fische liegen einfach auf dem Boden, in Haufen oder in kleinen Holzkisten. Auf den ersten Blick erstaunt das Angebot. Bis zum Mittag werde das meiste verkauft sein, sagen die Händler. Fisch ist teuer, aber jetzt im Ramadan lassen sich die Leute das Fastenbrechen etwas kosten. Freilich liegen hier nicht die Meeresfrüchte, die man verspeisen würde, wenn man die Wahl hätte. Kleine Haie, Rochen, Aale. Aber auch die kann man essen.

Wir gehen hinunter zum Hafen und werfen einen Blick auf die Fischerboote. Die meisten von ihnen liegen an Land, manche aufgegeben und am Verrotten. Ein ebenfalls an Land gezogener, etwa zehn Meter langer Trawler aus Holz wirkt dagegen wie neu. Als wir näher herangehen, entdecken wir, dass der Aufbau hinter der Steuerkajüte zerstört und teilweise verbrannt scheint, die große Seilwinde für das Netz ist stark verbogen. Die Mannschaft, offenbar alle zu einer Familie gehörig, klettert auf dem Boot herum und versucht Ordnung zu schaffen. Der Besitzer erzählt uns, dass ein israelisches Schnellboot bei dem Versuch, die Fischer zu bedrängen, die Kontrolle über die Steuerung verlor und über das Boot hinweggerast ist. Die Geschichte passt zu den Schäden an Bord, und der Besitzer zeigt uns Splitter der Schiffsschraube des israelischen Schnellbootes, das die Aufbauten zertrümmert hat. Beide sind mit dem Schreck davongekommen. Aber der Schaden liegt jetzt bei dem Fischer. Er wolle versuchen, Israel zu verklagen.

Die Zwanzig-Meilen-Zone für Hoheitsgewässer gilt für die Fischer aus Gaza nicht, und in internationale Gewässer dürfen sie ohnedies nicht hinaus. Erst haben die Israelis die Zone auf zehn Meilen zurechtgestutzt, dann auf sechs. Wenn der Zugang zur See für Gaza offen wäre, müsste die gegenwärtige Abhängigkeit von Israel nicht sein. Ohne die Blockade könnte der Gaza-Streifen, anders als die West-Bank, ganz unabhängig von Israel auf eigenen Füßen stehen. Umso demütigender ist die Blockade.

Die Weltgemeinschaft hat diese Situation schweigend gebilligt und befördert. Der Hamas-Regierung in Gaza ist in dieser Situation wenig anderes geblieben, als zwischen Kapitulation und Widerstand zu wählen. Hätte sie im Sinne der Bevölkerung entschieden, sie hätte kapitulieren müssen. Leider hat sie es vorgezogen, ihrem politischen Programm treu zu bleiben. Die Macht wird sie so oder so verlieren, und das ist gut. Aber wollen wir in dieser Tragödie wirklich allein der Antigone jede Schuld zuschreiben?

(2008/2009)

Die Früchte des Zorns: Wie geht man mit Islamkritik um?

Falls die Diskussionen in unseren Feuilletons repräsentativ für die Meinung der Deutschen sind, müssen wir davon ausgehen, dass etwa die Hälfte unserer Bevölkerung den Islam und die meisten Muslime als Bedrohung versteht und Schleier und Moschee im öffentlichen Raum als Zeichen von Frauenunterdrückung und politischem Hegemonialanspruch empfindet. Dieses Bild entspricht *cum grano salis* auch den Ergebnissen der Demoskopie. In Frage steht nicht der Befund, sondern seine Bewertung. Zeugt die negative Einstellung gegenüber dem Islam von Wachsamkeit oder von Vorurteilen? Beruht sie auf Fakten oder auf Phobien?

So grobianisch und emotional die Debatte ablief, ein Blick über die Grenzen lehrt, es könnte viel schlimmer sein. In Dänemark, den Niederlanden, in Frankreich und in der Schweiz schlägt sich die anti-islamische Stimmung nicht nur in Feuilletons, Blogs und Talkshows nieder, sondern in der Parteienlandschaft, in Wahlergebnissen, in speziellen Islamgesetzen. In Deutschland fällt der politische Niederschlag der Debatte erstaunlicherweise gering aus. Udo Ulfkottes [⇦ S. 93] Versuch, eine Anti-Islam Partei zu etablieren, ist gescheitert. Islamfeindliche Bewegungen formieren sich gegenwärtig nur auf lokaler Ebene in Gestalt der Parteien mit der Vorsilbe *Pro*. Sie strahlen eine fast bemitleidenswerte Erfolgslosigkeit aus. Selbst einige Galionsfiguren der sogenannten Islamkritik wie Ralph Giordano und Thilo Sarrazin wollen mit ihnen offensichtlich nichts zu schaffen haben.

In den politischen Eliten gilt es als Konsens, die Islamfrage nicht zu hoch zu hängen und sie lieber in Islamkonferenzen oder Gremien von Fachleuten und Verbandsvertretern aussitzen zu lassen. Ihnen ist im Großen und Ganzen bewusst, dass in puncto Islam mit Aktionismus nichts zu gewinnen ist. Einer der Gründe liegt darin, dass sich der Islamstreit durch alle Parteien zieht. Auf Diskussionsveranstaltungen überall im Bundesgebiet habe ich immer wieder beobachtet, dass die Islamgegner aus dem Publikum häufig ihre Zugehörigkeit zu den etablierten Parteien anführen, um sich nicht im falschen, nämlich dem extrem rechten Lager der *Pro*-Gruppen verortet zu sehen.

Keiner dieser Menschen kann mit der Politik der Parteien in Sachen Islam zufrieden sein. Das gilt umso mehr, als das Islamthema für viele von ihnen die Dringlichkeit von Überlebensfragen angenommen hat. Selbst wenn man ihre Ansichten nicht teilt: Dass es ihnen ernst damit ist, wird niemand leugnen. Aber in welche konkreten politischen Ziele dieser Ernst umgemünzt werden sollte jenseits von religionsspezifischen Diskriminierungen, die mit dem Rechtsstaat kaum zu vereinbaren sind, ist nicht abzusehen. Dass die Anti-Islambewegung trotz ihrer Breite und trotz Figuren wie dem Meinungsjournalisten Henryk M. Broder oder der Publizistin Necla Kelek politisch bodenlos bleibt, mag mit diesem Mangel an umsetzbaren Visionen zusammenhängen.

Es hat aber noch einen anderen Grund. Der anti-islamische Protest bedarf der politischen Formierung überhaupt nicht. Er verfügt über ein Ventil, das ein viel geeigneterer Ausdruck seiner – aus welcher Quelle auch immer stammenden – Wut [→ S. 181] ist. Dieses Ventil ist nichts anderes als die Islamdebatte selbst. Die Medien, selbst in einer tiefen Orientierungskrise, geben einen dankbaren Resonanzboden für diese Art von Aufregung ab. Sie haben für die sich gegen den Islam richtende Verunsicherung eine Blitzableiterfunktion übernommen, die uns mit ein bisschen Glück dauerhaft vor einer islamfeindlichen Partei rechts vom existierenden politischen Spektrum bewahrt.

Solange sich nämlich die politisch impotente Anti-Islambewegung bis tief in den medialen Mainstream hinein ausleben kann, dürfen sich ihre Anhänger genügend repräsentiert und ernst genommen fühlen. Je schriller und argumentationsresistenter der Protest dabei zu Wort kommen darf, desto weniger andere Gestalt wird er annehmen müssen. Die Politik bleibt handlungsfähig, den bewährten rechtsstaatlichen Prinzipien auch im Umgang mit den Muslimen verpflichtet. In vergleichbar zum *Status quo* verdammten Politikfeldern verhält es sich übrigens nicht anders. Der legislative Niederschlag von Bankenkrise und Klimawandel verhält sich umgekehrt proportional zur Leidenschaftlichkeit der Debatten, die darum geführt werden. Der Kapitalismus kann ebenso wenig abgeschafft werden wie die Muslime in Christen verwandelt oder aus dem Land geschafft werden können. Und natürlich ist es gerade die faktische Machtlosigkeit, die die Empörung schürt – mag sie nun sachlich begründet sein oder nicht.

Das heißt freilich auch: Mit Argumenten ist hier nichts zu bewirken. Es geht längst nicht mehr um die Sache, sondern um den Protest als Protest. Um unanfechtbar zu wirken, hat er sich hinter einer Dogmatik von großer weltanschaulicher Geschlossenheit verschanzt. Der Kernsatz dieser Glaubenslehre lässt sich auf eine denkbar einfache Formel bringen: Der Islam war nie gut, ist nicht gut und kann nicht gut sein. Gerade diese Unzugänglichkeit für Argumente ist es, die unter vielen Intellektuellen und Verantwortlichen in den Medien den Kultstatus der Bewegung ausmacht. Es tut gut, endlich einmal eine klare Meinung haben zu dürfen, nicht ständig differenzieren und lavieren zu müssen. Am Widerspruch, der ihr hier und da noch entgegenschlägt, wächst sie nur, und wenn es ein begründeter Widerspruch ist, erhöht sie die Lautstärke und wächst damit erst recht.

Schon jetzt gilt: Je populärer das Medium, desto deutlicher die Diskurshoheit der sogenannten Islamkritiker. Ihr Gefühl, ihre Behauptung, gedeckelt zu werden, ist nicht in mangelnder medialer Präsenz begründet, sondern in der erwähnten politischen Unfruchtbarkeit. Damit gleicht diese Bewegung ihrem ideologischen Gegner, dem sie zugleich die wichtigsten Diskursstrategien abgeschaut hat: Der Israelkritik. Auch die Israelkritiker behaupten inständig, dass in Deutschland die Kritik an Israel nicht wirklich erlaubt sei. Das ist immer schon so unsinnig gewesen [⇐ S. 66], wie die Behauptung, man dürfe Islamisches nicht kritisieren. Aber beides, Israel- und Islamkritik, findet keinen adäquaten politischen Niederschlag. Es ist die Frustration darüber, die den Ton in beiden Fällen so schrill werden lässt.

Wenn aber schon das Wort Israelkritik zu pauschal ist, weil die Mehrzahl dieser Kritiker doch nicht die Existenz Israels an sich, sondern bestimmte Aspekte der israelischen Politik meinen, etwa die Siedlungspolitik oder die rechtliche Diskriminierung der israelischen Araber, so ist es die Rede von der Islamkritik erst recht. Sie trifft alles und nichts, wie es etwa eine muslimische Abendlandkritik täte. Eine Islamkritik aber, die nicht pauschal wäre, verlöre sogleich ihren Gegenstand – den eingebildeten Islam an und für sich – und damit ihre Fähigkeit, ein sich aus vielen Quellen und fast allen politischen Lagern speisendes, diffuses Unbehagen zielgerichtet zu bündeln.

Wenn man aber mit der Anti-Islambewegung nicht verhandeln kann, weil sie keine satisfaktionsfähigen politischen Ziele kennt; wenn man mit ihr nicht argumentieren kann, weil sie von Unterscheidungen nichts wissen will; wenn man sie nicht beschwichtigen kann, weil sie ihre Empörung als Empörung ausleben will und jede Beschwichtigung als Appeasement-Politik geißelt, wie sollen die Nachdenklicheren unter unseren Zeitgenossen sich ihr gegenüber noch verhalten? Schweigen und Hinnehmen kann die Methode nicht sein, will man nicht die schleichende Vergiftung des gesellschaftlichen Klimas in Kauf nehmen. Ein erstes, doch eigentlich unüberhörbares Warnzeichen dafür, der Dresdener Gerichtssaalmord an der ägyptischen Pharmaziestudentin Marwa El-Sherbiny am 1. Juli 2009, spielte schon jetzt in den Debatten keine Rolle mehr, als hätte das eine mit dem anderen so gar nichts zu tun.

Daher steht zu befürchten, dass vorerst kein anderes Mittel bleibt, als der Bewegung ihre eigenen Strategien abzuschauen.

Keine Toleranz den Intoleranten, predigen die Islamgegner. Es empfiehlt sich gegenwärtig, sie absolut beim Wort zu nehmen und ihnen nichts, aber auch gar nichts durchgehen zu lassen.

In Piratenmanier: Die kritische Islamkonferenz wird von Ideologen dominiert

Bereits am Anfang hätte sich die »Kritische Islamkonferenz« beinah an der eigenen Nabelschnur erhängt, ihrem unkritischen Umgang mit dem Begriff der Kritik. Laut Kleingedrucktem im Programmflyer waren »dem Versammlungsgesetz entsprechend« Personen ausgeschlossen, »die proislamischen Organisationen angehören oder jener demagogischen Szene zuzuordnen sind, die rational begründete Kritik am Islam per se als ›rassistisch‹ oder ›fremdenfeindlich‹ etc. verleumden und diesbezüglich wiederholt in Erscheinung getreten sind.«

Weil ich wiederholt diesbezüglich in Erscheinung getreten bin, habe ich lange in den Spiegel geschaut, um festzustellen, ob ich womöglich zu denen gehöre, die eine Kritik am Islam per se verleumden. Ich hoffe es nicht, aber wissen können es nur diejenigen, denen es gelingt, das »per se« und vor allem das »etc.« präzise zu definieren. Auch wüsste ich gern genauer, was eine »rational begründete Kritik« ist, aber da ich tolerant genug bin, selbst eine irrational begründete Kritik am Islam nicht gleich rassistisch zu finden, auch wenn sie leider häufig genug genau dies ist [⇥ S. 192], schiebe ich diese Frage auf und stelle fest: In dem jämmerlichen Zustand, in dem sich der Islam heute befindet, ist nichts einfacher, als ihn zu kritisieren.

Um der Islamkritik neuen Schwung zu geben, sollte man sich daher etwas einfallen lassen. Doch der Akzent, für den sich die neuformierte »Kritische Islamkonferenz« entschieden hat, bestand in Einseitigkeit. Da man sich, siehe Kleingedrucktes, unter seinesgleichen wähnte, waren alle Sicherungen herausgeschraubt. Mina Ahadi, Mitveranstalterin und iranische Kommunistin, gab den Steilpass für alle weiteren Redner und bezeichnete die islamischen Organisationen, die von Innenminister Schäuble zur ›offiziellen‹ Islamkonferenz eingeladen worden waren, als »mittelalterlich« und »fanatisch«. Die Konferenz habe diese Organisationen gestärkt, und das bedeute »mehr Ehrenmorde, mehr Kopftuch, mehr Moscheen.« Schweres Geschütz.

Der Schriftsteller Ralph Giordano, Überlebender des Holocaust, verwahrte sich in seiner Eröffnungsrede zunächst einmal ebenso gegen den Vorwurf, ein »Anti-Muslim-Guru« zu sein, wie gegen die Vereinnahmung durch rechte Parteien. Er wirkt glaubwürdig, wenn er das sagt, doch seine sonstigen Worte befremden. Wer, wie Giordano wörtlich, die Moschee als »Zeichen integrationsfeindlicher Identitätsbewahrung« begreift, wird denjenigen, die ihm heute applaudieren und morgen den Bau einer Synagoge verhindern wollen, wenig entgegenzusetzen haben. Von der Behauptung des Sprechers des Zentralrats der Muslime, Scharia und Grundgesetz seien zu vereinbaren, glaubt Giordano zu wissen, dass es Heuchelei sei, und findet daher, dass dieser Sprecher sofort ausgewiesen gehört (vielleicht »dem Versammlungsgesetz entsprechend«?).

Um aber nicht nur mit eigener Stimme den Islam zu kritisieren, zitiert Giordano auf dem Höhepunkt seiner Rede zwei Muslime, die mindestens so mutig seien wie Rushdie, denn auch über ihnen schwebe das »Schwert des Fatwa-Islam«. Die Überraschung ist groß, als die Namen fallen. Mit den beiden gehe ich nämlich regelmäßig in Beirut oder Berlin ein Bier trinken: Der libanesische Dichter Abbas Beydoun [→ S. 248] und der aus der Türkei stammende Berliner Autor Zafer Şenocak. Sie zählen zu den hellsten und selbstkritischsten Muslimen, das gewiss, aber von dem Fatwa-Schwert über ihren Köpfen haben sie mir nie erzählt. Es wäre schön gewesen, wenn Ralph Giordano die beiden nicht zitatweise gekidnappt, sondern zu einer offenen Diskussion eingeladen hätte. Die kritische Islamkonferenz hätte anders ausgesehen und sich Kritik gefallen lassen müssen – vermutlich mehr, als sie verkraftet hätte.

Statt dieser beiden selbstkritischen Muslime tritt nach Giordano der islamwissenschaftlich unverbildete Soziologe Hartmut Krauss ans Pult. Er liefert die Begründung nach, warum der Islam endlich eingedämmt werden müsse: Der Islamismus, also der radikale Islam, sei keine Verfälschung, sondern das natürliche Entwicklungsprodukt des nach Weltherrschaft strebenden Islams, seine »selbsterhaltungslogische Radikalisierung«. Diese Aussage – von Krauss, der einem neuartigen Marxismus zuzurechnen ist, durch die üblichen Koranzitate zum Dschihad illustriert – ist sachlogisch nicht zwangsläufig falsch, aber sie ist trotzdem wenig bis nichts wert. Denn sicher ist die Radikalisierung nicht das einzige natürliche Entwicklungsprodukt des Islams, sondern nur eines von vielen, die möglich und in der islamischen Geschichte nachweisbar sind. Krauss will das nicht wahrhaben und diffamiert die Bemühungen um einen Reform-Islam mit einem Nazi-Vergleich. Wörtlich: »Der Reformislam ist genauso Chimäre wie ein Faschismus mit menschlichem Antlitz.« Folglich, so Krauss, sei es »falsch, dem Islam den tabusetzenden Schutz des Religionsfreiheitsparagrafen zu gewähren.« *Standing ovations* im gut zur Hälfte besetzten Hörsaal der Humanwissenschaftlichen Fakultät der Universität Köln. Denn, so erläutert Krauss auf meine Nachfrage, als die Väter des Grundgesetzes die Religionsfreiheit festschrieben, rechneten sie nicht mit einer Religion wie dem Islam. Dieser sei nämlich keine Religion im Sinne des Christentums. Wieder hat Krauss nicht unrecht, und wieder ist es nichts wert. Eine Religionsfreiheit, die nur Religionen wie das Christentum kennt, ist keine. Gerade noch hatte der Redner die Entrechtung religiöser Minderheiten, der Dhimmis, im Islam kritisiert. Völlig korrekt! Wie er dann nur wenige Gedankengänge später eine ähnliche Entrechtung religiöser Minderheiten im eigenen Land fordern kann, ist schier unbegreiflich.

Die ebenso kasuistischen wie weltfremden Argumentationskünste von Krauss, geht uns langsam auf, sind wenig mehr als eine für die Auseinandersetzung mit dem Islam aufgerüstete materialistische Dialektik. Wir erinnern uns, dass auch Giordano dem Stalinismus einst abschwören musste, und einen Moment lang kommt der Verdacht auf, bei Ahadi, Giordano und Krauss handele es sich um ein alt-, ex-, und neu-marxistisches Dreigestirn, das die

Kritik am Islam nach Piratenmanier gekapert hat, um sich in Besitz einer konsensfähigeren Meinungspalette zu bringen, als es der abgewirtschaftete Kommunismus ist.

Das wäre umso schmerzlicher, als die folgenden Beiträge von in Migrantenmilieus arbeitenden Praktikern tatsächlich hörenswert waren. Deren konkrete Erfahrungen und Probleme im Umgang mit Muslimen erfordern die Suche nach neuen und eben auch islamkritischen Strategien. Mitveranstalter Roland Röder von der »Aktion 3. Welt Saar« gab eine mögliche Formel für den Umgang mit Islamisten ebenso wie mit gemäßigten islamischen Verbänden vor: Individuelles Menschenrecht vor religiös-ethnischem Gruppenrecht. Ob es einer solch fundamentalen, aber zugleich wenig spektakulären Einsicht gelingt, sich im Geschützlärm der neuen islamkritischen Ideologen Gehör zu verschaffen, ist allerdings zu bezweifeln.

Denker dankt ab oder: Der Drang zur Selbstbeschädigung

Der 29. Februar 1968 war »der Tag, an dem der deutsche Schriftsteller Hans Magnus Enzensberger in der New York Times eine Offenen Brief veröffentlicht (...). Er bekennt öffentlich, dass die herrschende Klasse in den Vereinigten Staaten von Amerika (die Regierung eingeschlossen) in seinen Augen die gefährlichste Gruppe von Menschen auf Erden ist. The most dangerous body of men on earth.«

Der 18. September 2001 war der Tag, an dem der deutsche Schriftsteller Hans Magnus Enzensberger in der Frankfurter Allgemeinen Zeitung einen Artikel veröffentlicht hat, in welchem er die Anschläge in den Vereinigten Staaten mit einem »kollektiven Drang zur Selbstbeschädigung, um nicht zu sagen zum Selbstmord« erklärte. »Vorgaben wie links oder rechts, Nation oder Sekte, Religion oder Befreiung führen zu genau denselben Handlungsmustern. Der gemeinsame Nenner ist die Paranoia.«[12]

Zwischen beiden Artikeln (der erste ist in Uwe Johnsons *Jahrestagen* nachzulesen) liegen 33 Jahre, ein halbes Menschenleben. Dass Enzensberger heute andere Ansichten vertritt als damals, ist vernünftig. Es erstaunt auch nicht, dass Enzensberger nicht auf die Idee kommt, zwischen seinen Äußerungen vom 29. Februar 1968 und den Motiven der Täter vom 11. September 2001 könnte es einen wie auch immer gearteten Zusammenhang geben. Die These vom Drang zum Selbstmord und der Gleichgültigkeit der Motive schließt eine solche Verbindung von vornherein aus. Wenn es jenen Drang zur Selbstzerstörung als anthropologische Konstante gibt, ist alle Suche nach sonstigen Ursachen überflüssig. Enzensberger verwirft mit seiner These diejenige Errungenschaft der derzeit so viel beschworenen westlichen Zivilisation, die sie

12 Aus dem Artikel wurde inzwischen ein Büchlein mit demselben Tenor: *Schreckensmänner. Versuch über den radikalen Verlierer,* Frankfurt 2006.

vor anderen, zumal religiös geprägten Kulturen voraus hat: die Bereitschaft zur immer genaueren Suche nach Kausalitäten, zur Differenzierung und die Falsifizierbarkeit der Erkenntnis.

Der »Terrorkrieg« gegen die Vereinigten Staaten hat eine Vorgeschichte, die, wie fast alle Kommentare geflissentlich übersehen, auch im Westen geschrieben wurde und Hans Magnus Enzensberger als ihren Mitverfasser kennt. Gewiss brauchten die Araber keine Achtundsechziger-Zeitschrift wie Enzensbergers »Kursbuch« und auch keinen Offenen Brief Enzensbergers in der New York Times, um das Böse ausgerechnet in den USA zu verorten. Die arabischen Intellektuellen hatten dafür nämlich bessere und handfestere Gründe als der bundesrepublikanische Poet, der, als er mit der New York Times sprach, als elitär geförderter Stipendiat in den USA weilte. Wenn aber schon ein Hans Magnus Enzensberger, der persönlich nie Opfer amerikanischer Politik gewesen ist, die herrschende Klasse in Amerika als die »gefährlichste Gruppe von Menschen auf Erden« bezeichnet, dürften diejenigen, die im Nahen Osten tatsächlich Opfer der amerikanischen Politik gewesen sind, nicht nur aus einem »kollektiven Drang zur Selbstbeschädigung« gehandelt haben, wie Enzensberger behauptet. Hätte Enzensberger nicht so erfolgreich verdrängt, wie er dachte, als er jung war, könnte er die Araber, die jetzt immer noch so denken, besser verstehen.

Statt politisch, versucht Enzensberger anthropologisch zu denken. »Eine uralte Gewohnheit der Spezies«, das Menschopfer, kehre wieder. Das wäre als misanthropische Pointe eines Pessimisten, der einerseits von den Ereignissen erschüttert ist, andererseits Distanz zu gewinnen versucht, zu erwarten gewesen. Problematisch ist allein, dass die »uralte Gewohnheit der Spezies« nicht der ganzen Spezies innewohnt, sondern die Menschen in zwei Lager teilt: Einerseits diejenigen, die lieber am Leben bleiben wollen, und andererseits, so Enzensberger: »Drogensüchtige und Skinheads«; der »HIV-Positive« (»steckt so viele Partner wie möglich an«) und der »narzisstisch gekränkte Schüler« (als Amokläufer). Schließlich eine beeindruckende Liste von Ländern, in denen Befreiungsbewegungen die »uralte Gewohnheit« praktizieren: Algerien, Afghanistan, Angola, Indonesien, Nicaragua, die Philippinen, Ruanda, Sri Lanka, der Sudan, Tschetschenien und andere. Auch Nordirland und das Baskenland stehen auf der schwarzen Liste, doch meistens hat das Übel bei Enzensberger Namen und Orte, die eben nicht die unseren sind.

Enzensbergers Grundannahme lautet, dass die uralte Gewohnheit der Spezies derzeit ihre Globalisierung erfahre. Doch anthropologische Konstanten bedürfen keiner Globalisierung, sie herrschen überall, wo es Menschen gibt, immer. Enzensbergers Behauptung ist daher unlogisch. Dennoch ist es kein Denkfehler, der ihm da unterläuft. Vielmehr will er mittels einer verschleiernden Rhetorik, die zwischen den unvereinbaren Phänomenen ›Globalisierung‹ und ›uralte Gewohnheit‹ laviert, Unterscheidungen retten, von denen er ahnt, dass sie politisch (und sachlich) eigentlich unkorrekt sind. Es sind die Unterscheidungen zwischen Gut und Böse, uns und den anderen, die Enzensberger auch 1968 schon ohne den geringsten Selbstzweifel zu treffen wusste. Wohin diese Rhetorik führt, zeigt die Behauptung, der Islam habe »ebenso wie das ultraorthodoxe Judentum schon seit langem keine produktiven Ideen mehr entwickelt«. Es ist unnötig, nach der sachlichen Berechtigung eines solchen Satzes zu fragen. Indem Hans Magnus Enzensberger eine Weltreligion von einer Milliarde Gläubigen und ihrer ganzen Vielfalt mit einer radikalen, sehr spezifischen und zahlenmäßig verschwindend geringen Anhängerschaft einer anderen, im übrigen viel kleineren Weltreligion vergleicht, verrät er uns, wie sich die Rhetorik des Krieges und der Blockbildung in die blendendsten Köpfe hineinfräßt. Die Attentäter, denen Enzensberger die rationalen Ziele abspricht, haben damit eines fast schon erreicht.

Verfassungschauvinismus: Udo Ulfkotte bläst zum Krieg in unseren Städten

»Der Autor kennt sie alle, die Schwächen und Vorlieben der in Deutschland lebenden Islamisten« – schreibt der Autor im Vorwort ungeniert über sich selbst. Seine Anwälte, heißt es weiter, hätten viele der ursprünglich 350 Seiten gekürzt.[13] Aber die Lektoren, *helas!*, die haben gnadenlos alles stehen lassen. Und so erfahren wir: »Saladins Geist lebt bis heute fort, es ist ein kämpferischer Geist, mit dem es einen ehrlichen Dialog nicht geben kann. Diesem Geist muss man immer wieder mit voller Wucht auf die Finger schlagen.« Hat ein Geist Finger?

Trotz juristischer Vorzensur sind der Eichborn-Verlag und sein Autor schließlich verklagt worden. Während aber die Muslime, die die (letztlich erfolglose) Klage eingereicht hatten, bald als Spielverderber dastanden, hatten Udo Ulfkotte und der Verlag zunächst einmal das größte Los gezogen, das unsere Öffentlichkeit zu bieten hat: Aufmerksamkeit.

Für diese Aufmerksamkeit haben Verlag und Autor freilich ihren Ruf aufs Spiel gesetzt. Selbst wenn alle Namen, Zahlen und Fakten, die Ulfkotte, ehemaliger Politikredakteur der FAZ mit Schwerpunkt ›Geheimdienste‹, präsentiert, korrekt sind, die Schlüsse, die er daraus zieht, sind zu einem großen Teil fragwürdig, wenn nicht absurd. Das ganze Skandalon dieses Buchs besteht aus den Urteilen, die der Autor fällt, nicht aus den Fakten, die er ans Licht bringt. Viel Neues ist für die Kenner der Islamistenszene nämlich nicht dabei, was schon deshalb nicht verwundert, weil Ulfkotte die Sprachen seiner Feinde nicht beherrscht. Stattdessen verfügt er aber angeblich über hervorragende Beziehungen zu den Geheimdiensten und hat die Chuzpe, die oftmals undurchsichtigen Informationen exakt so zu deuten, dass sie »höchste Brisanz« bekommen.

13 Udo Ulfkotte, *Der Krieg in unseren Städten. Wie radikale Islamisten Deutschland unterwandern*. Frankfurt a. M. 2003

Ein Beispiel, stellvertretend für viele. Ulfkotte berichtet ausführlich über die Aktivitäten von Ibrahim El-Zayat, dem Präsidenten der »Islamischen Gemeinschaft in Deutschland«. Er stützt sich dabei, wie er selber zugibt, auf Erkenntnisse von BKA und BND. Diese Erkenntnisse lassen El-Zayat zwar merkwürdig erscheinen, ein Grund, ihn auszuweisen oder zu verhaften, sind sie jedoch nicht. Ulfkotte will diesen Grund nun nachliefern, jedoch leider nicht, indem er unbekannte kriminelle Taten von El-Zayat ans Licht bringt, sondern indem er seine Gesinnung inkriminiert. Anhand folgender Aussagen von El-Zayat versucht Ulfkotte, dessen Verfassungsfeindlichkeit nachzuweisen: »Ich glaube nicht, dass es unmöglich ist, dass der Bundeskanzler im Jahre 2020 ein in Deutschland geborener und aufgewachsener Moslem ist, dass wir im Bundesverfassungsgericht einen moslemischen Richter oder eine moslemische Richterin haben.« Da diese Aussage völlig legitim ist – warum sollte der Vertreter einer Minderheit nicht seiner Hoffnung Ausdruck geben, dass auch diese Minderheit eines Tages etwas zu sagen hat – setzt Ulfkotte zwei weitere Sätze El-Zayats daneben: »Dieses Land ist unser Land, und es ist unsere Pflicht, es positiv zu verändern. Mit der Hilfe Allahs werden wir es zu einem Paradies auf der Erde machen, um es der islamischen Ummah der Menschheit insgesamt zur Verfügung zu stellen.« Auch dies, wenngleich merkwürdiger, reicht natürlich nicht, um El-Zayat zu inkriminieren, und so ergeht sich Ulfkotte am Ende in hilfloser Empörung: »Was würden wohl die Verantwortlichen der Katholischen Akademie oder der Konrad-Adenauer-Stiftung zu solchen Äußerungen sagen, die der von ihnen geschätzte und geladene Gastredner Ibrahim El-Zayat ungeniert in einer Jugendzeitschrift veröffentlichte?«

Von dieser halbseidenen, leicht hysterischen Art sind nahezu alle Fakten, denen Ulfkotte »höchste Brisanz« attestieren möchte. Da sie aber, wie Ulfkotte irgendwie selber ahnt, in Wahrheit doch nicht viel hergeben, dreht er den Spieß um und fordert, dass die Gesetze geändert werden, damit diese Argumente etwas hergeben.

Er stellt einen Forderungskatalog auf, der, setzte man ihn um, den Rechtsstaat in seiner heutigen Form schwer beschädigen würde. Punkt zwölf besagt: »Ausweisungen müssen rechtlich schon dann möglich sein, wenn lediglich der begründete Verdacht der Sympathie für extremistische Gruppen besteht.« Mit einem solchen Paragrafen würde man nahezu alle Palästinenser aus Deutschland ausweisen können, zumal Ulfkotte sich die Definitionsmacht in Bezug auf »extremistische Gruppen« natürlich vorbehält. Punkt elf: »Unabhängig davon, ob es sich um deutsche oder um Ausländervereine handelt, müssen solche Organisationen, die Islamisten als Gastredner ein Podium für ihre Hetzparolen geben, aufgelöst und ihr Vereinsvermögen vom Staat eingezogen werden.« Adieu Katholische Akademie und Konrad-Adenauer-Stiftung, wenn Sie noch einmal Ibrahim El-Zayat oder Nadeem Elyas einladen. Was es aber mit dem reißerischen Titel des Buches auf sich hat, erfahren wir in Punkt acht, wo die Unterfinanzierung der GSG 9 beklagt wird: »Dabei ist es doch gerade diese Einheit, die durch Sondereinsätze die Hintermänner des Terrors in Deutschland ergreifen soll. (...) Ihr wird beim künftigen Krieg in unseren Städten eine bislang nicht bekannte Bedeutung zukommen.«

Um es klar zu sagen: Lange ist die Gefährlichkeit des radikalen Islams in Deutschland unterschätzt worden. Gerade aber weil die Problematik des Umgangs mit den Islamisten in Deutschland nun virulent ist; weil es oft keine klare Antwort auf die Frage gibt, wo die Grenze zwischen einem radikalen Islamisten und einem gläubigen Muslim zu ziehen ist; weil wir unsicher sind, inwieweit wir einen vielleicht noch nicht kriminellen, aber verbalen Fundamentalismus (gleich welcher Couleur) tolerieren können, ist dieses Buch ein Ärgernis. Jeder ernsthafte, reflektierte Diskurs über das Problem wird es angesichts der von Ulfkotte und anderen Islamkritikern geschürten Polarisierung in Zukunft schwer haben. Denjenigen jedoch, die sich von Ulfkottes Buch provoziert gefühlt haben und vor Gericht ziehen wollten, sei dringend geraten, sich statt mit Paragrafen mit Argumenten zu wehren und eine Position zum Verfassungsstaat zu beziehen, die sie über die von Ulfkotte aufgeworfenen Zweifel erhaben macht. Alles andere wäre ebenso kontraproduktiv wie dieses Buch.

Wir sind die anderen!
Die Islamkritik nach dem Massaker in Norwegen

Wäre der Anlass nicht so verstörend, man könnte es für eine Ironie der Geschichte halten, dass die Islamkritik über Nacht in exakt dieselbe Rechtfertigungsnot katapultiert wurde, in die sie den Islam seit jeher zu bringen suchte. Nachdem sich der norwegische Massenmörder Anders Breivik so nachdrücklich auf die von ihr seit Jahren propagierte Weltsicht beruft, fordert sie für sich eben die Unterscheidung zwischen radikal und gemäßigt, gewaltbereit oder eher diskursorientiert ein, die sie ihrem imaginierten Gegner, dem ideologisch vermeintlich geschlossenen Islam, stets verweigerte.

Jedem jedoch, der die Islamkritik für ihre undifferenzierte Haltung zum Islam und den Muslimen bislang aus guten Gründen angegriffen hat, sei jetzt empfohlen, der Islamkritik dieselbe Differenzierung nicht vorzuenthalten – selbst dann nicht, wenn diese lauthals jede Verantwortung für die Tat in Norwegen ablehnt und sich der Aufarbeitung der eigenen Positionen sowie der Abgrenzung gegen radikale Tendenzen noch verweigert. Ganz unabhängig also davon, was die Islamkritik selbst an Aufarbeitung leistet oder nicht, gestehen wir ihr, ja sogar ihren abgedrehteren Vertretern zu: *Dies* haben sie nicht gewollt. Nur was wollen sie dann? Auf unerwartete Weise könnte uns die Tat von Anders Breivik eine Richtung weisen.

Gewisse Ähnlichkeiten zwischen dem islamischen Fundamentalismus und seinem ideologischen Gegner, der europäischen Anti-Islam-Bewegung, waren den hellsichtigeren Beobachtern immer schon aufgefallen. Gleichwohl dürfte niemand damit gerechnet haben, dass die Anti-Islam-Bewegung auch ein ähnliches Tatmuster, einen ähnlichen Brutalisierungsfaktor hervorbringen würde. Überraschend ist ferner, dass die Mimesis der Gewalt nicht zu einer Nachahmung der Attentäter von New York, Madrid oder London geführt hat. Wäre es das Ziel gewesen, diese zu spiegeln oder sich für ihre Taten zu rächen, hätte Breivik seine Bombe im

Regierungsviertel von Riad zünden, in Skandinavien Asylantenheime in Brand setzen oder wie der Scharfschütze von Malmö im Jahr 2010 dunkelhäutige Menschen jagen müssen. Solche Taten, so schrecklich sie gewesen wären, hätten uns nicht annähernd in der Weise erschüttert, wie es nun der Fall ist. Und die Islamkritik wäre vermutlich ebenso ungeschoren davongekommen wie nach dem Dresdner Gerichtssaalmord vom 1. Juli 2009, der gleichermaßen islamfeindlich und rechtsradikal motiviert war wie die Taten Breiviks, der aber ein Nachdenken, wie es jetzt anhebt, verblüffenderweise nicht ausgelöst hat – weil das Opfer niemand von »uns« war?

Der uns alle verstörende und für die Islamkritik hochnotpeinliche Aspekt des Massakers in Norwegen liegt darin, dass das – dem Attentäter selbst kaum bewusste – Nachahmungsmuster nicht das des islamischen Terroristen im (und gegen den) Westen ist, sondern das des Terrors von Muslimen gegen Muslime. In der Perfektion von Planung und Ausführung ist Breiviks Tat mit der Mohammed Attas am 11. September 2001 vergleichbar, von der Zielrichtung her ähnelt sie jedoch den Aktionen der vielen Hundert zumeist namenlosen Attentäter, die sich auf den Märkten von Peshawar, Kabul oder Bagdad in die Luft sprengen, um möglichst viele ihrer Glaubens- und Leidensgenossen mit in den Tod zu reißen.

Die Islamkritik war immer blind gegen die Tatsache, dass der islamische Terror nicht primär gegen den Westen, sondern gegen die Andersdenkenden in der eigenen Welt, unter den Muslimen, gerichtet ist. Während dort bis heute Anschläge an der Tagesordnung sind, haben sie sich bei uns als die absolute Ausnahme erwiesen, und dies sicher nicht nur dank wachsamer Behörden, sondern vor allem deshalb, weil die eigentliche Front der Auseinandersetzung nicht dort verläuft, wo es die Islamkritiker argwöhnen und behaupten: hier bei uns.

»Der Krieg in unseren Städten« lautet der Titel des bereits erwähnten [⇦ S. 93], 2003 erschienenen Buchs, das für die paranoide Richtung der Islamkritik typisch ist. Udo Ulfkotte, der Autor, forderte darin unter anderem die Aufstockung der GSG9 und anderer

Anti-Terror-Kommandos, damit wir gegen die zu erwartenden Angriffe von Muslimen aus dem Inneren unserer Gesellschaft gewappnet sind. Nun aber wollte den »Krieg in unseren Städten« ausgerechnet jemand auslösen, der derselben anti-islamischen Denkschule wie Ulfkotte angehört. Die Aufstockung der Anti-Terror-Einheiten zu fordern: es klingt von heute aus betrachtet, als habe uns Ulfkotte damit vor der Radikalisierung seiner eigenen Ideen schützen wollen.

Der Hass auf den Islam und die paranoiden Ängste vor einer islamischen Unterwanderung Europas haben Breivik also nicht zum Krieg gegen die Muslime veranlasst (auch wenn unter seinen Opfern zahlreiche muslimische Einwanderer oder deren Kinder sind), sondern zu einem maximal brutalen Schlag gegen die eigene Gesellschaft. Vor diesem Hintergrund besteht das eigentliche Trauma der Islamkritik nicht darin, dass Breivik ihre Ideen zitiert und sich daraus eine *licence to kill* gebastelt hat, sondern dass seine Tat unmissverständlich die wahre Stoßrichtung dieser Bewegungen offenlegt: die eigene Gesellschaft, wie sie nun einmal ist: Europa, der Westen selbst.

Der 22. Juli 2011 hat gezeigt, dass die greifbarste Frucht der islamkritischen Aktivitäten bislang nirgendwo die Zurückdrängung des Islams ist, sondern nur die Spaltung eben derjenigen Gesellschaft, für die die Islamkritik zu sprechen vorgibt, die sie verteidigen und stärken will. So unübersehbar diese Spaltung in politischer und ideologischer Hinsicht aber bereits seit einiger Zeit ist, so sehr ist der darin zutage tretende Selbsthass unterschätzt, wenn nicht sogar geduldet und instrumentalisiert worden, vermutlich schlicht deshalb, weil er sich vorgeblich ›nur‹ gegen die anderen richtete. Diese anderen, lernen wir jetzt, sind aber niemand anderes als wir selbst. Die Anti-Islam-Bewegung hat nicht den Hass gegen den Islam, sondern den gegen das heutige Europa hochgepäppelt, gegen jeden europäischen Bürger und erst recht jeden Politiker, der den Makel hat, sich nicht von ihr irre machen zu lassen.

Niemand, nicht einmal die entschiedensten Kritiker der Anti-

Islam-Bewegung, haben das ganze Ausmaß dieses autoaggressiven Potenzials erahnen können. Vielmehr haben wir uns von der Rhetorik der Anti-Islam-Bewegung, ja vom bloßen Namen »Islamkritik« in die Irre leiten lassen. In Wahrheit ist der Islam hier nur die (stark überstrapazierte) Bande, über deren Umweg die Kugeln der Kritik die eigene Gesellschaft anstoßen sollen. Die Islamkritiker kritisieren den Islam und meinen die eigene Gesellschaft, die nicht so ist, wie sie sie sich wünschen.

Die Kritik, die Islam sagt, aber den Westen meint, bringt sich jedoch selbst um das Beste an ihr, nämlich um eine möglicherweise ins Fruchtbare und Produktive zu wendende Auseinandersetzung um unsere Zukunft. Aus Gründen, die vorläufig schleierhaft sind, verfehlt diese Kritik geradezu zwanghaft ihr eigentliches Objekt; und indem sie dies tut, bringt sie sich um ihren potenziellen Einfluss und muss scheitern. Durch diese Wirkungslosigkeit angeheizt, sind Frustration, Paranoia und Radikalisierung vorprogrammiert.

Thilo Sarrazins *Deutschland schafft sich ab* war ein Paradebeispiel dafür, wie eine im Prinzip durchaus hilfreiche, aber offenbar wenig willkommene Kritik (am nicht mehr finanzierbaren Sozialsystem, am Werteverfall, an Bildungsferne und anderem) in eine unfruchtbare und überaus hässliche Islamdebatte verdreht wurde, so dass sie sich damit am Ende selbst kastrierte. Sarrazin, der als Beamter eine sehr gute Arbeit geleistet und uns sicher etwas zu sagen gehabt hätte, ist in die Falle getappt, die sich die Islamkritik immer selbst stellt, wenn sie behauptet, wir litten weniger an uns selbst als an den anderen [⇥ S. 177].

Es mutet vor diesem Hintergrund naiv an, an der Islamkritik vornehmlich das verzerrte, kenntnislose und oftmals zu rassistischen Stereotypen erstarrte Islambild zu bemängeln. Man ist ihr damit nur auf den Leim gegangen. Viel besser wäre es gewesen, mit Nachdruck die Vorstellungen der Islamkritiker bezüglich ihrer eigenen Gesellschaft herauszuarbeiten. Denn je genauer man hinschaut, desto klarer wird: Hinter dem gemeinsamen Feindbild Islam verbergen sich zahlreiche, oft sehr gegensätzliche gesellschaftliche Visionen. In der Ablehnung der gegenwärtigen Zustände ähneln sie sich, in ihren Zielvorstellungen sind sie äußerst verschieden.

Die islamkritische Bewegung einer Differenzierung zu unterwerfen, wie es nach dem 22. Juli kaum anders möglich sein wird, bedeutet, ihr den »Islam« aus dem Namen zu streichen und sie, nackt wie sie dann vor uns steht, noch einmal zu fragen: Was will sie? Die Spreu vom Weizen, das Indiskutable vom Diskutablen wird dann leichter zu trennen sein.

Vom Nutzen und Nachteil der Islamkritik für das Leben

Die Situation ist festgefahren, und mit jedem Beitrag zur Thematik wird es schlimmer: Die sogenannten Islamkritiker und ihre Gegner stehen sich unversöhnlich gegenüber; ein Dialog, in dem vernünftige Argumente der einen Seite osmotisch auf die andere überwechseln könnten, ist nahezu restlos ersetzt durch Konfrontation. Dieser Eindruck wird durch die Tendenz vor allem der visuellen Medien verstärkt, die Gäste ihrer Talkshows möglichst antagonistisch auszuwählen, statt an einem Erkenntnisinteresse, einem eventuell zu erreichenden Konsens interessiert zu sein. Er wird verstärkt durch die leichte Selbstorganisation, Vernetzung und Publikationsmöglichkeit interessierter, oft radikaler Gruppen im Internet. Das Gespräch über den Islam wird nicht aus der Mitte heraus geführt, sondern von den Rändern her; es scheint nur ein Entweder-Oder zu geben, ein Für oder Gegen, in der es jeder Seite darum geht, den immer kleiner werdenden, irgendwie unentschiedenen oder gleichgültigen Teil der Bevölkerung auf seine Seite zu ziehen.

Diese weitgehend künstlich und vor allem medial erzeugte Bipolarität hat unnötige Spaltungen zur Folge und vergiftet die Atmosphäre. Auf zahlreichen Vortragsveranstaltungen zur Thematik im ganzen Bundesgebiet erlebe ich regelmäßig, mit welcher Heftigkeit die unterschiedlichen Fraktionen im Publikum aufeinander und manchmal auch auf den Dozenten reagieren. Vor allem aber lässt sich diese Bipolarität nicht aus der Sache selbst, dem Islam an sich und den Muslimen in Europa, begründen. Jedem nachdenklichen Beobachter sollte klar sein, dass es in den Islamfragen auch gute Gründe für eine Position zwischen den extremen Polen der Meinungen geben muss; dass bei einem bloßen Entweder-Oder zwangsläufig bedenkenswerte Aspekte zu kurz kommen müssen; dass eine vernünftige und begründbare Mittelposition gerade dann vertretbar sein kann, wenn die zentrifugalen

Kräfte sie zu diskreditieren suchen. Der vorliegende Beitrag wird dem herrschenden Antagonismus vermutlich nicht entgehen. Der Versuch, Argumente gegen die Extreme zu sammeln, sei dennoch unternommen.

Im Spektrum der Meinungen zum Islam, jedenfalls in Deutschland und Europa, fällt auf, dass von einer »Islamverherrlichung«[14] nur in eng begrenzten, im Übrigen wenig diskursmächtigen Milieus die Rede sein kann. Es handelt sich vorwiegend um (gläubige) Muslime, darunter in besonderem Maß Konvertiten, sowie vereinzelte Schwärmer oder islamnahe Gruppen im Umfeld von New Age-Bewegungen, die sich zum Beispiel auf den Sufismus, die islamische Mystik, berufen. In Einzelfällen können auch Islamwissenschaftler dazu gezählt werden, so die 2003 verstorbene Annemarie Schimmel.

Eine solche, aus einer affektiven Nähe zum Islam als Religion entstandene Apologetik wäre zu unterscheiden von einer oft linksintellektuellen und politisch motivierten ›Nachsicht‹ mit dem Islam, als deren Stammvater der palästinensisch-amerikanische Literaturwissenschaftler Edward Said (1935–2003) gelten kann. In seinem Werk *Orientalism* (1978) stellte Said die These auf, dass das Aufkommen einer wissenschaftlichen Orientalistik, aber auch des populären Orientbildes im 19. Jahrhundert durch die kolonialen Ambitionen Englands und Frankreichs wesentlich begünstigt wurde. Er geht dabei ausführlich auf die Galionsfiguren des französischen und britischen Orientalismus ein, Sylvestre de Sacy (1758–1838) und Edward Lane (1801–1876). Freilich schneidet der Orientalismus in Kunst und Literatur laut Said nicht viel besser ab. Flaubert findet auf seiner Ägyptenreise auffällig oft genau die

14 Vgl. »*Islamverherrlichung. Wenn die Kritik zum Tabu wird*«, hrsg. von Thorsten Gerald Schneiders, Wiesbaden 2010. Der Band mit dem leicht irreführenden Titel macht den vielversprechenden Versuch einer kritischen Erörterung problematischer islamischer Haltungen ohne die üblichen Vorurteile der herkömmlichen Islamkritik. Er thematisiert jedoch nicht wirklich das Milieu möglicher ›Islamverherrlicher‹.

Merkwürdigkeiten, die ihm Lane in seinem ethnologischen Bericht über die ›modernen‹ Ägypter von 1836 in den Mund legt, und für fast alle westlichen Arabienfahrer bis weit ins 20. Jahrhundert gilt, dass eine Reise in den Orient, auf der man nicht das Klischee vom Orient findet, keine ordentliche Orientreise ist. Besonders brisant ist Saids Feststellung, dass die Orientalistik ideologische, ja teils offen rassistische Haltungen pflegte, die wiederum von Politikern und Meinungsmachern aufgenommen wurden, um Eingriffe in den Orient zu rechtfertigen. Aussagen wie die folgende des bekannten Orientalisten William Muirs (1819–1905) sprechen für sich und wurden von Politikern wie Lord Cromer bereitwillig rezipiert: »Das Schwert Mohammeds und der Koran sind die beiden schlimmsten Feinde der Zivilisation, der Freiheit und der Wahrheit, welche die Welt je gesehen hat.«[15] Von solchen Aussagen lässt sich eine gerade Linie bis zu den islamkritischen Blogs von heute ziehen, und ein argwöhnischer Beobachter könnte versucht sein, noch die Regensburger Rede von Papst Benedikt XVI. in dieser Tradition zu sehen.[16] Wenn Edward Said bis heute umstritten ist, liegt das am erschreckend langen Nachleben genau derjenigen Einstellungen gegenüber dem Orient, die er bei den vom ihm untersuchten Autoren herausarbeitet. Sie alle kennzeichnet ein selbstherrlicher Reflex, der in Form von zivilisationsmissionarischen Argumenten für die Kriege in Irak und Afghanistan wieder auflebt.

Problematische Aspekte des Islams werden freilich in der von Edward Said geprägten Denkrichtung nicht oder nur selten thematisiert, und zwar deshalb, weil gefürchtet wird, dass sie als Rechtfertigung für orientalistische Klischees und hegemoniale Ansprüche missbraucht werden, wie es im Kolonialismus der Fall

15 Zitiert nach Edward Said, *Orientalismus*, übersetzt von Hans Günter Holl, Frankfurt 2009, S. 178.

16 Im Benedikt'schen Sinn dokumentiert und verhandelt in: Benedikt der XVI., *Gott, rette die Vernunft*. Die Regensburger Vorlesung des Papstes in der philosophischen Diskussion. Sankt Ulrich Verlag, Augsburg 2008.

war. Damit ist diese Denkschule bereits eine Reaktion auf dieselben abendländischen Denkmuster, die sich in der heutigen Islamkritik explizit wiederfinden. Die Islamkritik, obwohl der Terminus also bis dahin eher ungebräuchlich war, ist damit keineswegs eine Frucht der Anschläge des 11. September 2001, wie zu ihrer Rechtfertigung als einer Art Verteidigungsbewegung von ihren Vertretern gern behauptet wird. So schreibt zum Beispiel Henryk Broder in seiner Rezension zu Patrick Bahners' Buch *Die Panikmacher:* »nur eine Information verkneift er [Bahners] sich: wie die ›Islamkritik‹ als Diskursgegenstand in die Welt gekommen ist. Dabei kann man den Zeitpunkt auf die Minute genau festlegen: Es war der 11. September 2001, um 8.46 Uhr New Yorker Zeit. Bis dahin beschränkte sich ›Islamkritik‹ auf die Frage, ob man als Urlauber in Ägypten oder in Tunesien mehr für sein Geld bekommt. Der Unterschied zwischen Islam und Islamismus wurde, wenn überhaupt, in Doktorandenseminaren thematisiert.«[17]

Das ist Augenwischerei. Die wichtigsten Werke, auf die sich die Islamkritik bis heute beruft, sind nämlich vor dem 11. September erschienen: Samuel Huntingtons *Kampf der Kulturen* (1996), die Bücher des 1916 geborenen amerikanischen Islamwissenschaftlers Bernhard Lewis oder im deutschsprachigen Bereich die in den neunziger Jahren publizierten Studien des syrischstämmigen Göttinger Politikwissenschaftlers Bassam Tibi.[18] Einschlägig für die intellektuelle Munitionierung der Islamkritik vor dem 11. September 2001 war in Deutschland ferner der in der Zeitschrift »Merkur« (558/559) erschienene Aufsatz von Siegfried Kohlhammer, *Die Feinde und die Freunde des Islam* – so einschlägig, dass der »Merkur« diesen Text nach dem 11. September noch einmal nachdruckte (in Heft 631).

Naturgemäß zählt Edward Said zu den Lieblingsfeinden der Islamkritik, die jedoch, da ihre Argumentationsmuster in die Ära

17 Henryk Broder, *Augen auf, Kollege!,* Welt am Sonntag, 20.2.2011.

18 Zu Bassam Tibi vgl. Stefan Weidner, *Manual für den Kampf der Kulturen,* Frankfurt/M. 2008, S. 74–75, S. 80 ff.

vor Edward Said zurückfallen, das eigentliche Dilemma der von ihm geprägten Denkrichtung (oft *Post-colonial Studies* genannt) nicht in den Blick bekommt: Diese am Werk Michel Foucaults geschulte Diskurs- und Machtkritik wäre nur konsequent, wenn sie neben der westlichen Diskursmacht gegenüber dem Orient auch diejenige islamische Diskursmacht in den Blick bekäme, die sich gegen alles richtet, was ihrer eigenen Deutung gemäß unislamisch ist und die sich in der islamischen Geschichte ebenso findet wie in modernen wertkonservativen und fundamentalistischen Strömungen. Eine Machtkritik, die in den Verdacht gerät, parteiisch zu sein, wird unglaubwürdig und macht sich angreifbar. Sie unterminiert ihre eigene Sache.[19]

Wenn aber gesagt wurde, dass die aktuelle Islamkritik argumentativ im prä-Edward-Said-Stadium verharrt, so ist davon eine bemerkenswerte Ausnahme zu machen. Die Islamkritik hat sich sehr erfolgreich emanzipatorische Positionen zu eigen gemacht, die ein genuines Produkt derselben weltanschaulichen Strömungen sind – Marxismus und Postmoderne –, ohne die auch Edward Said und seine Schule nicht denkbar wären. Im Ergebnis munitionieren Feminismus und Homosexuellenbewegung die Islamkritik mit einigen ihrer zugkräftigsten Argumente.[20] Im Rahmen des sogenannten Einbürgerungstests wäre die Zustimmung zu diesen Positionen beinah zu einem entscheidenden Kriterium für die Kandidaten geworden – ein Schlag gegen die Gewissensfreiheit, welche natürlich auch die Freiheit einschließt, traditionelle, wenn nicht sogar reaktionäre Meinungen zu pflegen.

Wer den Begriff Islamkritik geprägt hat, ist vorläufig unklar. Es handelt sich um einen sehr deutschen Begriff, der im Fall der Über-

19 Dazu näher: Stefan Weidner, *Manual für den Kampf der Kulturen*, S. 51–55, ferner: ders, *Mohammedanische Versuchungen*, Zürich 2004, S. 115–119.

20 Einschlägig etwa: Alice Schwarzer (Hrsg.), *Die große Verschleierung*, Köln 2010. Vgl. auch die Gegenposition von Birgit Rommelspacher, *Zur Emanzipation »der« muslimischen Frau*, in *Aus Politik und Zeitgeschichte* 5/2009, S. 34–38.

setzung viel von seiner Eingängigkeit einbüßt, weil die meisten Sprachen das Wort in eine zweiteilige Genitivverbindung auflösen müssen. Faktisch ist mit Islamkritik nichts anderes gemeint als die Kritik *am* Islam. Das Wort Islamkritik ist damit analog zu Begriffen wie Kulturkritik oder Gesellschaftskritik gebildet. Wie es Kultur-, Regime- und Gesellschaftskritiker gibt, gibt es nun auch Islamkritiker. Islamkritik zehrt vom guten Ruf des Kritischen an sich, eben von den Leistungen, mit denen etwa Kulturkritiker den gesellschaftlichen Diskurs bereichert haben.

Gegner der Islamkritik könnten den Begriff freilich als Euphemismus bezeichnen. Ob die Islamkritik für den Islam das leistet, was die Gesellschaftskritik für die Gesellschaft, die Kulturkritik für die Kultur leistet, hängt auch von ihrem Niveau ab. Vor allem aber fällt auf, dass die Islamkritiker, mit Ausnahme der Muslime unter ihnen, sich gewiss nicht als Teilmenge des Islams begreifen (auch viele islamkritische oder sogenannte Ex-Muslime tun das nicht mehr, ähnlich wie bei uns die Kirchenkritiker oft auch keine Mitglieder der Kirche mehr sind), während der Kulturkritiker jedoch zwangsläufig Teil der Kultur ist, die er kritisiert. Seine Kritik ist damit immer auch Selbstkritik, so wie es diejenige islamkritischer, aber sich nach wie vor zum Islam bekennender Muslime ist, oder wie es die Kirchenkritik des aus der Kirche ausgetretenen Kirchenkritikers war, sofern er die Kirche noch als Christ kritisierte und nicht etwa als Marxist. Der muslimische Islamkritiker sieht den Balken im eigenen Auge; der nicht-muslimische macht daraus den Splitter im Auge des anderen. Halten wir fest: Nicht-muslimische Islamkritik kostet den Kritisierenden nichts und tut ihm nicht weh.

Unabhängig davon wird die Islamkritik von ihren Gegnern inzwischen oft mit Antisemitismus und Rassismus verglichen. Viel Aufsehen erregt haben in diesem Zusammenhang verschiedene Äußerungen von Wolfgang Benz, ehemaliger Direktor des Zentrums für Antisemitismusforschung an der TU Berlin, der von einer unübersehbaren »Parallele« zum Antisemitismus des 19. Jahrhunderts spricht.[21] Saul Friedländer, der Friedenspreisträger des Deutschen Buchhandels von 2007, beschreibt die Situation der Juden um die Wende vom 19. zum 20. Jahrhundert in Deutschland wie folgt: »Liberale verlangten, die Juden sollten im Namen universalistischer Ideale das vollständige Verschwinden ihrer spezifischen Gruppenidentität akzeptieren; Nationalisten dagegen verlangten ein derartiges Verschwinden zugunsten einer höheren partikularistischen Idee, der des modernen Nationalstaats«.[22]

Nahezu identische Positionen finden sich heute unter den Islamkritikern gegenüber den Muslimen. Sie prägten die Diskussionen um die Aussage des Bundespräsidenten Christian Wulff vom 3. Oktober 2010, »auch der Islam gehört zu Deutschland.« Sie tauchen die Islamkritik in ein Zwielicht, über das sich diese erst langsam Rechenschaft ablegt. Selbst wenn man islamkritischen Positionen nicht pauschal rassistische oder dem Antisemitismus verwandte Haltungen unterstellen will, muss man feststellen, dass hier die weltanschaulich und religiös begründete Ablehnung mit einer solchen korreliert, die durch den bloßen Anblick fremd oder anders wirkender Menschen motiviert werden kann. Muslime sehen nun einmal häufig etwas anders aus als die meisten Mitteleuropäer; oder sie kleiden sich anders, was die Islamkritik, wie wir an den Kopftuchdebatten sehen, besonders stört. Islamkritik ist nicht ursprünglich Rassismus. Aber sie ist rassistischen Empfindungen gegenüber anschlussfähig [S. 192]. Das macht sie angreifbar, zumal kaum einer ihrer namhaften Vertreter dies als Problem empfindet und thematisiert. Es gehört zum Charakteristikum der Islamkritik, dass sie sich gegenüber ihren schmuddeligen Rändern nicht entschieden genug abgrenzt. Die anti-islamisch motivierten Anschläge in Norwegen mit 77 Toten [S. 97] haben an diesem Befund bislang nichts Wesentliches geändert.

21 Etwa in seinem Beitrag *Hetzer mit Parallelen,* in: Süddeutsche Zeitung, 4.10.2010 http://www.sueddeutsche.de/politik/antisemiten-und-islamfeinde-hetzer-mit-parallelen-1.59486.

22 Saul Friedländer, *Das Dritte Reich und die Juden,* München 2007, S. 96.

Vor diesem Hintergrund säße man einer Illusion auf, wenn man glaubte, man könnte die islamkritischen Thesen mit Hilfe schierer islamwissenschaftlicher Sachkenntnis in wahre und falsche Behauptungen aufteilen und so eine sachliche Auseinandersetzung in die Wege leiten, die zu fundierten Aussagen über den Islam und über die Muslime führte. Es ist naiv anzunehmen, Islamkritiker überzeugen oder mit guten Gründen zu einer Revision oder Abmilderung von Ansichten bewegen zu können. Dies gilt zumindest für den harten Kern der Islamkritik einschließlich ihrer medialen Protagonisten. Wer unter den Islamkritikern seine Ansichten revidiert, abmildert oder weniger absolut setzt, hat damit zu rechnen, selber wieder von der Islamkritik angegriffen zu werden (wie weiter unten am Beispiel von Hamed Abdel-Samad zu sehen sein wird).

Trifft aber diese Behauptung über den unverbesserlichen Kern der Islamkritik zu, wird sie doch sofort durch die Tatsache entwertet, dass die Islamkritiker von ihren Gegnern Gleiches behaupten. Eine Beschreibung der Islamkritik, ebenso wie eine Auseinandersetzung mit ihr, die über Tatsachen oder Tatsachenbehauptungen geführt wird, dürfte deshalb zu keinem brauchbaren Ergebnis kommen. In seiner 2011 erschienenen anti-islamkritischen Streitschrift *Die Panikmacher* lässt sich Patrick Bahners auf Diskussionen über die Natur des Islams überwiegend gar nicht erst ein.[23] Er hinterfragt vielmehr die immanente Schlüssigkeit islamkritischer Thesen und analysiert ihre rechtlichen und weltanschaulichen Implikationen. Sie dem Publikum bewusst zu machen, wie Bahners es tut, bedeutet, die Frage zu stellen, ob wir – das Publikum – diese Konsequenzen wirklich wollen oder nicht.

Islamkritische Behauptungen sind, obwohl sie in Form von Wirklichkeitsaussagen daherkommen, in aller Regel verkappte (negative) Werturteile. Ihre Evidenz beziehen sie eben nicht aus dem Islam selbst, der dem Durchschnittspublikum ohnedies weit-

23 Patrick Bahners, *Die Panikmacher. Die deutsche Angst vor dem Islam*, München 2011.

gehend unbekannt ist, sondern dadurch, dass sie mit bereits vorhandenen, bewussten oder unbewussten Werturteilen über den Islam *harmonieren,* der oft als fundamental fremde Kultur begriffen wird. Islamkritische Urteile *sind* nicht richtig oder falsch und müssen sich nicht an der Wirklichkeit messen lassen. Sie müssen in den Ohren des Publikums nur richtig *klingen*. Sie klingen aber fast immer richtig, aus dem einfachen Grund, dass sie einer Selbstversicherung und Selbstvergewisserung *ex negativo* dienlich sind. Jeder islamkritische Satz enthält eine implizite Aufwertung aller Teile des Publikums, die sich nicht zum Islam rechnen, die keine Muslime sind oder sich, wie etwa dezidiert Säkularisierte, nicht mehr als solche begreifen. Der semantische Wert islamkritischer Sätze liegt nicht in ihrem Gehalt, sondern in ihrer Bereitschaft zum Urteil.

Anhand eines typischen islamkritischen Satzes sei das aufgezeigt. »Der Islam will die Welteroberung«[24] ist eine Behauptung, die sich aus der Sache heraus, also der Theologie und Geschichte des Islams, weder endgültig belegen noch widerlegen lässt. Wäre man an einer sachlichen Erörterung interessiert, müsste man sich auf eine weitaus weniger weitreichende Aussage festlegen: Der Islam ist eine Religion mit weltmissionarischem Anspruch, vergleichbar dem Christentum. Wie im Christentum finden sich im Islam sowohl Beispiele für die Ausbreitung auf gewaltsame als auch auf friedliche Weise, finden sich sowohl »Kreuzzügler« als auch »Missionare«. Man kann aber schlecht die friedliche Ausbreitung des Frühchristentums zur einzig wahren Natur des Christentums verklären und die im Zuge von Eroberungen sich vollziehende Ausbreitung des nachmekkanischen Islams zur einzig wahren des Islams, nur weil der Pazifismus (der martialischen

24 Egon Flaig, *Der Islam will die Welteroberung,* in FAZ, 16.9.2006. Vgl. dazu die Replik von Almut Höfert, *Die glorreichen Tage des Dschihad sind Geschichte,* in FAZ, 19.10.2006. Mit der hier zitierten Überschrift wurde der Text amüsanterweise von Patrick Bahners versehen. Vgl. Bahners, a. a. O., S. 58.

Rhetorik vieler Islamkritiker zum Trotz) immer noch irgendwie in Mode ist und man sich selbst gern den friedliebenden Menschen zurechnet. Selbst wenn gälte, dass »eine Offenbarungsreligion ihrem Ursprung ausdrücklich verpflichtet ist« [was ist das, wo liegt der, wer legt ihn fest?],[25] müsste man doch zugestehen, dass die Europäer von heute mit den frühen Christen mindestens so wenig gemein haben wie die heutigen Muslime mit denen des siebten Jahrhunderts.

Wiewohl unsachlich, hat der Satz von den islamischen Welteroberungsgelüsten spätestens seit den Anschlägen vom 11. September 2001 eine große *gefühlte* Evidenz. Er entwirft den Islam als Weltschurken, als Gegenteil eines idealisierten friedlichen Christentums, das zur Identifikation einlädt. Auch unabhängig vom Christentum hält die große Mehrheit der Bundesbürger – anders als noch ihre für das »Tausendjährige Reich« kämpfenden (Ur-) Großväter – ein Welteroberungsstreben vermutlich für verwerflich. Gelingt es nun, ein solches Bild des Islams medial weithin zu verbreiten, wird sich jeder, der sich für einen rechtschaffenen Bundesbürger hält und dieses Bild glaubt, vom Islam abgestoßen fühlen. Zugleich ist er in den billigen Genuss einer genuinen moralischen Empfindung gekommen, einer moralischen Empfindung, die unsere überkomplexe Gesellschaft selten gewährt: Für einmal ganz sicher zu wissen, was richtig beziehungsweise falsch ist: Die Welteroberung. Also der Islam.

Die Leistung des islamkritischen Diskurses besteht nicht in seinen Erkenntnissen über den Islam, sondern in der Schaffung einer hohen Anzahl moralischer Urteile sowie emphatisch für die eigene Sache reklamierter Werte. Islamkritik dient zur Selbstbesinnung. Dagegen wäre nicht das geringste einzuwenden, täte sie dies nicht auf Kosten einer in Europa minoritären Gruppe von Menschen, die man auch auf globaler Ebene kaum zu den Gewinnern der letzten zwei bis drei Jahrhunderte zählen kann. Mit anderen Worten:

25 Bahners, a. a. O., S. 58.

Die Selbstbesinnung eines militärisch, ökonomisch und kulturell überlegenen Abendländers findet auf Kosten der Verlierer der Geschichte statt. Zumindest ist dies nicht sehr christlich. Ob es von weltlicher Weisheit kündet, ist ebenfalls fragwürdig.

Die Islamkritik begründet mit der Ablehnung des Islams das Axiom eines komplexen Systems von Werten und Weltanschauungen. In simpler Syllogistik folgt aus dieser Ablehnung alles weitere, und das daraus Gefolgerte begründet dann wieder die Ablehnung des Islams. Weil der Islam schlecht ist, so die Logik, ist er unvereinbar mit dem, was nach unserer Auffassung gut ist: Demokratie, Freiheit, Individualität, Gleichberechtigung, Aufklärung und was einem einfallen mag. Wenn aber der Islam unvereinbar ist mit Demokratie, Freiheit, Aufklärung usw., dann kann er nur schlecht sein. Die vollendete Tautologie dieser Schlussfolgerungen erschließt sich leicht. Mit dem realen, in Historie und Theologie nachweisbaren Islam [⇦ S. 156] haben sie längst nichts mehr zu tun.

Um zu seinen Bewertungen zu kommen, muss der Islamkritiker davon ausgehen, dass der Islam seinem Wesen nach durch alle Zeit weitgehend mit sich selbst identisch geblieben ist, also eintausendvierhundert Jahre lang und in einem geographischen Raum, der den halben Erdball umfasst. Der Islam wäre das beständigste mit sich selbst identische kulturelle System der Weltgeschichte: Ein Wunder. Nehmen wir die Islamkritik ernst, müssen wir an Allah glauben. Freilich, kaum jemand außerhalb ihres harten Kerns und ihrer lautesten Fürsprecher nimmt die Islamkritiker in *allen* ihren Annahmen und Befürchtungen ernst. Aber ein beträchtlicher Teil der Bevölkerung, wie wir sie aus Leserbriefen und Umfragen kennen, und ein noch beträchtlicherer Teil unter Politikern, Berufsbeamten und Intellektuellen übernimmt mit der ein oder anderen Variation zentrale Thesen der Islamkritiker.

Im harmlosesten Fall verdirbt die Islamkritik damit die Stimmung zwischen Alteingesessenen und Zugewanderten im Land. Im schlimmsten lässt sie sich als Rechtfertigung zum Mord verstehen. Der Mord an der ägyptischen Pharmazeutin Marwa El-Sherbini in einem Dresdner Gerichtssaal am 1. Juli 2009, einer der entsetzlichsten der bundesdeutschen Rechtsgeschichte, darf als das erste derartige Verbrechen gelten, das sich unmittelbar mit dem islamkritischen Diskurs in Deutschland in Verbindung bringen lässt. Das Massaker in Norwegen vom 22. Juli 2011 [⇥ S. 97] hat die Möglichkeit islamkritisch motivierter Gewalt unmissverständlich aufgezeigt. Zwischen diesen Polen liegt die Versuchung, islamkritische Positionen per Gesetz festzuschreiben (etwa das Kopftuchverbot für Lehrerinnen in manchen Bundesländern) sowie jede Menge unsinniger Behauptungen, deren gebetsmühlenartige Wiederholung genau die Werte aushöhlt, die hochgehalten werden sollen. Wenn in islamkritischen Kreisen das Wort Aufklärung benutzt wird, bedeutet dies leider oft, dass Aufklärung im ursprünglichen Sinn eines selbstständigen und selbstkritischen Denkens nicht gemeint sein kann. Aufklärung wird dabei vielmehr zur Phrase, die nichts als die Gegenposition zu dem von der Islamkritik imaginierten Islam meint und jede Form der Nachdenklichkeit zu einem Akt der Aufklärungsfeindschaft zu erklären droht [⇥ S. 197].

Die keinem Beobachter entgehende krisenhafte Situation in den meisten islamischen Ländern, die seit Jahrzehnten bestehende Verstocktheit des religiösen Denkens in der islamischen Welt, die prekäre wirtschaftliche, soziale und kulturelle Lage vieler Muslime im Westen munitioniert den Islamkritiker mit schwer zu widerlegenden Argumenten über die Minderwertigkeit des Islams. Je prekärer die Lage des Islams und der Muslime wird, desto bessere Argumente hat er an der Hand. Die offenbar aus einem politischen Partizipationswillen, sprich demokratisch inspirierten Revolutionen in den arabischen Ländern seit Anfang 2011 bringen die Islamkritiker daher in Verlegenheit. Angesichts dessen, was nicht sein darf, beeilen sie sich, ihr angelerntes Wissen zu bekräftigen: »Der Islam war von Anfang an eine Einheit von Religion und staatlicher Herrschaft. Demokratie setzt aber die Trennung der beiden

Bereiche voraus, die es dort nirgendwo [sic] gibt. Und wenn wir uns schon im Westen heute – lange nach der Epoche der Aufklärung – verzweifelt fragen, warum es nicht mehr mündige, rational denkende Menschen als Basis von Politik und Gesellschaft gibt, wie soll dann im Islam ›Demokratie‹ entstehen, wo sogar ein Beginn der Aufklärung noch aussteht«, meinte Manfred Herzog aus Leverkusen in einem Leserbrief an die »Frankfurter Allgemeinen Zeitung« am 5. Februar 2011 zu den Protesten in der arabischen Welt. Das ist in etwa die Unterstützung, die die arabischen Demokraten sich vom Westen erhoffen. »Wahrscheinlich kann eine reife Demokratie nur auf Basis des christlichen Menschenbildes entstehen und bestehen«, ergänzt auf der selben Leserbriefseite Herbert Klupp aus Rüsselsheim. Ob Aufklärung oder Christentum für die Demokratie sorgen, ist letztlich gleichgültig: Hauptsache, wir sind es, nicht auch die Muslime. Islamkritiker müssen auf das Scheitern aller Demokratisierungsversuche in der islamischen Welt hoffen, andernfalls geriete ihr Weltbild ins Wanken.

Der ägyptische Politologe Hamed Abdel-Samad, bis vor kurzem noch ein beliebter muslimischer Gewährsmann der Islamkritiker und in dieser Funktion oft in der Tageszeitung »Die Welt« zu lesen, löste in Teilen der »Welt«-Leserschaft beträchtliche Irritationen aus, als er nach einem Anschlag auf einen koptischen Gottesdienst in Alexandria die durch die Mubarak-Diktatur angestaute Frustration eine der Ursachen des Terrorismus nannte.[26] Eine der ersten Leserreaktionen lautete unverblümt, dass dies Augenwischerei sei. Solange man nicht erkenne, dass der Islam die Anbetung des Bösen an sich sei, sei alles andere ein Herumdoktoren an Symptomen.[27]

26 Hamed Abdel-Samad, *Alexandria hat sich in der Diktatur verloren*, in: Die Welt, 5.1.2011 (http://www.welt.de/debatte/kommentare/article11985107/Alexandria-hat-sich-in-der-Diktatur-verloren.html). Mittlerweile hat die erste Aufarbeitung der Mubarak-Diktatur ergeben, dass der Anschlag nicht von Islamisten, sondern von einem der zahlreichen ägyptischen Geheimdienste durchgeführt wurde.

27 Die Leserkommentare zu dem Artikel sind nicht mehr abrufbar. Ich zitiere nach bestem Wissen aus dem Gedächtnis.

Auch Walter Laqueur tat sein Unbehagen gegenüber den Thesen von Hamed Abdel-Samad kund,[28] als dieser mit seinem Buch *Der Untergang der islamischen Welt* eines der zentralen Dogmen der Islamkritik anzweifelte: Dass nämlich der Islam im Aufwind begriffen sei und immer gefährlicher werde, der Westen also in einen Abwehrkampf genötigt werde. Wenn die islamische Welt aber unübersehbare Zeichen des Untergangs zeigt, wie Hamed Abdel-Samad nicht weniger undifferenziert behauptet, dann kann der Westen ihr allenfalls den Gnadenstoß versetzen – fürchten muss er sie nicht. Die Islamkritik hätte ausgedient.

Dass der islamische Fundamentalismus, zumal der gewaltbereite, eine große Herausforderung darstellt, wird nur ein Narr leugnen. Die Auseinandersetzung mit diesem Fundamentalismus, gleich ob gewaltbereit oder nicht, ist auf allen Ebenen zu führen, wobei der größte Verbündete des Westens dabei die Muslime selber sind: Sie vor allem leiden unter dem islamistischen Terror und der fundamentalistisch begründeten Beschneidung elementarer Rechte dort, wo der Islamismus staatstragend ist: unter allen islamischen Ländern übrigens gegenwärtig nur in Iran und Saudi-Arabien. Wenn die Gefahren des politischen Islams aber so groß sind, wie die Islamkritik behauptet, schiene es doch angeraten, nicht nur Iran, sondern auch Saudi-Arabien, den Hauptförderer der sunnitisch-fundamentalistischen Mission, politisch und wirtschaftlich zu isolieren. Aber wenn es ums Geld geht, setzt auch beim Islamkritiker der Realismus ein: So groß erscheint ihm die Gefahr dann doch nicht, dass ihm ein Benzinpreis von zwei Euro infolge eines Boykotts saudischen Öls politisch vermittelbar wäre.

Heißt das in diesem Beitrag Gesagte, wie die Islamkritik unterstellen wird, dass der Islam nicht kritisiert werden darf, die Gefühle von Muslimen sakrosankt sind oder die Probleme in der islamischen Welt nicht auch etwas mit dem Islam oder der Ver-

28 Walter Laqueur, *Hamed Abdel-Samad prophezeit das Ende des Islam*, Die Welt 19.11. 2010 (http://www.welt.de/kultur/history/article10947310/Hamed-Abdel-Samad-prophezeit-das-Ende-des-Islam.html)

stocktheit vieler seiner Vertreter zu tun haben können? Sicherlich nicht. Allerdings ist die Kritik des Islams zuerst die Aufgabe der Muslime selbst, eine Aufgabe übrigens, die jedenfalls die Intellektuellen unter ihnen in großer Zahl annehmen.[29] Man kann ihnen diese Kritik schmackhaft machen, man sollte Fragen stellen, Anregungen geben, nachbohren, auf den Punkt bringen. Man soll selbstverständlich seine – hoffentlich wohlüberlegte, fundierte und differenzierte – Meinung sagen dürfen. Wenn man an einem Gespräch und der Entwicklung von Beziehungen mit Muslimen interessiert ist, nicht an wechselseitigen Vorwürfen und Beschimpfungen, wird man dabei auf kluge Weise abwägen zwischen den Erfordernissen der Höflichkeit und denen von Deutlichkeit und Offenherzigkeit.

Eine Beeinflussung der islamischen Theologie und Exegese, die eigentliche Aufklärung des Islams als Religion also, wird sich nicht, wie die Islamkritik glaubt, über lautstark erhobene Forderungen und Anwürfe vollziehen, sondern über exakte philologische Forschung [z. B. ⇨ S. 148 und ⇨ S. 156]. Wem es unter unseren Politikern ernsthaft um eine Modernisierung des Islams zu tun ist, der wird keine Kopftuchverbote erlassen, sondern die personelle Ausstattung der islamwissenschaftlichen Seminare verbessern, überhaupt die philologischen Disziplinen und mit ihnen die Pflege auch des eigenen geistigen Erbes fördern: Ein Phänomen wie die Islamkritik ist zu erklären nicht allein aus der krisenhaften Begegnung mit dem Islam, sondern auch aus einem Mangel an Bildung und Denkkultur, einem veräußerlichten, oft undurchdachten Bezug zu den eigenen, nur noch als Worthülsen rezipierten kulturellen Traditionen – Aufklärung eingeschlossen!

29 Vgl. z. B. Ludwig Ammann, Katajun Amirpur (Hrsg.), *Der Islam am Wendepunkt. Liberale und konservative Reformer einer Weltreligion*, Freiburg 2006.

Zweimal Iran

I.

Wer die Hauptstädte der arabischen Welt kennt und nach Teheran fährt, traut seinen Ohren nicht. In der Islamischen Republik Iran singt kein Muezzin. Während es in Kairo und Damaskus, ja selbst in Beirut und Casablanca zwischen Sonnenaufgang und Sonnenuntergang kein Entrinnen vor den scheppernden, megaphonverstärkten Gebetsrufen gibt, muss man in Iran warten, bis der Freitag kommt. Ausgerechnet in dem Land, das den Islam zur alle Lebensbereiche erfassenden Staatsideologie machen wollte, ist die Religion im Straßenbild am wenigsten präsent. Es mag, zum einen, am sich vielfach anders artikulierenden schiitischen Glauben liegen. Es ist aber unweigerlich auch die Reaktion auf die staatliche Vereinnahmung des Islams. Wo der rechte Glauben von oben kommt, braucht er von unten nicht mehr demonstriert werden. Ein paradoxer Verfall der religiösen Sitten ist die unübersehbare Folge. Zwischen der Regierung und der Bevölkerung, zwischen den Herrschern und den Beherrschten tut sich eine ebenso große Kluft auf wie in der arabischen Welt. Aber während die Araber die Religion zum Katalysator des Widerstands gegen ihre oligarchischen Regimes machen, identifizieren die Iraner ein Vierteljahrhundert nach der ›Islamischen Revolution‹ von 1979 die Religion mit der Despotie und manifestieren ihren Widerstand durch religiösen Ungehorsam. Die Ironie der Geschichte verschlingt alles in ihrem Sog.

Ob man es im Westen hören will oder nicht: Eine klare Mehrheit der Iraner, mit denen man als Ausländer ins Gespräch kommt, wünscht sich den Fall des Regimes, und nicht wenige wären sogar bereit, dafür einen amerikanischen Angriff in Kauf zu nehmen. Nach der Offenheit zu urteilen, mit der Studenten – oftmals in aller Öffentlichkeit, in Cafés oder Parks –, Taxifahrer, Zufallsbekanntschaften auf der Straße oder Freunde und Freunde von Freunden gegen die Ordnung im Land schimpfen, hat der iranische Geheim-

dienst den Kampf um die öffentliche Meinung bereits verloren gegeben. Und danach zu urteilen, wie die Liebespaare in den Parks einander in den Armen liegen, die islamischen Kleidungsvorschriften bei jeder sich bietenden Gelegenheit missachtet werden, Drogen, Alkohol und Musik zugänglich sind und das Internet den Mangel an öffentlichem Raum weitestgehend kompensiert, entpuppt sich das realitätsferne Beharren auf der islamischen Ideologie als zynisches Mittel zum Machterhalt. Mit dem Islam der Revolutionäre von 1979 hat das Regime in Teheran heute und erst recht nach der Farce der Wiederwahl um Präsident Ahmadinedschad so wenig zu tun wie der einstige realexistierende Sozialismus mit den Visionen von Marx und Engels. Dennoch haben die Europäer in ihrer Mehrheit am Konzept eines vermeintlich ›kritischen‹ Dialogs mit dem offiziellen Iran zu lange festgehalten. Sie machen sich damit zum Kanonenfutter für die Rhetorik eines totalitären Regimes, das sich, anfänglichen Hoffnungen zum Trotz, als unreformierbar erwiesen hat. Recht besehen war es schon immer ein Hohn, dass ein kleinkariertes despotisches System wie das iranische sich zum gleichberechtigten Partner, wenn nicht zum Sachwalter eines Dialogs der Zivilisationen und zum rechtmäßigen Repräsentanten des Islams ausrief, wie es Präsident Chatami, der zahnlose Reformer, ausgerechnet im Jahr 2001 vor der Weltöffentlichkeit tat. So groß und berechtigt der Wunsch sein mag, in der islamischen Welt einen dialogfähigen Partner zu finden, Iran ist es nicht.

»Der Dialog der Kulturen ist tot«, konstatierte denn auch Udo Steinbach, der omnipräsente Direktor des Hamburger Orient-Instituts, auf der deutsch-iranischen Tagung am Teheraner »Internationalen Zentrum für den Dialog der Zivilisationen«. Die unilaterale Politik der Amerikaner, die Unfähigkeit der Europäer, außenpolitisches Gewicht zu erlangen und der ins Stocken geratene Reformprozess in der islamischen Welt (vor 2011) seien die Gründe.

Während (schon vor den Revolutionen) in weiten Teilen der arabischen Welt eine relative Pressefreiheit herrschte, der intellektuelle Diskurs jedoch folgenlos vom oligarchischen Sumpf verschluckt wurde, ist in Iran jede geistige Tätigkeit gefährlich, weil sie immer schon – wie eben früher im Ostblock – das ideologische System in Frage stellt. Sie ist ein Sakrileg und wird dementsprechend verfolgt, bisweilen aber auch, aus einer seltsamen Nachlässigkeit heraus, geduldet. Zu den perfideren Methoden des Systems gehört es, sich über das genaue Ausmaß der Duldung nie klar zu äußern. Diese Rechtsunsicherheit belässt den Herrschenden hinter den Kulissen die totale Kontrolle, gaukelt aber zugleich einen Spielraum von Reformierbarkeit vor. Sie produziert eine Intellektualität, die nicht sein darf und sich doch um jeden Preis als eine echte Intellektualität zu erkennen geben will. Der Versuchung, innerhalb des Systems zu denken, nur um überhaupt denken zu können, sind in der Hochphase der Hoffnungen auf Reform auch ernstzunehmende Denker erlegen. Sie aber sind, wie Sorush oder Shabestari, mittlerweile eines Besseren belehrt – anders als viele europäische Intellektuelle, die verschiedentlich zu ›Dialogreisen‹ nach Iran eingeladen werden.

Aber der Diskurs unter dem Damokles-Schwert des Systems ist kompromittierender als das Schweigen. Er arbeitet, indem er die Köpfe vernebelt, dem System zu, und genau deshalb wird er bis heute gefördert. Noch – und gerade – ein Gesprächsangebot wie die Reise von Habermas nach Iran im Jahr 2002 dient in Teheran zur Verwischung der tatsächlichen Verhältnisse. Dass das »Internationale Zentrum für den Dialog der Zivilisationen« die Habermas-Reise umfassend dokumentiert hat, spricht nicht für die Offenheit des Systems, sondern für die Folgenlosigkeit der Habermas'schen Diskursmaschinerie angesichts einer autistischen Diktatur, konfrontiert mit tatsächlicher Repression, also außerhalb der selbstgenügsamen akademischen Diskursgemeinschaft. Und was an Sprengkraft sich darin vielleicht bewahrt haben mag, hat in den persischen Übersetzern seine Meister gefunden. Nichts mehr am persischen Habermas interferiert nun noch ernsthaft mit dem System, es dient ihm nur: Iran hat Habermas eingeladen, den entschieden anti-totalitären Denker, es hat alles, was er gesagt hat, dokumentiert und veröffentlicht. Kann das ein totalitärer Staat sein, gehört solch ein Land zur Achse des Bösen gerechnet? Und so vernebeln sich auch unsere Köpfe zu guter Letzt, voller Hoffnung halten wir fest am Dialog mit einem totalitären, der eigenen Bevölkerung verhassten Regime und schimpfen auf die Amerikaner, die diesem Regime den Kampf ansagen. Die Zeitungen indessen, in denen man Ende der neunziger Jahre echte Systemkritik zu lesen bekam, sind mittlerweile alle aus den Kiosken verschwunden, ihre Macher verhaftet oder mit Berufsverbot belegt.

Wäre es möglich, dass gerade die spezifisch deutsche Milde mit Diktatoren, die spezifisch deutsche Anfälligkeit für die Vernebelung des Totalitarismus der anderen in einer tiefen, unbewussten Erinnerung an das eigene Erdulden solcher Regimes und die damit einhergehenden Demütigungen wurzelt? Anders als für Amerika ist für uns die Diktatur das schlechthin andere nicht, sie ist vielmehr das Ei, aus dem wir geschlüpft sind. An die jämmerlichen Versuche, uns darin einzurichten, ja darin zu denken, können wir uns noch erinnern, und ohne mit dem System zu sympathisieren, glauben wir zu verstehen, was die Menschen darin umtreibt. Uns sind ihre Zwänge vertraut, ihnen zuliebe sind wir bereit, Kompromisse zu schließen. Wir begegnen uns selbst in Iran oder bilden es uns wenigstens ein. Dass aber zwischen uns und den unschuldigen Iranern, die wir eigentlich meinen, immer das System steht, können wir kaum verstehen. Anders als viele Deutsche, die auch nach zwölf Jahren noch an Hitler glaubten, glauben fünfundzwanzig Jahre nach der Revolution die Iraner nicht mehr an ihre Führer.

Unterdessen versuchen sie auf ihre Weise, die Grenzen des ideologiefreien Raums Stück für Stück auszudehnen. Hier sind erstaunliche Freiheiten möglich, solange die eigentliche Symbolik nicht angetastet wird. Nicht dass das Kopftuch das Haar verdeckt, ist wichtig. Das Kopftuch darf bis auf den Hinterkopf zurückrutschen, es kann, probates Mittel des Flirts, immer mal wieder gänzlich gelüftet werden – unter dem Vorwand, es danach um so korrekter zurecht zu rücken. Wichtig ist nur, dass das Kopftuch überhaupt getragen wird und als solches den Islam und die Gesetze des Re-

gimes symbolisiert. Man darf Alkohol trinken, Musik hören, tanzen, solange es im Privaten geschieht, kümmert es niemanden. In der Öffentlichkeit aber ist es ein Verbrechen, das an Hochverrat grenzt. Das Regime ist genügsam, es kennt die Ökonomie der Macht und verlangt Überflüssiges von seinen Untertanen nicht. Wenn dann sogar in der Öffentlichkeit eine gewisse Gelassenheit einkehrt und die jungen Revolutionswächter, die gelegentlich durch die gepflegten Teheraner Parks streifen, lieber selber flirten als die Mädchen an die Kleidervorschriften zu erinnern, entsteht fast schon der Eindruck von Weltoffenheit. Lässt sich mit solch einem Regime nicht verhandeln?

Doch, es lässt sich, sogar mit Erfolg. Die iranische Polizei ist neuerdings komplett mit den neuesten Mercedes-Modellen ausgerüstet. Dagegen ist nichts einzuwenden. Aber einen Dialog der Zivilisationen hätten wir dafür nicht gebraucht. Von den Japanern, denen man überall in den besseren Teheraner Hotels begegnet, könnten wir in dieser Hinsicht einiges lernen. Sie verzichten auf den kompromittierenden Umweg des Dialogs, lassen ihre Intellektuellen zu Hause, schicken aber dafür ihre Geschäftsleute umso zahlreicher an die Front. Gegen Sonnenuntergang, nach erfolgreich abgeschlossenem Geschäft, trifft man sie auf den Golfplätzen im hügligen Norden Teherans. Der Blick hinab auf die riesige Stadt in der abendlichen Dämmerung ist herrlich. Es ist sehr schön in Iran, wenn man das Regime und seine Opfer so einfach vergessen kann.

II.

Die Ruhe vor dem Sturm erlebt man in Teheran zum Sommeranfang fast täglich. Den ganzen Tag ist es heiß, gegen Nachmittag wird es diesig, es bildet sich eine Wolkendecke und eine drückende Schwüle lastet über der Stadt. Dann kommt der Wind. Zunächst sind es nur ein paar Böen, sie fegen einem den Staub in die Augen. Mit einem Mal verdunkelt sich der Himmel, schwere Regentropfen platzen auf den Asphalt und es stürmt. Kaum jemand ist auf der Straße. Das geht so eine Stunde vielleicht. Dann legt sich der Wind, der Regen wird eine Erinnerung, und während der Himmel aufklart, stellt man fest, dass es schon lange gedämmert hat. Die Nacht wird so lau und sternenklar und voller Menschen sein wie alle Nächte zuvor. Ein Narr, wer aufgrund des kleinen allabendlichen Unwetters Pullover und Regenschirm mitführen würde. Ein Narr, wer aufgrund der Studentenproteste in Iran mit einem schnellen Wandel rechnet.

Während der Schlachtruf »Tod Amerika« immer noch die Propagandaveranstaltungen des Regimes ziert, haben sich in einer Umfrage siebzig Prozent der Iraner zu ihren Sympathien für Amerika bekannt. Der Grund dafür ist nicht, dass die USA in Iran besonders segensreich wirken. Vielmehr ist die Sympathie für die USA zunächst nur eine unspezifische Form der Opposition gegen das Regime. Sind die USA aber einmal als das positive Gegenbild zum Regime etabliert, bleibt es nicht aus, dass gerade die jungen Leute sich auch inhaltlich an den USA orientieren. Die vor allem in Kalifornien blühende Popkultur der Iraner im Exil ist – eben in Ermangelung einer eigenen Popkultur – schon jetzt die Popkultur auch der jungen Iraner in Iran. Das iranische Privatfernsehen hat seinen Sitz in Form von Satellitensendern in den USA und ist fast konkurrenzlos, da kaum jemand, der bei Sinnen ist, das iranische Staatsfernsehen einschaltet. Schließlich ist der einzige wirklich freie öffentliche Raum, der den Iranern zur Verfügung steht, mehrheitlich ebenfalls amerikanischer Provenienz, nämlich in Gestalt von Chatrooms im Internet. Es ist daher nicht nur Propaganda, wenn iranische Offizielle zur Erklärung der jüngsten Proteste behaupten, diese seien von den USA gesteuert. Hieße es, aus den USA oder von Iranern über den Umweg der USA, wäre der tatsächliche Sachverhalt ziemlich richtig beschrieben.

Ein unbefangener Besucher wird in Iran auf den ersten Blick nichts von der explosiven Mischung spüren, die in den Köpfen der Menschen zur Entladung drängt. Teheran präsentiert sich friedlich, und anders als etwa in Kairo sieht man nicht an jeder Straßen-

ecke Uniformierte mit Kalaschnikows. Mit den großartigen Parks der Stadt, die offensichtlich als Prestigeobjekte gelten, können die heruntergekommenen öffentlichen Grünanlagen in deutschen Städten schon lange nicht mehr konkurrieren. Selbst die unübersehbaren Warntafeln, Drogensüchtige mögen wegen der Aidsgefahr bitte nicht dieselben Spritzen benutzen, wecken eher Erinnerungen an die Schweiz als an ein Land vor der Zerreißprobe.

Auch die kilometerlange, gartenähnliche Uferpromenade auf beiden Seiten des Flusses Zayanderud in Isfahan mit ihren frisch renovierten historischen Brücken aus dem 16. Jahrhundert dürfte weltweit einzigartig sein. Abends picknicken hier die Familien, flanieren die Jugendlichen, treffen sich die Pärchen. In den Cafés, nach Art von Hausbooten in den Fluss ragend, auf den flach auslaufenden Pfeilern der alten Brücken sich ausdehnend, brodelt das Leben. Risse offenbart das Bild nur, wenn man mit Leuten ins Gespräch kommt.

Das geschieht, ehe man sich versieht. Während ich an einem schönen Maiabend die Isfahaner Brücken fotografiere, werde ich mit einem unüberhörbaren »Hello, how are you?« von Hamaseh angesprochen. Von Teppichhändlern ist man diese Art der Anmache gewohnt, nicht aber von einer bildhübschen jungen Perserin. Einen Moment lang bin ich perplex: Was will die? Ich finde es schnell heraus: Hamaseh will reden. Ohne Umschweife erzählt sie dem staunenden Gast aus Deutschland, dass sie 25 sei und endlich, endlich einen Mann über das Internet kennen gelernt hätte. Sie haben sich schon drei oder vier Mal getroffen, aber die Eltern sind gegen diese Verbindung, weil der Mann vier Jahre jünger sei. Ob ich glaube, dass so eine Beziehung funktionieren könne? Sie hätten ja keine Gelegenheit, sich wirklich kennen zu lernen. Allerdings gebe es noch andere Probleme. Der Freund sei nämlich noch nicht mit dem Studium fertig und müsse danach erstmal zwei Jahre Militärdienst ableisten. Außerdem habe er nicht viel Geld, so dass sie, die bisher als Englischlehrerin in einem der zahlreichen Sprachlehrinstitute arbeitet, ein eigenes Institut aufmachen wolle, in dem dann, in drei Jahren und nach dem Militärdienst, auch ihr Freund arbeiten könne.

Es sei die herrschende politische Ordnung, welche verhindere, dass sie so leben könne, wie es ihr vorschwebe. Als Frau dürfe sie zum Beispiel keine Firma gründen, daher sei sie von ihrem Bruder abhängig. Jedenfalls spare sie jetzt schon einmal und hoffe, dass sie ihre Eltern und ihren Bruder noch überzeugen könne, denn sie wolle nicht gegen deren Willen handeln. Gleichwohl sei diese Verbindung ihre einzige Hoffnung. Viele ihrer Bekannten, sagt sie, hätten dieselben Probleme, aber niemand traue sich, darüber zu sprechen. Meiner Frage, ob sie keine Freundin habe, mit der sie sich darüber austauschen kann, weicht Hamaseh aus. Es ist klar, sie hat keine. Deswegen redet sie mit mir. Der Ausländer verschwindet, hinterlässt keine Spuren, erzählt nichts weiter. Um sich dennoch gegen böswilligen Klatsch abzusichern, telefoniert sie jede halbe Stunde mit ihrer Mutter, um ihr zu sagen, an welcher Brücke sie gerade mit dem Ausländer steht. Wäre sie mit einem Iraner unterwegs, müssten die Eltern fürchten, es bahne sich ein Verhältnis an.

Hamaseh, das merkt man schnell, ist eigentlich zutiefst unpolitisch. Ihre Sorgen sind emotionaler und beruflicher Natur. Weil sich der Staat aber stark in das Privatleben einmischt, sucht auch sie die Schuld beim politischen System. So wird ein unerfülltes Privatleben auf einmal zum Ferment des politischen Widerstands. Dies könnte sich auf Dauer als viel größere Gefahr für das Regime erweisen als die Proteste, die von originär politischen Fragen ausgehen. Die Unterdrückung der Sexualität, über die alle jungen Leute in Iran mit verblüffender Offenheit klagen, betrifft mehr Menschen und sie betrifft sie tiefer als die grassierende Inflation.

Die Ironie liegt nun aber darin, dass auch ohne das Regime der Mullahs in einer traditionellen Gesellschaft wie der iranischen die Repression individueller Lebensgestaltung an der Tagesordnung wäre. Richtig besehen hat Hamaseh daher mehr Probleme mit ihren Eltern als mit dem System, aber da sich das System den Traditionalismus auf die Fahnen geschrieben hat, wird es auch dafür verantwortlich gemacht. So fördert die herrschende Ideologie einen Abscheu gegen genau diejenigen Werte und Traditionen, die sie verteidigen will. Und aus demselben Grund ist auch die Sympathie für die USA nicht wirklich politisch. Kaum ein Iraner ist so naiv zu glauben, dass die Amerikaner Saddam gestürzt haben, um den Irakern die Demokratie zu bringen. Aber trotzdem lernen alle Englisch, wollen alle in Amerika studieren, und manche wünschen sich sogar einen Militärschlag der USA gegen das Regime. Praktisch ohne eigenes Zutun, allein dank der anti-amerikanischen Rhetorik, verkörpern die USA in Iran den Traum vom richtigen Leben im falschen.

(2003)

Islamische Aufklärung: Die »Kritik der arabischen Vernunft« des Marokkaners Mohammed Abed Al-Jabri

Habermas, Sloterdijk oder Gadamer sind in der arabischen Welt keine Unbekannten, aber wenn wir in Europa arabische Philosophie sagen, meinen wir das Mittelalter. Die zeitgenössischen arabischen Denker werden, von ganz wenigen Ausnahmen abgesehen, nicht übersetzt und fristen trotz der Neuentdeckung alles Islamischen nach 2001 sogar an den islamwissenschaftlichen Fakultäten ein Nischendasein. Dass angesichts dieser Wissenslücke Aufklärung und Islam als unvereinbar gelten, versteht sich. Die ursprünglich für ein französisches Publikum erstellte Einführung in die *Kritik der arabischen Vernunft*[30] des Marokkaners Mohammed Abed Al-Jabri (1935–2010) hat das Zeug, unsere Vorurteile gegen den Strich zu bürsten.

Al-Jabris Kritik an der Tradition geht von der verblüffenden Erkenntnis aus, dass in der arabisch-islamischen Kultur die Texte ihre Leser lesen, nicht umgekehrt. »Betrachten wir zum Beispiel das Verhältnis des arabischen Lesers zur arabischen Sprache [...]: Diese Sprache, die über mehr als vierzehn Jahrhunderte unverändert blieb, prägt die Kultur und das Denken, ohne wiederum von ihr geprägt zu werden. Die Sprache absorbiert den Leser, da sie einen sakralen Einfluss auf ihn ausübt und zu seinen Tabus gehört.«

Die uns selbstverständliche Trennung von Subjekt und Objekt ist nach Al-Jabri in der Begegnung mit der religiösen Überlieferung für die meisten arabischen Leser außer Kraft gesetzt. Ein Beispiel

30 Mohammed Abed Al-Jabri, *Kritik der arabischen Vernunft. Die Einführung,* aus dem Französischen von Vincent von Wroblewsky und Sarah Dornhof, Berlin 2009. Aus diesem Band stammen auch die Zitate.

ist der auswendig gelernte, aber unverstandene Korantext, wie er in den Koranschulen oder in den religiösen Lehranstalten vermittelt wird. Der Leser hat keinerlei Autonomie gegenüber dem eingetrichterten Textverständnis, er wird sein Objekt. Diese kulturelle Grundkonstellation setzt sich fort im Studium des Hadith, der als normativ geltenden Aussprüche des Propheten Mohammed, sowie der daraus entstandenen islamischen Rechtsschulen. Neues juristisches Wissen kann nur durch Analogieschlüsse generiert werden. Da alle Analogieschlüsse auf die Urtexte zurückgehen, bleibt das derart gewonnene Wissen zwar religiös fundiert, ist jedoch im selben Moment willkürlich und beschränkt – eine Auffassung, der neuerdings Thomas Bauer vehement widersprochen hat [S. 156]. Stimmt es also, dass die islamische Kultur keine nennenswerten aufklärerischen Tendenzen kennt?

Nach Al-Jabri ist diese heute im rückwärtsgewandten sunnitischen Mainstream beheimatete Wissenskultur nur eine von drei die arabisch-islamische Welt im Mittelalter prägenden Denkstrukturen gewesen. Die anderen sind die mystische Tradition und die aristotelische Rationalität. Die mystische, deren Einfluss Al-Jabri für ebenso verderblich hält wie die traditionalistische, neigt zu einer irrationalen Innerlichkeit, wurzelt nach Al-Jabri in der alten iranischen Gnosis und wurde in der islamischen Geschichte meistens durch die Schiiten repräsentiert (eine umstrittene, recht einseitige Deutung des Sufismus); die rationale Tradition, auf die Al-Jabri sich berufen möchte, war, nach einer Blütezeit im Bagdad des neunten Jahrhunderts, vor allem im Westen der arabischen Welt beheimatet, in Nordafrika und Andalusien. Ihr bekanntester Exponent ist der 1198 verstorbene Averroes gewesen. Diese rationale Strömung erkennt ebenso wie die mystische die Autorität der religiösen Tradition an, weist sie jedoch in ihre Grenzen. So rettet Averroes etwa den Kausalitätsbegriff vor dem religiösen Dogma absoluter Kontingenz, der Erschaffung jedes einzelnen Aktes durch Gott: »Im Denken Averroes',« schreibt Al-Jabri, »ist kein Platz für zufällige Ereignisse. Alles ist durch Ursache-Wirkungs-

Beziehungen miteinander verbunden. Die Freiheit selbst ist in diesem kausalen Netz eingeschlossen. Immer wenn der Mensch die wahren Ursachen kennt, wird er fähig, sein Begehren, seinen Willen zu erfüllen, und darin besteht seine Freiheit.«

Auch im Bereich der Rechtswissenschaft ist Averroes derjenigen Schule zuzurechnen, die menschlichem Erwägen einen großen Spielraum einräumt. In dieser Sicht ist die Scharia, das islamische Recht, in ständiger Entwicklung begriffen und beschränkt sich nicht auf den Koran oder die überlieferten Sprüche des Propheten.

Dem Historiker dürfte dieses dreiteilige, von Al-Jabri durch die Epochen der arabischen Geschichte nachgezeichnete Schema unterschiedlicher Wissensproduktionen forciert anmuten. Es gelingt ihm damit jedoch, die unübersichtliche arabische Geistesgeschichte auf schlüssige und inspirierende Weise neu lesbar zu machen. Al-Jabri zeigt auf, wie die arabische Kultur mit dem Untergang Andalusiens vom Weg zu einer eigenen Aufklärung abgekommen ist und wo sie, wenn sie eine genuine, nicht vom Westen importierte Rationalität entwickeln wollte, wieder anzuknüpfen hätte. Die Pointe liegt darin, dass laut Al-Jabri ausgerechnet das christliche Europa das rationalistische Erbe von Averroes angetreten und vollendet hat: »In der Tat haben wir Araber nach Averroes am Rande der Geschichte gelebt. Die Europäer lebten ihrerseits die Geschichte, aus der wir herausgetreten waren, weil sie es verstanden, sich Averroes anzueignen und bis zum heutigen Tag den averroistischen Moment zu leben.«

Ob dies zutrifft oder nicht, im Rahmen von Al-Jabris Projekt einer arabischen Aufklärung kann so die abendländische Philosophietradition als ursprünglich arabische wieder salonfähig gemacht werden, ohne dass dies als Verwestlichung aufgefasst werden müsste. Es ist ein inspirierendes Beispiel für die aufklärerische arabische Selbstkritik, die von den westlichen Islamkritikern immer wieder gefordert wird.

Bildersturm im Wasserglas. Die Hintergründe der islamischen Haltung zum Bild

Eine der muslimischen Gretchenfragen lautet: Wie hast du's mit der Bildlichkeit? Natürlich ist die Antwort wie meistens bei Gretchenfragen viel komplizierter, als man zunächst erwartet. Hält man die Sachlagen gegen einander, schwirrt einem der Kopf: Auf der einen Seite ein bilderstürmender, von fanatischen Demagogen aufgewiegelter und vor allen Kameras posierender Mob; auf der anderen der Louvre in Abu Dhabi. Auf der einen Seite die Zerstörung der Buddhas von Bamian, auf der anderen Seite die Tatsache, dass sich tausend Jahre lang in dieser Kernregion des Islams offenbar niemand daran gestört hat. Auf der einen Seite die felsenfeste Überzeugung vieler Muslime, Mohammed dürfe nicht gezeichnet werden und sei auch nie von Muslimen gezeichnet worden. Auf der anderen Seite der Gegenbeweis in den berauschenden Ausstellungen islamischer Miniaturmalerei der letzten Jahre, etwa »Hunt for Paradise – Court Arts of Safavid Iran« am Asia Society Museum in New York oder »The Legacy of Genghis Khan« am Metropolitan Museum.

Dass ein Gläubiger die zeichnerische Verunglimpfung seiner Religion nicht schätzen wird, ja darauf mit Wut reagieren kann, sollte auch ohne Hintergrundkenntnisse nachvollziehbar sein. Wirklich problematisch wird die Sache erst dadurch, dass die Unklarheit der Regelungen im Islam eine rationale Diskussion über Fragen der Bildlichkeit verhindert und zur Folge hat, dass jeder behauptet, was ihm gerade gefällt. Dass die Publikationen der Islamwissenschaftler an dieser Sachlage etwas ändern, wagen wir nicht zu hoffen. Aber für jeden, gleich ob Muslim oder nicht, der sich mit der Problematik ernsthaft und sachgemäß auseinandersetzen will, bieten sie wichtige Orientierungshilfen.

Will man nicht mit einer Großtheorie zur islamischen Bildlichkeit aufwarten, sondern geht *ad fontes,* direkt in die islamischen Quellen, besteht das erste wichtige Resultat darin, mit der von der älteren Orientalistik aufgebrachten, mittlerweile unser aller (auch der Muslime) Blick auf den Islam beherrschenden Meinung aufzuräumen, es gebe so etwas wie eine »semitische Abneigung« gegen das Bild. Es gibt sie, zumal in dieser potenziell rassistischen Formulierung, natürlich nicht. Was den Islam in ikonologischer Hinsicht vom Christentum unterscheidet, ist die Ablehnung der Verwendung von Bildern als Kultgegenständen. Wer dem Islam Bildfeindlichkeit vorwirft, setzt daher nur den aus der eigenen religiösen Praxis vertrauten Umgang mit Bildern unhinterfragt als selbstverständlich voraus.

Der von der dänischen Zeitung *Jyllandsposten* losgetretene Karikaturenstreit hat nichts mit der angeblichen Bilderfeindlichkeit von Muslimen zu tun, sondern liegt in dem eindeutig beleidigenden Charakter der Karikaturen begründet. Bilder des Propheten und anderer islamischer Heiliger gab und gibt es im Islam zu vielen Zeiten und in vielen Regionen sehr wohl. Jedem, der den Iran bereist hat, werden die unserem Pop-Jesus ähnelnden, von fliegenden Händlern angebotenen Bilder von Ali und Hussain, den von den iranischen Schiiten besonders verehrten Verwandten des Propheten, aufgefallen sein. In der klassischen Miniaturmalerei gibt es zahlreiche Bilder, die den Propheten während seiner Himmelsreise auf dem Buraq zeigen, seinem fliegenden Reittier – meist, aber eben nicht immer, ohne Gesicht oder mit Schleier gemalt.

Sogar ein Gelehrter der konservativen ägyptischen Religionshochschule Azhar kann, wenn ein entsprechender Kontext gegeben ist, für die bildliche, ja sogar plastische Darstellung des Propheten plädieren. So ist es geschehen, als amerikanischen Muslimen 1997 aufgefallen ist, dass unter den achtzehn Gesetzgebern, die seit 1935 das Fries des Höchsten Gerichts in Washington zieren, auch Mohammed figuriert. Hatte der Council on American-Islamic Relations daran zunächst Anstoß genommen, plädierte der Azhar-Gelehrte Dschabir al-Alwani in einer Fatwa für den Erhalt, denn schließlich gereiche die Darstellung Mohammeds in diesem Fall dem Islam zur Ehre. Sie blieb folglich erhalten.

Betrachtet man die islamischen Quellen, fällt vor allem auf, dass Bilder, geschweige denn ein Bilderverbot, überhaupt nicht eigens thematisiert werden. Im Koran ebenso wie in den prophetischen Überlieferungen, dem Hadith, ist nur am Rande davon die Rede. So gelten etwa die heidnisch-arabischen »Opfersteine« als verpönt, und es wird gesagt, dass Engel kein Haus beträten, in dem sich ein Hund oder eine bildliche Darstellung befänden. Als Aischa, die Lieblingsfrau des Propheten, laut einem Hadith [S. 133] Vorhänge mit Darstellungen von Lebewesen aufgehängt habe, forderte der Prophet sie auf, diese abzuhängen. Sie könne aus dem Stoff aber Kissenbezüge machen. Die Rechtsgelehrten deuteten dies dahingehend, dass alles, worauf man sitzt oder tritt, figürliche Darstellungen enthalten dürfe.

Was die Malerei betrifft ist gemäß den alten Rechtsgelehrten die Darstellung von Lebewesen verpönt, weil darin die Anmaßung liegt, den Schöpfungsakt nachzuahmen. Man kann eine solche Darstellung unwirksam machen, indem man etwa den Kopf ausradiert oder zerschlägt. In Kappadokien zum Beispiel sind deshalb oft die Gesichter der christlichen Heiligenfiguren in den Kirchen verstümmelt. Dennoch wird die Bildproblematik in den alten islamischen Quellen immer nur nebenbei behandelt, eigene Traktate dazu existieren nicht.

Mit der zunehmenden Verbreitung des Papiers kam um die Jahrtausendwende vor allem im ostislamischen Raum die Buchmalerei auf, die zwischen dem 13. und dem 17. Jahrhundert zu ihrer großen Blüte gelangte. Vor allem die persischen Heldenepen wie das *Schahname* waren Gegenstand der Miniaturmalerei. Man muss im wahrsten Sinne des Wortes mit eigenen Augen sehen, was die muslimischen Maler vermocht haben, und besorge sich, wenn man nicht gleich in eine Ausstellung gehen kann, zum Beispiel einen der Kataloge der oben erwähnten Ausstellungen.

Das Wunder dieser Kunst kann freilich durch den nüchternen wissenschaftlichen Zugang von Silvia Naef in ihrem empfehlenswerten Buch zur islamischen Bildproblematik kaum erklärt werden[31]. Schwer nachzuvollziehen ist auch, warum das Phänomen der vornehmlich in Iran, im Mogulreich und im Osmanischen Reich praktizierten Miniaturmalerei kaum in das kulturelle Gedächtnis der Muslime insgesamt, und vor allem der Araber, eingegangen ist. Es könnte in der Tatsache begründet liegen, dass höfische Buchmalerei, anders als im Abendland die künstlerische Ausgestaltung von Kirchen, die einer breiten Öffentlichkeit zugänglich sind, immer nur von einer zahlenmäßig geringen, meist höfischen Elite wahrgenommen wurde.

Diese Bilderknappheit in den islamischen Gebieten endete spätestens mit dem Aufkommen der Fotografie. Sie war es, die das Porträt, übrigens gerade auch das gemalte, in der islamischen Welt durchsetzte. Keine religiöse Vorschrift konnte im 20. Jahrhundert dem Siegeszug von Foto und Film einen Riegel vorschieben. Tabu bleibt jedoch nach wie vor die Darstellung von Mohammed im Bild wie im Film. Es scheint, als sei dieses Tabu der kleinste und damit auch letzte gemeinsame Nenner der in den verschiedensten Rechtsschulen und Glaubensrichtungen zersplitterten islamischen Gelehrten. Die ansonsten in weiten Teilen fiktive Einigkeit und Einsinnigkeit des Islams kann hier und wahrscheinlich nur hier noch einmal in Szene gesetzt werden. Dass sich die Gralshüter dieses imaginären Einheitsislams eine solche Gelegenheit nicht entgehen lassen, versteht sich. Warum vereinzelte Provokateure in westlichen Zeitungen ihnen diese Gelegenheit unbedingt bieten müssen, versteht sich nicht.

Der Bilderstreit, so darf man feststellen, wird unter Missachtung der Quellenlage und der guten Sitten auf beiden Seiten für einen Kampf instrumentalisiert, in dem es um Deutungshoheit, Diskursmacht und letztlich um die Polarisierung großer Menschenmassen für die Durchsetzung von Interessen geht, die mit der ursprünglichen Frage nach dem Bild nichts mehr zu tun haben.

31 Silvia Naef, *Bilder und Bilderverbot im Islam*, München 2007.

Der Hilfsbuchhalter Allahs. Die berühmt-berüchtigten Prophetenüberlieferungen al-Nawawis

Wenn die gewissenhaften und zugleich kauzigen Charakterzüge des deutschen Verlagswesens mit denen unserer Philologie zusammenfallen, kann es zu wunderlichen Ereignissen kommen. Die Verbindung des Verlags der Weltreligionen, dem religionswissenschaftlichen Ableger des Suhrkamp Verlags, mit der deutschen Islamwissenschaft scheint eine solch wunderliche Konstellation zu sein. Aber dass meine Überraschung derart groß sein würde, als ich den ersten Islamband dieser Reihe in der Hand hielt, hätte ich nicht erwartet! Was um Allahs Willen ist da passiert? Handelt es sich bei diesem Buch nicht, wie der Titel doch anzeigt, um die *Vierzig Hadithe* des Damaszener Religionsgelehrten al-Nawawi aus dem dreizehnten Jahrhundert? Handelt es sich nicht um genau dasselbe Werk, das ich 1991 während meines Studienjahrs in Damaskus in einem der religiösen Buchläden in der Nähe der Omayyadenmoschee in Damaskus für einen Gegenwert von sieben oder acht Pfennigen erstanden habe? Ein Heftchen eher als ein Buch, im Reclam-Format, mit einem Umfang von kaum mehr als fünfzig Seiten? O Wunder der deutschen Philologie, o Wunder des deutschen Verlagswesens! Ungläubig kramen wir das arabische Pendant aus den Tiefen unserer Bibliothek, schütteln den Staub ab, überprüfen noch einmal die Seitenzahl, die Vollständigkeit, und legen es vor uns auf den Schreibtisch. Ungläubig deponieren wir die mühevoll aus der Plastikverschweißung gepellte deutsche Übersetzung daneben.[32] Sie ist nicht nur in Dünndruck, Leinen, Fadenheftung und mit Lesebändchen ungleich schöner, so schön, dass es noch den ehrgeizigsten islamischen Buchdrucker beschämen müsste. Nein, sie ist auch dicker, viel dicker. Um genau zu sein, sechzehn Mal so dick!

32 Al-Nawawi, *Das Buch der Vierzig Hadithe. Kitab ʿal-Arbaʿin,* aus dem Arabischen übersetzt und herausgegeben von Marco Schöller, Frankfurt 2007.

Die Frage, ob das nötig ist, schieben wir bis zum Ende auf. Stellen wir zunächst fest: Endlich einmal ein seriöses Buch mit Hadithen, über die Hadithtradition. Sonst findet man Hadithliteratur auf Deutsch fast nur in Publikationen für deutsche Konvertiten. Der Nichtmuslim und Nichtislamwissenschaftler weiß über diese Literatur dagegen wenig bis nichts (es geht mangels empfehlenswerter Publikationen auch gar nicht anders), obwohl sie für das, was den Islam bis heute ausmacht, genauso zentral, ja fast wirkmächtiger ist als der Koran. Hadith ist der Sammelbegriff für die überlieferten Aussprüche und das beispielgebende Wirken des Propheten Mohammed. Es handelt sich um Kürzestgeschichten, Anekdoten, Dialoge und Aphorismen.

Seit dem achten Jahrhundert hat sich bei den muslimischen Gelehrten eine bis heute lebendige Hadithwissenschaft herausgebildet, die sich die Überprüfung und korrekte Weitergabe dieser Überlieferungen zur Aufgabe gemacht hat. Neben dem Koran, der nur eine recht begrenzte Anzahl rechtlicher Regelungen enthält, ist das Hadith die wichtigste Textbasis für das islamische Recht und die islamische Ethik. Während die westliche Islamwissenschaft die meisten einzelnen Hadithe für nicht-authentisch hält, steht für einen gläubigen Muslim die Echtheit der kanonischen Hadithsammlungen außer Frage. Ein echtes Hadith gilt daher als unanfechtbare Autorität. In seinem Kommentar zum einundvierzigsten Hadith – das *Buch der Vierzig Hadithe* enthält in Wahrheit zweiundvierzig – spricht al-Nawawi es aus: »Als ob irgend jemand ein gutes Argument gegen den Gottgesandten – Gott segne ihn und spende ihm Heil! – haben könnte!« Damit ist ein Axiom gesetzt, das die erstaunliche Kohärenz des Islams, aber eben auch seine heutige Problematik begründet. Weil der Prophet unantastbar ist, gelten die Aussagen der ›echten‹ Hadithe absolut. Allenfalls lassen sie einen gewissen Interpretationsspielraum.

Nun gibt es jedoch selbst von den echten Hadithen so viele, dass man dieser Wissenschaft sein Leben widmen muss, will man sie annähernd überblicken. Für den Hausgebrauch haben sich nach Art eines kleinen Katechismus daher Kurz- und Kürzestsammlungen herausgebildet. Die berühmteste und am weitesten verbreitete ist die von al-Nawawi (1233–1277) zusammengestellte und kommentierte. Die vorliegende Ausgabe enthält außer dem Kommentar von al-Nawawi den noch bekannteren des eine Generation älteren ägyptischen Gelehrten Ibn Daqiq al-Id.

Was diese kommentierte Hadithsammlung so bedeutend macht, ist weder ihre Originalität noch ein eigenständiger literarischer oder philosophischer Wert, sondern schlicht ihre Verbreitung. Um die Größe und Schönheit islamischer Kultur und islamischen Denkens zu erfahren, müssen wir al-Nawawi nicht lesen. Wenn wir aber wissen wollen, worauf sich ein gläubiger Muslim, gleich ob Araber oder nicht, beruft und womit sich muslimisches Denken heute auseinanderzusetzen hat, führt an al-Nawawi kein Weg vorbei. Und ich gestehe, ich bin geneigt zu sagen: leider!

Wie verheerend die Wirkung eines solchen Büchleins sein kann, wenn es zu einem Preis von acht Pfennigen in die Hände von Millionen nur rudimentär Gebildeter gelangt, erfahren wir gegenwärtig. Mit den von al-Nawawi gesammelten Hadithen kann man vieles Gute im Islam begründen, gewiss. Aber genauso leicht fast alles Schlechte: Den Softie-Islam ebenso wie den blutrünstigsten Islamismus. Als Paradebeispiel bietet sich das achtzehnte Hadith an, es lautet: »Das Blut eines Muslims ist nicht erlaubt (d. h. darf nicht vergossen werden), außer in einem von drei Fällen: bei einem verheirateten Ehebrecher; bei einem, dessen Seele für eine (andere) Seele einstehen muss (d. h. bei einem Mörder); und bei einem, der seine Religion verlassen, der sich von der Gemeinschaft getrennt hat.«

Der Kommentar des Herausgebers weist konziliant darauf hin, dass in der turbulenten Zeit al-Nawawis, als ein Menschenleben nur wenig galt, ein solches Hadith eine durchaus humane Botschaft enthielt, nämlich dass das Töten nur unter sehr bestimmten Umständen erlaubt sei. Aber welcher Gläubige, zumal unter den gering Gebildeten, deutet einen solchen Text vor seinem zeitgeschichtlichen Hintergrund? Schließlich hat der Prophet es höchstpersönlich so dekretiert, und da »niemand ein gutes Argument gegen ihn haben kann«, wie wir im Kommentar zum einundvierzigsten Hadith gelernt haben, lässt sich das achtzehnte Hadith von jedem, der will, als Freibrief für eine nach heutigem Verständnis barbarische Gesetzgebung lesen, die jeden Ehebruch mit dem Tod bestraft und ebenso jeden, der von seiner Religion abfällt.

Im Kommentar von Ibn Daqiq nimmt die Bandbreite der möglichen Deutungen dieses Hadith noch erschreckendere Ausmaße an. Der Apostasie macht sich nämlich laut Ibn Al-Daqiq nicht nur der schuldig, der lautstark seinen Austritt aus dem Islam erklärt, sondern »die Gelehrten sagen: Dies bezieht sich auch auf jeden, der aus der Gemeinschaft austritt, indem er eine ›Neuerung‹ aufbringt oder rebelliert oder noch etwas anderes tut.« Damit aber wird es zum Kinderspiel, jeden, der nicht einen radikal traditionsgläubigen Islam lebt, zum Rebellen und damit zum Apostaten zu erklären. Tatsächlich rechtfertigen die radikalen Islamistengruppen etwa in Algerien oder im Irak so den massenhaften Mord an ihren Glaubensbrüdern. Ibn Daqiq selbst spricht sich zwar dagegen aus, dass schon die Unterlassung des Gebets als Apostasie gelte und damit als Tötungsgrund ausreiche (diejenigen, die nicht beten, sind seiner Meinung nach ›nur‹ zu bekämpfen), aber laut dem deutschen Herausgeber und Übersetzer gibt es dazu leider »Meinungsverschiedenheit quer durch die verschiedenen Rechtstraditionen«.

An solchen Stellen wird klar, wie vertrackt die notwendige Modernisierung des Islams ist. »Ein gutes Argument gegen den Gottgesandten« wird auch ein heutiger Rechtsgelehrter schwerlich zur Hand haben. Die Verbreitung solcher Hadithe ist zu groß, um sie einfach zu übergehen, und gegen eine fortschrittliche Interpretation spricht zum einen der schiere Wortlaut, zum anderen die fundamentalistische Propaganda, die gegen jede Neuerung anbrüllt.

Zum Glück ist die Hadith-Sammlung al-Nawawis nicht nur vor dem Hintergrund der gegenwärtigen Islamproblematik aufschlussreich. Bei etlichen Aussagen des Textes handelt es sich weniger um Handlungs- als um Gewissensethik. Wenn die Erfüllung der Grundpflichten des Muslims angemahnt wird, geschieht dies nicht, ohne die Augendienerei der Frömmler zu verdammen. Ein Muslim soll Gutes tun, aber er darf sich nicht einbilden, er habe sein Schicksal und seinen Lohn im Jenseits in der Hand. Alles ist bei Gott immer schon aufgezeichnet: »Die Schreibrohre wurden bereits angehoben, und die Seiten sind schon getrocknet.«

Auch der kategorische Imperativ findet sich im dreizehnten Hadith vorgebildet: »Keiner von euch ist gläubig, solange er nicht für seinen Bruder wünscht, war er für sich selber wünscht.« Von einem gesunden Kaufmannsgeist zeugt hingegen die Einschränkung, mit der Ibn Daqiq diesen Satz versieht: »Dies kann nur dadurch erreicht werden, indem man dem Bruder wünscht, er möge das gleiche erlangen bei Dingen, bei welchen man mit ihm nicht in Konkurrenz steht.«

Auch bei der Frage, welche Taten im Diesseits wie im Jenseits angerechnet werden, geraten die Schreibrohre in heftige Zuckungen. Am Ende hilft nur die Potenzrechnung, etwa wenn einer einem Bedürftigen einen Dirham Almosen gibt, der dann diesen an einen noch Ärmeren weitergibt, und so fort: »Die Summe vervielfacht sich also ins Unermessliche.« Bedenkt man jetzt, dass laut dem fünfundzwanzigsten Hadith auch das »Beiwohnen«, vulgo der Geschlechtsverkehr, als »ein Almosen« gilt, darf man spätestens hier endlich auch einmal lachen.

Gleichwohl: Die *Vierzig Hadithe* sind eher eine notwendige als eine vergnügliche Lektüre. Die Genauigkeit der arabischen Kommentatoren, die vom Kommentar des deutschen Herausgebers noch übertroffen wird und die uns auch graphische und grammatikalische Details nicht erspart, dürfte überdies den nicht spezialisierten Leser manches Mal zum Überblättern verleiten. Aber das macht nichts. Wenn wir uns die Weltreligionen neu erschließen wollen, wie es sich diese Edition zur Aufgabe gesetzt hat, dann muss man es so machen. Noch die muslimischen Hadithgelehrten könnten dieses Buch mit Gewinn lesen. Und selbst wenn uns al-Nawawi den Islam nicht nur von seiner schönen Seite zeigt, am Ende gilt der alte muslimische Spruch: »Ein gelehrter Jurist setzt dem Satan mehr zu als tausend Gottesanbeter.«

Zweimal Koran

1. Welche Übersetzung?

Das Gerücht hält sich hartnäckig: Im Koran steht die Wahrheit über die Muslime. Was er sagt, das denken sie, danach handeln sie. Und zwar alle, mehr oder weniger, offen oder verhohlen. Und es sind garstige Dinge, die wir im Koran lesen, wilde Drohungen, archaische Sitten, festgeschrieben vor 1400 Jahren für alle Zeit. Bevor wir aber nun in Versuchung geraten, uns dem beschämenden Vorschlag des niederländischen Rechtsextremen Geert Wilders anzuschließen und den Koran verbieten zu lassen, empfiehlt es sich doch, sich ein eigenes Urteil zu bilden und sich einen deutschen Koran zu besorgen. Nur welchen? Waren nach dem 11. September 2001 alle deutschen Koranübersetzungen vergriffen, so herrscht heute ein Überangebot. Die alten Übertragungen, darunter lange und zu Recht vergessene, sind wieder aufgelegt worden, und im Jahr 2010 sind gleich drei neue auf einmal erschienen.[33] Wer heute in den Buchladen geht und nach dem Koran fragt, steht vor dem Dutzend lieferbarer Ausgaben wie der sprichwörtliche Ochs vor dem Berg. Ob der Buchhändler einem eine qualifizierte Empfehlung geben kann? Oder eher die von Thilo Sarrazin gescholtenen türkischen Gemüsehändler? Die Wahrheit ist: Selbst der Fachmann kann es nur bedingt.

Unter den religiösen Gründungstexten von Weltgeltung ist der Koran einer der jüngsten und schwierigsten, kaum übersetzbar. Die Gründe dafür sind zahlreich: Die oft unklaren oder von Legenden umrankten Kontexte, viele unverständliche Wörter, teils extrem

33 *Der Koran,* neu übertragen von Hartmut Bobzin unter Mitarbeit von Katharina Bobzin, München 2010; *Der Koran,* übersetzt von Ahmad Milad Karimi, herausgegeben von Bernhard Uhde, Freiburg 2009; Muhammad Asad, *Die Botschaft des Koran,* Übersetzung und Kommentar, aus dem Englischen übersetzt von Ahmad von Denffer und Yusuf Kuhn, Düsseldorf 2009.

verknappte, mehrdeutige Syntax, zu schweigen von der Vieldeutigkeit der Handschriften, sofern man nicht, wie es am Ende doch die meisten Übersetzer tun, die kanonische, sogenannte Kairiner Ausgabe zugrunde legt und die Variantendiskussion, wenn überhaupt, in den Kommentar verbannt. In all dem ähnelt der Koran, wiewohl nach muslimischem Verständnis vollständig überliefert, fragmentarisch auf uns gekommener archaischer Literatur, etwa dem Gilgamesch-Epos.

Problematischer als all das ist jedoch etwas anderes. Der Koran ist kein Buch! Aus dem mündlichen Vortrag und der Rezitation entstanden, die bis heute in der ganzen islamischen Welt das wichtigste Mittel zu seiner Verbreitung ist, hat der Koran zum Medium des Buchs, in dem er uns im Westen heute – noch! – vornehmlich erscheint, stets ein zwiespältiges Verhältnis unterhalten.

Freilich, der Islam begreift sich zusammen mit dem Judentum und dem Christentum als sogenannte ›Buchreligion‹. Wenn aber das arabische Wort *kitâb* heute »Buch« bedeutet, so sind die *ahl al-kitâb,* von denen im Koran die Rede ist, doch eher »Schriftbesitzer« als »Leute des Buchs« – Bücher in unserem Sinne gab es natürlich nicht. Das aber betrifft jede Koranübersetzung unmittelbar: Liegt die Schrift in Buchform vor, hat sie eine feste Ordnung, eine Reihenfolge, einen Anfang und ein Ende. Und weil wir Bücher auf diese Art zu lesen gewohnt sind, wird auch beim Koran der erste Impuls sein, die vorliegende Reihenfolge ernst zu nehmen, mit dem Anfang anzufangen, wie die Genesis am Anfang der Bibel steht und mit dem Buch zugleich die Welt beginnt.

Wer aber so den Koran liest, wird ihn nie verstehen. Das gilt sogar für die Mikrostruktur: Eine Sure ist kaum je ein geschlossenes, sinnvoll als Einheit zu lesendes Kapitel, und wer sie als solche begreifen will, wird entweder an seinem eigenen Verstand oder dem des Urhebers (sei es nun Allah, Mohammed oder wer auch immer) verzweifeln. Was der Koran statt eines Buchs wirklich ist, dafür haben wir erst einen Begriff, seit sich dank des Internets das Ende des

Buchzeitalters abzeichnet. Der Koran ist die perfekte Gestalt eines Hypertextes *avant la lettre*. Aber einen Hypertext lesen, können wir das schon? Und können wir einen nicht-linearen, aus lauter Verweisen und Bezügen bestehenden Text übersetzen?

Schon ein erster Blick in die neusten Übertragungen macht stutzig. Da ist es wieder, das »Buch« als Übersetzung des koranischen *kitâb,* als sei der Koran nach Gutenberg verfasst worden und habe immer in gebundener Form existiert, mit Fadenheftung, Leineneinband und zwei goldenen Lesebändchen, wie die prächtige Ausgabe, die der Erlanger Professor für Islamwissenschaft Hartmut Bobzin nach jahrzehntelanger Arbeit nun vorgelegt hat. In der ersten regulären Sure, der zweiten nach der gebetsformelhaften Eröffnungssure, heißt es in Bobzins Übertragung: *Dies ist das Buch, in dem kein Zweifel ist – es ist Geleit für Gottesfürchtige.*

Die Übersetzung »Buch« ist ein Anachronismus, der jeden Leser unbewusst in die Irre führt, weil er suggeriert, der vorliegende Text sei zu gebrauchen wie das, was man auch sonst in Buchhandlungen findet. Nun ist dieser berühmte Vers, der zweite der zweiten Sure, für koranische Verhältnisse von der leicht verständlichen, übersetzbaren Sorte, und doch liegen bereits hier alle Tücken. In der Übersetzung von Muhammad Asad, einem Text, der erst aus dem Englischen ins Deutsche weiterübertragen werden musste, heißt die Stelle: *Diese göttliche Schrift – keinen Zweifel soll es darüber geben – ist eine Rechtleitung für alle Gottesbewussten.*

Und schon keimt bei uns deutschen Lesern der Zweifel, den es nicht geben soll! Glauben wir dem deutschen Professor oder dem intellektuellen Abenteurer und Islamkonvertiten deutsch-jüdischen Ursprungs? Wer die bei Asad schon anklingende elliptische Emphase mag, kann aber auch zu der Übersetzung von Ahmad Milad Karimi und Bernhard Uhde greifen. Um die deutsche Syntax wird hier kein Federlesen gemacht, und es heißt: *Dies die Schrift, darin kein Zweifel, Rechtleitung für die Gottesfürchtigen.*

So expressionistisch das klingt, man darf einen oder sogar zwei klassische Übersetzungsfehler vermuten. Das Arabische kennt die Kopula »ist« nicht, man darf, ja muss sie also ergänzen. Aber handelt es sich überhaupt um einen Aussagesatz wie Bobzins Übersetzung nahelegt? Wir schlagen in seinem zweihundertseitigen Kommentar nach. Dort steht: »Den Vers könnte man auch übersetzen: ›Dieses Buch – kein Zweifel ist in ihm (...)‹.« Nun scheint wieder Muhammad Asad, beziehungsweise sein Weiterübersetzer, recht zu haben! Und was bedeutet eigentlich »darin« sei kein Zweifel? Ist das nur schlechtes Deutsch für »daran«, eine Art sprachlicher Ansteckung durch das arabische *fî*, wörtlich »in«? Was soll es bedeuten, wenn ein Zweifel »in« einer Schrift ist – außer dass sie angezweifelt werden kann? Dann aber hieße der Satz sinngemäß nichts anderes als »Diese [wörtlicher noch: *jene*] über jeden Zweifel erhabene Schrift ist ein Wegweiser für Gottesfürchtige.«

Die Bedeutung ist klar, und doch wird in allen Übersetzungen ein Krampf daraus. Karimi und Uhde scheinen zu glauben, gerade die übertriebene Treue zum Original sei besonders archaisch-expressionistisch. Bei Asad kommt es allein auf die ihm genehme theologische Stimmigkeit an – der Wortlaut, zumal bei dieser Weiterübertragung aus dem Englischen, zählt gar nicht. Bei Bobzin wiederum schwingt die ganze Geschichte der abendländischen Koranrezeption mit. Daher das »Buch«, daher die um Genauigkeit an falscher Stelle bemühte Halbherzigkeit bei der syntaktischen Einordnung des »Zweifels«, daher das altertümliche, fast heideggerianisch anmutende »Geleit« – eine Eskorte ist doch wohl kaum gemeint! Erfahrene Übersetzer würden diesen allesamt irreführenden Interpretationsmöglichkeiten nicht auf den Leim gehen. Genau das ist ein wesentlicher Teil des Problems: Alle Koranübersetzer, die neuen wie die alten, Rückert ausgenommen, sind keine Übersetzer, geschweige denn erfahrene. Sie sind immer nur und allein Koranübersetzer und ansonsten Akademiker (Bobzin), Schwärmer (Karimi/Uhde) oder Gläubige mit einer spezifisch exegetischen Agenda (Asad).

Das besagt zum einen: Der Koran ist gar nicht so unübersetzbar, wie es scheint. Zum anderen: Bis heute verwirren alle Übersetzungen diesen ohnehin schon verwirrenden Text noch mehr. 200 Seiten philologischer Kommentar hängen an den 600 Seiten der Übersetzung von Bobzin. Es ist ein kluger, von Gewissenhaftigkeit, Problembewusstsein und größten Kenntnissen zeugender Kommentar. Aber er dient weniger dem Leser als dem Übersetzer zur Absicherung gegen Kritik und als Dialog mit anderen Koranwissenschaftlern. Wenn Bobzin »Schranken Gottes« übersetzt, steht im Kommentar, dass es wörtlich »Grenzen Gottes« heißt. Wer nicht ganz so gebildet ist wie Bobzin, denkt bei Schranken wohl vor allem an Bahnübergänge, nicht an – ein schöneres deutsches Wort! – Grenzbäume. Beides ist natürlich nicht falsch, aber die Anmerkung sät eben den Zweifel an der Übersetzung, den sie doch eigentlich austreiben will.

Mit diesen 200 Seiten Kommentar soll es übrigens laut Bobzin sein Bewenden nicht haben. Der Kommentar des Kommentars ist bereits angekündigt, und allzu gern verweist der vorliegende Kommentar auf – den angekündigten! In diesem Superkommentar werden laut Bobzin aber genau die Informationen stehen, ohne die eine solche Koranübersetzung kaum vernünftig gelesen werden kann. Zum Beispiel »ausführliche Informationen über die chronologische Einordnung der Suren.« Wer jetzt Sure 96 bei Bobzin liest, bekommt mit keinem Wort auch nur einen Hinweis darauf, dass dies nach muslimischem Verständnis die erste aller offenbarten Suren ist, in jedem Fall eine der frühesten. Er wird auf den Kommentarband warten oder erst einmal eine Einführung in den Koran lesen müssen, die von Bobzin etwa bei C.H. Beck oder, fast noch besser, die von Michael Cook bei Reclam. Dabei wäre es so einfach gewesen, die für den Laien unerlässlichen Informationen etwa zur Chronologie, zum Aufbau der Suren, zur Entstehungsgeschichte, den historischen Hintergründen und, warum nicht, den gängigen muslimischen Auslegungen in dem kleingedruckten Kommentar mit zu liefern, und dafür auf den Hinweis zu verzichten, dass das arabische Wort *hudûd* »Grenzen« heiße, nicht »Schranken.«

Wer von den Hintergründen etwas wissen will, vor allem in

ihrer muslimischen Deutung, dem bleibt nichts anderes übrig, als zur Ausgabe von Muhammed Asad zu greifen, welche, die Muslime werden es danken, zweisprachig gestaltet ist und den Kommentar satztechnisch aufwendig, aber zum Schmökern einladend, unter den Versen selbst anordnet. Nicht selten verliert sich Asad allerdings in seiner Privatauslegung des Koran. Man darf das nicht alles für der Weisheit letzten Schluss nehmen, aber es hat, gerade weil es zu seiner Subjektivität steht, immer etwas Anregendes und vermittelt einen Einblick in die Diskurswelten muslimischer Selbstauslegung. Völlig kommentarlos kommt hingegen die Übersetzung von Karimi und Uhde daher – eine fast schon wieder sympathische Dreistigkeit, die den Leser brutal auf sich selbst zurückwirft, nach dem Motto: Mach doch damit, was du willst! Das tut auch Uhde in seinem emphatischen, dem christlich-muslimischen Dialog auf irgendwie mystische Weise verpflichteten Nachwort, in dem man wenig über den Koran, viel aber von Uhdes wohlmeinendem Bild desselben lernt.

Ähnlich dreist, aber auch ähnlich charmant kommt die Sprache der beiden daher. Sie hat nichts von dem bei Bobzin immer durchhängenden Ballast früherer Übersetzungen. Eher denkt man, die beiden hätten die Koranübersetzung – wenn nicht gleich den ganzen Koran – mal eben beim Spazierengehen neu erfunden. Das ist nicht schlecht. Es wirkt frisch und frech, hat auf eine jugendliche Weise Stil. Was dabei unter den Tisch fällt, sind die teilweise völlig unterschiedlichen Tonlagen des Korantextes, ist der Reim, der, wenn man nur ein wenig die Gestaltungsmittel des Originals vorstellen möchte, zumindest andeutungsweise dazugehört. Das Besondere der koranischen Poesie kennt bei ihnen als deutsches Gegenstück nur die häufige Nachstellung der Adjektive. Manchmal funktioniert das. Manchmal klingt es ein wenig lachhaft: »Wir haben euch verliehen Ermächtigung, eine offenkundige.« Der Konkurrenz von Bobzins philologisch-sprachlicher Feinarbeit, so umständlich sie oft ist, wird die Fassung von Karimi/Uhde nicht lange standhalten. Aber spätere Übersetzer könnten hier dereinst

Anregungen finden: »Und als zurückkehrte Mose zu seinem Volk, zornig, betrübt ...« (Sure 7, Vers 150).

»Als Mose wiederkam zu seinem Volk, voll Zorn und Ärger ...« klingt dagegen prosaisch. Tatsächlich besteht die poetische Gestaltung bei Bobzin hauptsächlich im Reim, den er dort verwendet, wo es sich fügt, dezent und fast immer gelungen. Umso störender macht sich vor diesem Hintergrund Bobzins Zug zur Wörtlichkeit, zum Terminologischen, bemerkbar, zum Beispiel bei den Surennamen. Die berühmte, angeblich als erste offenbarte 96. Sure lautet bei Bobzin, so hässlich, wie es die deutsche Sprache überhaupt nur erlaubt, »Das Anhaftende«. Aber nicht Tesafilm ist gemeint, sondern etwas, woraus der Mensch gemacht sein soll: »Trag vor im Namen deines Herrn, der (...) den Menschen aus Anhaftendem schuf.« Suchen wir Hilfe beim Kommentar! »Die Ausdrucksweise lässt offen, ob damit Lehm, Samenflüssigkeit oder Blut gemeint ist.« Gereicht dieses Offenlassen der Übersetzung zum Gewinn? Das Unschöne, Unverständliche des Ausdrucks überwiegt, und die Wörtlichkeit der Übertragung verwirrt unnötig, während die Bedeutung, nämlich eine (klebrige) Körperflüssigkeit oder Samenzelle, von keinem Ausleger in Frage gestellt wird.

Bobzin, scheint es zuweilen, will in seiner Übersetzung die beiden Extremvarianten deutscher Korane, die berüchtigte Interlinearübersetzung von Rudi Paret (1979) und die poetische von Friedrich Rückert (ca. 1855), miteinander versöhnen. Er versucht einerseits – siehe »das Anhaftende« – noch genauer zu sein als Paret, andererseits versucht er, von Rückerts Idee, den Koran als Poesie, und das heißt für ihn (leider nur!), den Text in Reimen zu übersetzen, möglichst viel zu retten. Die Vereinbarkeit von Philologie und Poesie, von Wissenschaftlichkeit und Leidenschaft ist eine sehr deutsche, sehr romantische Idee. Sie ist auch eine sehr schöne Idee. Aber Herder [S. 231], Schlegel, Schleiermacher, denen wir diese Idee und ihre berühmtesten Realisierungen verdanken, sind nicht nur zu genial gewesen, sondern mittlerweile schlicht zu klassisch und in stilistischer Hinsicht zu wenig zeitgemäß, um als Vorbild für die konkrete übersetzerische Praxis noch zu taugen. Und es allen Erwartungen (selbst denen der islamischen Liturgie, für die Bobzin seine Übersetzung empfiehlt, indem er die liturgischen Unterteilungen mit angibt) recht zu machen – wer glaubt wirklich, dass er das kann? Bobzin orientiert sich nicht am Machbaren. Er will alles Mögliche – Lehm, Samenflüssigkeit und Blut zugleich – statt nur eines davon, was dafür lesbar wäre und einen Sinn in den Kopf des Lesers zauberte.

Freilich, all das kennzeichnet seine Übersetzung auch als einen großen, fast manischen, bedingungslos zu würdigenden Versuch. Von allen Übersetzern hat er es sich am schwersten gemacht – nicht ausschließlich und immer zum Gewinn des Lesers, aber doch oft genug, um vielfach davor den Hut ziehen zu müssen. Zum Gelungenen dieser Ausgabe, den beiden anderen weit voraus, zählt die Gestaltung. Die Koranverse sind auch als Verse angeordnet. Es gibt Luft zum Durchatmen zwischen diesen Zeilen. Wie leicht wäre es indes gewesen, dieses Prinzip konsequenter anzuwenden und die Sinneinheiten innerhalb der aus Versatzstücken zusammengestellten Suren durch Absätze voneinander abzutrennen und so dem Leser, noch vor jedem Kommentar, zu vermitteln, dass er sich nicht wundern soll, wenn manches nicht zusammenpasst und viele Zusammenhänge unklar sind.

Man merkt daran, wie die Heiligkeit, die der Koran nun einmal für die Muslime hat, und der Mythos seiner Unübersetzbarkeit auch die nichtgläubigen Übersetzer affiziert und ihnen eine oft unsinnige, der Vermittlung schadende Texttreue auferlegt. Tatsächlich ist aber das, was am Koran unübersetzbar ist, nichts anderes als das, was auch die Muslime und selbst die gebildetsten arabischen Muttersprachler nicht verstehen und über dessen Deutung sie streiten. Die dadurch bedingte Vielzahl von Auslegungen und möglichen Übersetzungen gereicht von heute aus betrachtet dem Koran zum Vorteil, ist sein natürlicher Schutz vor allen einsinnigen Interpretationen, etwa der Fundamentalisten.

Nicht zuletzt die Vielzahl und Unzulänglichkeit der Übersetzungen ist es dabei, die in uns das Bewusstsein wachhält, es eben wirklich nur mit einer Übersetzung zu tun zu haben – ein Bewusstsein, das im Fall der Bibel jahrhundertelang nicht existiert hat und heute noch bei allen Evangelikalen und Bibeltreuen so schwach ausgebildet ist, dass sie sich ohne mit der Wimper zu zucken auf Übersetzungen berufen, als wären diese vom Herrgott selbst autorisiert. Sie tun damit übrigens dasselbe, was die Fundamentalisten und, negativ gewendet, die sich in ihnen spiegelnden sogenannten Islamkritiker mit dem Koran zu tun versuchen: Den Buchstaben ohne den Geist zu lesen.

Die hypertextuelle Struktur des Korantextes, hat man sie erst einmal begriffen, macht es jedoch unmöglich, einzelne Aussagen zu isolieren. Nicht nur haben wir es nicht mit einem Buch im klassischen Sinn zu tun. Vielmehr bildet der Text gar keine abgeschlossene Sinneinheit, sondern kann immer nur in einem Verweiszusammenhang sinnvoll existieren. Selbst die beste Übersetzung ist zwangsläufig Fragment, weil sie die Kontexte nicht oder nur begrenzt mit übersetzen kann. Der Hang zum Kommentar und zum Kommentar des Kommentars wie bei Bobzin erweist sich insofern nicht als bloße philologische Marotte, sondern spiegelt die potenzielle Endlosigkeit des Hypertextes selbst.

Dem christlichen Werbespruch »Jesus lebt« dürfte der Islam mit vollem, ja viel größerem Recht das Motto »Der Koran lebt« entgegenstellen. Jede Zuschreibung, wie jede Übersetzung, ist in diesem Sinne eine Fortführung und ein Weiterschreiben. Und nicht nur der Koran selbst schreibt sich derart weiter, sondern ebenso die (deutschen) Koranübersetzungen und die sich daran anlagernden Forschungen und Poetiken, welche in der Fassung von Bobzin einer beeindruckenden Summe zugeführt werden. Eben deshalb schleppt seine Übersetzung sämtliche Problematiken ihrer Vorgänger mit sich, ächzt und stöhnt unter ihrem Druck und muss auf den Kommentar immer noch einen Kommentar häufen, um die Illusion aufrechzuerhalten, abzuschließen, was nicht abschließbar ist. Wenn von den deutschen Koranen einer vor den anderen empfohlen werden soll, dann falle die Wahl auf die Übersetzung von Bobzin. Nicht weil sie den endgültigen, nicht weil sie einen endlich lesbaren deutschen Koran liefert, sondern als der gegenwärtig traditionsbewussteste Spross des knorpeligen deutschen Astes, der aus dem hypertextuellen Stamm des einzigen und ewigen arabischen Korans erwachsen ist.

2. Der Koran, historisch-kritisch gelesen

Die Zeit ihres höchsten Ruhms liegt für die deutsche Islamwissenschaft mehr als hundert Jahre zurück. Ignaz Goldziher und Theodor Nöldeke legten damals Studien zum frühen Islam, zum Koran und zur Entstehung des islamischen Rechts vor, an denen heute noch kein Weg vorbeiführt. Seit einigen Jahren wird von ganz verschiedener Seite wieder an jene Blütezeit der Frühislam-Forschung angeknüpft. Während Christoph Luxenberg die provokante These aufstellte, beim Koran handele es sich in Wahrheit nicht um einen arabischen Text, sondern um eine bis heute stets falsch verstandene syrisch-arabische Mischsprache,[34] griff eine Gruppe von Religionswissenschaftlern aus Saarbrücken die aus den siebziger Jahren stammende These auf, der Islam sei ursprünglich eine christliche Sekte gewesen, die erst später zu einer eigenen Religion umgedeutet wurde.[35] Während ihnen von Laien und sogenannten Islamkritikern dafür viel Beifall entgegenschlug, stieß die These in der Fachwelt auf Befremden. Aber ein Gutes hatte sie: Vor dem – selbst durch den 11. September kaum angekratzten – Elfenbeinturm der seriösen Islamwissenschaft erscholl auf einmal unüberhörbar der Ruf: Rapunzel, lass dein Haar herunter!

34 Christoph Luxenberg, *Die syro-aramäische Lesart des Korans*, Berlin 2004.

35 Karl-Heinz Ohlig/Gerd-R. Puin (Hg.), *Die dunklen Anfänge. Neue Forschungen zur Entstehung und frühen Geschichte des Islam*, Berlin 2005.

Und siehe, dieses Haar ist über die Jahre und Jahrzehnte sehr lang geworden. Von der Öffentlichkeit unbemerkt und für den Normalbürger unbezahlbar war bereits in den neunziger Jahren Josef van Ess' Monumentalstudie *Theologie und Gesellschaft im zweiten und dritten Jahrhundert der Hidschra* erschienen. Dann präsentierte der Göttinger Emeritus Tilman Nagel im Jahr 2008 eine zweiteilige, 1500 Seiten starke Mohammedbiografie, den quellengesättigten Versuch, unter dem Gestrüpp der Legenden zur realhistorischen Person des Propheten vorzudringen.[36] Und nun legt Angelika Neuwirth unter dem programmatischen Titel *Der Koran als Text der Spätantike. Ein europäischer Zugang* die ersten Ergebnisse der von ihr geleiteten Gruppe junger Koranforscher vor.[37] Im Rahmen des Forschungsprojekts »Corpus Coranicum« wird dabei an der Berlin-Brandenburgischen Akademie der Wissenschaften der Koran einem mikroskopisch genauen *close reading* unterzogen, das dank eines interdisziplinären Ansatzes sowie dank der Forschung im Kollektiv, wie es in den Naturwissenschaften längst üblich ist, viele neue Wege beschreitet. Der postulierte »europäische Zugang« bedeutet: Wie würden wir diesen Text, den Koran, lesen, wenn wir ihn losgelöst von seiner weiteren Geschichte betrachten, als Dokument einer religiösen Bewegung der Spätantike, deren weitere Zukunft als Weltreligion im Text selbst noch gar nicht absehbar ist.

Die ungewöhnliche Perspektive zeitigt einen erstaunlichen Effekt: Mit Angelika Neuwirth wird der Koran von der späteren islamischen Tradition befreit und in seinem Entstehungsprozess sichtbar. Er liest sich dann so, wie ihn die Zeitgenossen verstanden haben müssen: Zwar als Zeugnis intensiver theologischer Auseinandersetzungen auf der arabischen Halbinsel, aber in einem kulturellen und religiösen Umfeld, wie es auch den übrigen Mittelmeerraum im siebten Jahrhundert prägte – und damit letztlich

36 Tilman Nagel, *Mohammed. Leben und Legende*, München 2008.
37 Angelika Neuwirth, *Der Koran als Text der Spätantike. Ein europäischer Zugang*, Berlin 2010.

die europäischen Glaubensvorstellungen bis heute. Neuwirth schreibt: »Dieser Band soll den Koran für westliche Leser wieder als das erkennbar machen, was er zur Zeit seiner Entstehung für die frühe Gemeinde war: Ein literarisch herausragender und intellektuell herausfordernder Text. Insofern der Koran aus der Auseinandersetzung mit spätantiken Diskursen hervorgegangen ist und sich selbst in jene vorgefundenen christlichen und jüdischen Traditionen eingeschrieben hat [...] ist er selbst Teil des historischen Vermächtnisses der Spätantike an Europa.«

Diese Lesart taugt wohlgemerkt nur zu einem kleinen Teil dazu, den späteren Islam oder auch nur den heutigen Blick der Muslime auf den Koran zu erklären. Die Leistung dieses Ansatzes besteht vielmehr darin, mit all den Legenden und Missverständnissen aufzuräumen, die sich im Lauf der Jahrhunderte bei der Koranauslegung eingeschlichen haben – von Seiten der Muslime ebenso wie von Seiten der Islamwissenschaftler. Lange Zeit ging man davon aus, dass der Islam gleichsam aus dem Nichts entstanden sei, in allenfalls schwacher Reibung mit nicht näher bestimmbaren jüdisch-christlichen, vor allem aber alt-arabisch heidnischen Traditionen. Der Austausch mit dem kulturellen Umfeld war jedoch in Wahrheit sehr intensiv und lässt sich auch zu weiten Teilen nachzeichnen, sofern man den Koran nicht als das fertige Buch liest, als das er uns heute begegnet, sondern vielmehr als Mitschrift der Entstehung einer neuen religiösen Gemeinde: »Nicht ein Autor ist hinter dem Text anzunehmen, sondern eine sich über die gesamte Wirkungszeit des Verkünders hinziehende gemeindliche Diskussion. Worum es folglich gehen muss, ist nicht, den Koran rückblickend als das bereits homogenisierte und als göttlich gewollte Einheit begriffene Gründungsdokument der islamischen Religion zu beschreiben [...], sondern ihn [...] in seiner Genese aus dem Zusammenspiel einer Vielzahl von Traditionen und Akteuren zu verfolgen.«

Anstelle der herkömmlichen Annahme, dass es auf der einen Seite den Verkünder gab, der nach Art eines Autors, entweder von sich aus oder von göttlicher Inspiration geleitet, seine Zuhörer oder Leser mit dem Text konfrontiert, schlägt Neuwirth ein Alternativmodell vor, das sich am Drama orientiert – ein dialogisches Prinzip also, in dem auch Gegenstimmen vernehmbar werden, die wiederum Reaktionen in Form neuer Koranverse hervorriefen: »Um der textgenerierenden Interaktion zwischen dem charismatischen Sprecher und seiner sich erst konstituierenden Gemeinde gerecht zu werden, wird man daher anstelle des herkömmlichen Autor-Leser Verhältnisses methodisch von einem dem Drama entlehnten Modell ausgehen müssen [...] Wie bei einem mitgehörten Telefongespräch ist aus der einzig vernehmbaren Sprecherrede auch hier unschwer die Situation herauszuhören, in die hinein gesprochen wird.«

Ein Beispiel dafür bietet die formelhafte Suren-Einleitung, die sogenannte *Basmala*. Übersetzt lautet sie: »Im Namen Gottes des Barmherzigen und des Erbarmers«. Die Wiederholung »des Barmherzigen und des Erbarmers« klingt für unsere Ohren redundant, wie eine Illustration des Klischees vom blumigen Stil [S. 224] der Araber. Aber das ist falsch. Tatsächlich handelt es sich um eine Formulierung in Parallelität – und zugleich in scharfer Abgrenzung – zur bekannten christlichen Anrufung »Im Namen des Vaters, des Sohnes und den Heiligen Geistes«. Die *Basmala* ist also weder schlechte Poesie noch billige Kopie einer christlichen Formel, sondern sie verkündet eine theologische Neuerung: Mit ihr wird die Vorstellung von der Trinität ebenso aufgegeben wie die von Christus als Gottessohn.

Neuwirth liest den Koran mithin dynamisch, als einen offenen, sich entwickelnden Text. So wird verständlich, was zuvor oft nur verwirrend erschien. Es erweist sich beispielsweise, dass die heute allen Koranausgaben voranstehende erste Sure, die sogenannte *Fatiha,* nicht wie der übrige Koran zu den Offenbarungen des Propheten gezählt werden kann: »Dass die Fatiha – obwohl ein offenkundig mündlicher Gebetstext – in der Forschung bisher stets als ein Teil des Korans, als eine der Offenbarungen, wahrgenommen und nicht als erst redaktionell dem Kodex als eine Art Proömium vorangestellter Paralleltext zu ihm gesehen worden ist, erklärt sich aus der vorherrschenden Sicht auf den Koran als eines schriftlich verfassten Textes, nicht eines liturgischen Vortragstextes, der im Gottesdienst auf weitere komplementäre Texte angewiesen ist.«

Dass der Koran ursprünglich und bis heute vor allem ein liturgischer Text ist, dessen ›Sitz im Leben‹ der islamische Gottesdienst darstellt, ist eine überaus plausible Grundannahme. Nach wie vor lebt der Koran vor allem von seiner Rezitation, verstanden als kultische Übung. Die bisherige Forschung hat diesen Aspekt für nebensächlich gehalten und war daher nicht in der Lage, die klanglich-ästhetischen Qualitäten des Korantextes zu würdigen und die dadurch bedingten Besonderheiten zu erklären.

Eines Besseren belehrt wird auch, wer den Koran bisher für einen Text hielt, der einen zivilisatorischen Rückschritt darstellt und archaische, vom Christentum längst überholte Sitten wieder einführt. Sehr deutlich wird dies an der Funktion des Opfers. Das im Islam bis heute praktizierte Tieropfer ist aus theologischer Sicht alles andere als ein Rückschritt. »Im Koran fehlt – wie man ohne Übertreibung sagen kann – die Idee des Opfers als solche: Denn anders als im biblischen Kontext hat im Koran das Opfer keinerlei sühnende Wirkung. Dieser Unterschied ist keine rituelle Geringfügigkeit, sondern markiert eine entscheidende Weichenstellung für den gegenüber Judentum und Christentum grundsätzlich neuen Umgang mit Blut und Opfer.« Das Opfer ist nämlich im Koran ein bloßes, das einstige Tieropfer Abrahams ins Gedächtnis der Gemeinde zurückrufendes Ritual ohne tiefere symbolische oder als Erlösung zu begreifende Funktion.

Gleichsam nebenbei zeigt Angelika Neuwirth damit, wie eine intelligente, aus fundiertem Wissen statt aus Vorurteilen geschöpfte Islamkritik – verstanden als Kritik an islamischen Dogmen und Vorurteilen – möglich ist. Die in diesem Buch vorgelegte Zwischenbilanz der Corpus-Coranicum-Forschungen offenbart aber auch, wo die Grenzen und Probleme eines solchen Projekts liegen. Man kann zum Beispiel davon ausgehen, dass die islamische Orthodoxie mit diesen Forschungen wenig wird anfangen können. Nicht nur dürfte sie kaum daran interessiert sein, ihre Gewissheiten von der westlichen Islamwissenschaft untergraben zu lassen; Neuwirths Ansatz ist es auch zu sehr um den Entstehungsprozess des Korans und seine Einbettung in die zeitgenössische spätantike Welt zu tun, und was wir hier über die Ursprünge des Korans neu erfahren, ist für die später daraus entstandene, dogmatisch voll ausgebildete Religion in den seltensten Fällen wichtig, denn diese kocht, salopp gesagt, immer ihr eigenes Süppchen. Es verwundert daher nicht, dass die neueren westlichen Koranforschungen in der islamischen Welt kaum wahrgenommen werden. Neuwirth bringt das Problem selbst auf den Punkt, wiegt sich aber zugleich in der Hoffnung, dass ihr Forschungsansatz Abhilfe schaffen wird: »Das wissenschaftspolitische Anliegen der Koranforschung (ist) die Überbrückung der gegenwärtigen Polarität zwischen muslimischen und westlichen Forschungsansätzen. [...] Während noch in der Zeit zwischen den beiden Weltkriegen Rufe arabischer Universitäten an europäische Islamwissenschaftler ergehen konnten und sogar in den siebziger und achtziger Jahren Gastdozenturen deutscher Koranforscher in Jordanien und Ägypten willkommen waren, ist solche gegenseitige Neugierde und Offenheit heute Geschichte. In der gegebenen, an sich skandalösen Situation, in der sich zwei große Forschungstraditionen gegenüberstehen, ohne in einen kreativen Austausch zu treten, ist Koranforschung als solche neu zu überdenken.«

Um in den Dialog auch mit gläubigen Muslimen zu treten, müsste die Islamwissenschaft jedoch stärker als bisher aufzeigen, wie sich das orthodoxe muslimische Koranverständnis aus den offenen, dialogischen Anfängen des Korans entwickelt und dann dogmatisch verfestigt hat. Im vorliegenden Werk finden sich immerhin einige Beispiele dafür, etwa die Erklärung des Wortes *kitâb,* zu deutsch ›Schrift‹ oder ›Buch‹, im ersten Vers der zweiten Sure. Dieser Vers lautet: *Jene Schrift, kein Zweifel ist an ihr, ist eine*

Rechtleitung für die Gottesfürchtigen. Während zur Lebenszeit Mohammeds, angesichts der Herausbildung der neuen Gemeinde, mit dem arabischen Wort *kitâb* eine Urschrift im Himmel gemeint war und keineswegs der damals ja erst im Entstehen begriffene Koran, schien sich das Wort *kitâb* für die nachfolgenden Muslime auf den kompletten Koran zu beziehen, der damit gemäß dem späteren kanonischen Verständnis selbst zur himmlischen Urschrift wurde, zu einem immer schon fertig vorliegenden, göttlichen ›Buch‹, dessen Inhalt von Mohammed nur offenbart zu werden brauchte: »Die kanonische ›Verlesung‹ des wichtigen Verses [durch die späteren Muslime] ist nicht etwa willkürlich. Der Vers ist [...] die erste Aussage des Koran. Es lässt sich leicht nachvollziehen, dass er, von der nach dem Tod des Propheten wirkenden Redaktion in diesem Sinne [nämlich als fertiges Buch,] verstanden wurde.«

Von einem solchen Brückenschlag zwischen der orthodoxen Deutung und der neuen Forschung bräuchten wir mehr. Gerade in der Auseinandersetzung mit dem Islam muss das Verständnis dafür wachsen, dass eine Religion nicht nur aus historischen Fakten und nachprüfbaren Texten besteht, obschon sich vor allem der Fundamentalismus (gut protestantisch übrigens) immer darauf beruft, sondern eben auch aus Vorstellungen, Fantasien und Wünschen. Das scheint umso wichtiger, als alle Forschungen zum Frühislam aufgrund der problematischen Quellenlage hochspekulativ sind – die wenigen ältesten Schriftstücke entstanden erst ein halbes Jahrhundert nach Mohammeds Tod (632), die meisten Quellen sind erst hundert Jahre später sicher bezeugt. Am Ende ist eben doch vieles eine Glaubensfrage, so schmerzlich dies aus Sicht des Philologen auch sein mag.

Gleichwohl, die Rapunzel der deutschen Islamwissenschaft hat ihr schönes langes Haar jetzt heruntergelassen. Wir sind beeindruckt und zögern doch: Da sollen wir jetzt hinaufklettern? Ist das nicht ein bisschen zu hoch? Dem nicht vorgebildeten Publikum macht es Neuwirth nicht leicht. Gewiss, alle Koranstellen sind übersetzt, die Forschungslage und die Kontexte sind stets, wenngleich stets knapp, erläutert. Doch die mikroskopischen Erörterungen und Interpretationen kleinster Texteinheiten, so spannend sie für den Kenner sind, entziehen sich naturgemäß der Bewertung durch den Laien. Als Einführung in den Koran taugt dieses Buch damit zwar nicht, aber sicher wird es die weitere islamwissenschaftliche Forschung und die Diskussion um das richtige Verständnis des Korans in den nächsten Jahren und Jahrzehnten bestimmen, nicht nur im Westen, sondern auch in der islamischen Welt. So großartig sich die deutsche Islamwissenschaft daher inzwischen wieder präsentiert, im Hinblick auf die Vermittlung ihrer Ergebnisse bleibt auf das Pfingstwunder noch zu hoffen. Sollte es dereinst eintreten, hätte *Der Koran als Text der Spätantike* das Zeug, die verhärteten Fronten in unseren Islamdebatten ein hübsches Stück weit aufzuweichen.

Machiavellistischer als Machiavelli. Der Islam als Kultur der Ambiguität

Stimmt die Behauptung, dass im Islam Staat und Religion nie ordentlich getrennt worden seien? Ist die islamische Kultur sexfeindlich? Ist der Koran so eindeutig, wie es Islamisten und Islamgegner suggerieren? In einem bahnbrechenden Großessay über die »Kultur der Ambiguität« misst Thomas Bauer, Professor für Islamwissenschaft in Münster, diese und zahlreiche andere Fragen unserer Islamdebatten an den kulturellen Errungenschaften der klassischen arabischen Kultur – eine Selbstverständlichkeit, sollte man meinen. Doch wenn sie dieses Buch nach über 400 Seiten aus der Hand legen, wissen Laie und Fachmann gleichermaßen, dass sie etwas Derartiges kaum je gelesen haben. Und sie wissen dann auch, warum.[38]

Je von Ibn Nubata gehört? Der lebte von 1287 bis 1366, war einer der bekanntesten Dichter seiner Zeit und als Sohn eines Hadithgelehrten auch in religiösen Fragen bewandert. Anfang des 14. Jahrhunderts wurde er Hofdichter des Fürsten von Hamah in Syrien, verfasste zahlreiche Lobgedichte auf ihn und für dessen Sohn auch einen Herrscherratgeber. Thomas Bauer liest diese Schriften und ihm fällt auf: Darin steht nichts über Gott, Religion, Frömmigkeit oder die Verbreitung des Islams. Selbst als der junge Fürst überraschend zum Frömmler wurde (und die Regierungsgeschäfte schleifen ließ) tauchen in den Gedichten auf ihn außer ein paar religiösen Anspielungen keinerlei religiöse Ideale, Attribute oder Zielsetzungen auf. Im Ratgeber, den Ibn Nubata für ihn geschrieben hat, fehlt die Religion ebenfalls, nicht einmal der Prophet wird als Vorbild erwähnt. Und an Machiavellismus übertrifft Ibn Nubata selbst Machiavelli, womit er diesem fast 200 Jahre voraus war. Die Araber, könnte man daraus schließen, hatten eine Renaissance für die Säkularisierung ihrer politischen Begriffe gar nicht nötig.

38 Thomas Bauer, *Die Kultur der Ambiguität. Eine andere Geschichte des Islams,* Berlin 2011.

Ibn Nubata war keine Ausnahme. Es gab viele ähnliche Schriften und sie waren in Manuskriptform weit verbreitet. Doch wurden nur wenige davon später auch gedruckt und kaum jemand interessierte sich dafür, da auch unter den Arabern seit dem neunzehnten Jahrhundert das im Westen verbreitete Bild vom Niedergang der islamischen Kultur im Mittelalter Verbreitung fand. Tatsächlich jedoch scheint diese Zeit von einer seit der Moderne nicht mehr gewürdigten Kultur der »Ambiguität« geprägt gewesen zu sein, ein Begriff, den Bauer den Kulturwissenschaften und der Psychologie entlehnt. Epochen und Kulturen, Gruppen und Individuen unterscheiden sich demnach durch ihre wechselnde Ambiguitätstoleranz oder -intoleranz: Sind wir in der Lage, die Existenz verschiedener, darunter auch gegenläufiger Wahrheiten und Diskurse zu ertragen, oder beharren wir darauf, dass die jeweilige Wahrheit oder Moral eine Monopolstellung innehat?

Anhand von zahlreichen Texten aus den unterschiedlichsten Bereichen der islamischen Kultur bis ins 19. Jahrhundert belegt Bauer, dass die klassische islamische Kultur in diese Ambiguität regelrecht vernarrt war und sie herausstellte und pflegte, wo es nur möglich schien. Das galt sogar für Koranforschung und die Rechtspflege, die Bereiche also, in denen der Islam gemäß dem heute verbreiteten Bild so intolerant erscheint. Den Grund für diesen Paradigmenwechsel sieht Bauer darin, dass ab Mitte des neunzehnten Jahrhunderts der westliche Einfluss die klassische Kultur des Islams zunehmend verdrängt hat. Der Islam, der uns heute begegnet, hat demnach mehr Gemeinsamkeiten mit dem Westen vom 19. Jahrhundert bis zum Zweiten Weltkrieg als mit dem eigenen kulturellen Erbe, ganz gleich ob es sich um den Reformislam oder um den Fundamentalismus handelt.

Dabei geht Bauer von der provokanten These aus, dass der westliche Mainstream bis zur Mitte des zwanzigsten Jahrhunderts durch eine hohe Ambiguitäts*intoleranz* gekennzeichnet war, durch die Fixierung auf eine einzige, aber universelle Gültigkeit beanspruchende Wahrheit. Diesem vehementen Wahrheitsanspruch des Westens habe die ambiguitätstolerante klassische Kultur des Islams wenig entgegenzusetzen gehabt. Der Preis für ihre Modernisierung bestand vielmehr darin, ihrerseits eine Ambiguitätsintoleranz zu entwickeln und dem Westen eine ausschließliche islamische Wahrheit entgegenzuhalten, die freilich nach dem westlichem Wahrheitsmodell konstruiert war. So hat zum Beispiel die heutige Homosexuellenfeindlichkeit in der islamischen Welt mehr Gemeinsamkeiten mit der viktorianischen Zeit als mit der klassischen arabischen Kultur – abertausende Verse populärster klassischer Liebeslyrik auf schöne Jünglinge belegen dies eindrucksvoll.

Auch die modernen Islamgelehrten, gleich welcher Couleur, treten mit einem Absolutheitsanspruch auf, der einen religiös gebildeten Muslim des Mittelalters vermutlich sehr befremdet hätte. Erschreckende Beispiele dafür sind die selektiven, oft bewusst verfälschenden Darstellungen der klassischen Gelehrsamkeit durch heutige Religionsgelehrte. Während der Korangelehrte Ibn al-Djazari (1350–1429) in seinem Buch über die Koranlesarten noch mindestens zehn Lesarten als mehr oder weniger gleichberechtigt aufführt, verschweigt beispielsweise der einflussreiche saudiarabische Salafit [⇥ S. 20] Ibn Uthaimin (1929–2001) in seiner Einleitung in die Koranwissenschaften die Existenz verschiedener Lesarten völlig. Vor diesem Hintergrund wäre es geradezu wünschenswert, wenn der Islam heute wirklich so mittelalterlich – und mithin plural – wäre, wie ihn die Islamgegner im Westen gern nennen.

Am Beispiel der vielgelesenen, als hochseriös geltenden Islamwissenschaftler Gustav von Grunebaum (1909–1972) und Ignaz Goldziher (1850–1921) entlarvt Bauer die frappanten Verzerrungen, die die Orientalistik alten Stils oft wider besseres Wissen bei der Interpretation der Quellen walten lässt. Goldziher etwa behauptete in einem Aufsatz von 1916 über die »Stellung der alten islamischen Orthodoxie zu den antiken Wissenschaften« eine Wissenschaftsfeindlichkeit, die von seinen eigenen Befunden schon dadurch widerlegt wird, dass er sich zumeist auf unorthodoxe – und das heißt im islamischen Kontext radikale – Religionsgelehrte bezieht und die Vielfalt der Ansätze ausblendet, besonders die Tatsache, dass die aristotelische Logik stets auch das Grundlagenwissen der Rechtsgelehrten war und ist. Zum Teil gehen die Verzerrungen freilich auch schlicht auf fehlende Texteditionen zurück, wie im Fall des oben erwähnten Ibn Nubata, dessen Fürstenspiegel bis heute nicht gedruckt worden ist.

Thomas Bauer wird mit seiner Interpretation der westlichen Kultur als vorwiegend ambiguitätsintolerant einigen Widerspruch auf sich ziehen, begründet der Westen seine moralische Überlegenheit über den Islam doch vornehmlich mit dem Argument seiner größeren Toleranz gegenüber pluralen Lebensentwürfen. Doch differenziert Bauer hier und stellt zurecht fest, dass unsere Pluralität und Weltoffenheit sehr jungen Datums ist. Vor 1968 sind die meisten Freiheiten, mit denen sich der Westen heute brüstet, etwa bei Geschlechterfragen und dem Umgang mit der Homosexualität, nicht toleriert worden. Begründete der Westen früher seine moralische Überlegenheit mit seiner rigideren Sittsamkeit und seiner vermeintlich überzeugenderen weltanschaulichen Geschlossenheit, so wirft er gerade dies heute dem Islam vor, obwohl der seine gegenwärtige Rigidität zu einem großen Teil der Nachahmung des Westens vor 1968 verdankt.

Mit seiner Mischung aus weitgehend konsistenter Grundthese und einschlägigen Beispielen entpuppt sich Thomas Bauers Buch als eine der besten Darstellungen des Islams seit langem und hat das Zeug, zu einem kulturwissenschaftlichen Klassiker zu werden, der Edward Saids »Orientalismus« [S. 103] in nichts nachsteht. Der Vergleich mit »Orientalismus« bietet sich auch deshalb an, weil Bauer zwei entscheidende Lücken in Saids Versuch schließt. Während Said sich ganz auf westliche Quellen stützt, um seine These vom verzerrenden Blick auf den Orient zu begründen, liefert Bauer endlich auch das Quellenmaterial aus der islamischen Welt, das belegen kann, dass der Islam kaum je so war, wie er in der orientalistischen Darstellung erscheint (wie man am Goldziher-Beispiel oben ablesen kann).

Zudem macht sich Bauer nicht Saids spezifischer Kurz- und Nachsichtigkeit gegenüber den radikalen Versionen des Islams schuldig. Vielmehr gelingt es ihm, die Verengung des Islams seit dem neunzehnten Jahrhundert ebenfalls in den Blick zu bekommen und ohne jede apologetische Tendenz als ambiguitäts-*intolerant* zu analysieren.

Und an einer pikanten Pointe von Bauers Thesen, so wohlwollend er insgesamt die islamische Kultur betrachtet, werden sich die Muslime noch lange abarbeiten: Dass nämlich der heute vom Westen so sehr hofierte Reformislam eine ebenso krasse Missdeutung der klassischen islamischen Kultur impliziert wie der islamische Fundamentalismus; und dass beiden Strömungen letztlich ein ambiguitätsintoleranter und Ausschließlichkeit beanspruchender Wahrheitsbegriff zugrunde liegt, der mehr mit dem traditionellen westlichen als mit dem des geschichtlichen Islams gemeinsam hat.

Scharia und Grundgesetz

Die zunehmende Ablehnung des Islams speist sich nicht zuletzt aus der Angst vor der Scharia. Von vielen wird sie als archaisches Rechtssystem verstanden und mit Strafen wie Handabhacken, Steinigung und dem Kampf gegen Ungläubige assoziiert. Angesichts dieser Schreckensvision – oder dem ebenso pauschalen Gegenteil, der gelegentlich unhinterfragten Eingemeindung alles Islamischen – kommt kaum jemand mehr auf die Idee, Grundgesetz und Scharia ernsthaft zu vergleichen und die Frage nach faktischen Unterschieden und möglichen Gemeinsamkeiten aufzuwerfen. Solange man diese Fragen jedoch nicht stellt, ist alles Gerede für oder wider den Islam ein wohlfeiles Meinen.

Zugestanden, ein solcher Vergleich ist nicht einfach. Gibt in unserem Rechtssystem das Grundgesetz Leitlinien und Prinzipien vor, während sich die einzelnen Gesetze und Vorschriften als praxiswirksame Ausgestaltung dieser Prinzipien begreifen, existiert eine klare Unterscheidung zwischen Prinzip und konkreter Vorschrift in der Scharia nicht. Sie besteht vielmehr aus den einzelnen Vorschriften in Koran und Hadith, den im achten Jahrhundert zusammengestellten Aussprüchen des Propheten.

Dennoch beinhaltet der Begriff mehr als die Summe dieser einzelnen Gesetze. Scharia bedeutet für die meisten (gläubigen) Muslime vielmehr das, was wir im allgemeinen unter Gerechtigkeit verstehen, unter ›Recht‹ im abstrakten Sinn. Dies gilt umso mehr, als die meisten Muslime die einzelnen Scharia-Gesetze genauso wenig kennen wie der durchschnittliche Bundesbürger die einzelnen Paragrafen des Bürgerlichen Gesetzbuchs.

Von Kant stammt der Satz: »Das Recht muss nie der Politik, wohl aber die Politik jederzeit dem Recht angepasst werden.«[39] Wenn man das Wort *Recht* durch *Scharia* ersetzt, wie es ein Übersetzer

39 Immanuel Kant, *Über ein vermeintes Recht aus Menschenliebe zu lügen,* in Ders., *Die Metaphysik der Sitten,* Werkausgabe (Hg. Weischedel), Band VIII, S. 642, Wiesbaden 1956.

tun könnte, wird die problematische Doppeldeutigkeit des Begriffs evident. Dass »die Politik jederzeit der *Scharia* angepasst werden müsse«, ist nämlich ganz die Maxime der islamischen Fundamentalisten. Begreift man die Scharia so wie sie, als nicht weiter zu interpretierende Sammlung vom Propheten stammender Regelungen, sind die Gemeinsamkeiten mit dem säkularen Rechtsverständnis klein. Kaum eine der schariatischen Rechtsvorschriften hätte Platz etwa im Bürgerlichen Gesetzbuch, und mit den Prinzipien des Grundgesetzes sind die wenigsten zu vereinbaren.

Immerhin, Privatbesitz, freier Handel, sozialer Ausgleich zumindest in Form von Almosen, Rechtssicherheit, und, versteckt im Begriff der Ehre, Ansätze zu einer Vorstellung von der Würde des Menschen sowie eine zwar eingeschränkte, aber immerhin zugestandene Freiheit der (Buch)Religionen finden sich auch hier und lassen sich in der islamischen Geschichte belegen. Überdies aber betrifft die fundamentalistische Agenda viele Bereiche, aus denen sich ein säkularer Rechtsstaat heraushält, solange es nicht zu Exzessen kommt: Die Gestaltung des familiären und häuslichen Lebens, Fragen des Kults, Speise- sowie Reinigungsvorschriften und dergleichen mehr. Da ein gläubiger Muslim, wohnt er auf nicht-islamischem Gebiet, überdies die Gesetze des Gastlandes achten soll, kann selbst ein islamischer Fundamentalist weitgehend, wenngleich beschränkt aufs Private, seinen Glauben leben, ohne mit dem säkularen Rechtsstaat zwangsläufig in Konflikt zu geraten.

Konfliktträchtig sind hauptsächlich die Bereiche, in denen sich private und öffentliche Aspekte überschneiden. Für einen traditionellen Muslim erstreckt sich die Sphäre des Intimen und Privaten recht weit und überschneidet sich dadurch mit dem, was der Bürger eines säkularen Verfassungsstaats bereits als öffentlichen und politischen Raum begreift. Elemente des islamischen Rechts, die in Zeiten eines nicht existierenden staatlichen Gewaltmonopols zum Schutz etwa der Familie einen guten Dienst leisteten, erscheinen, wo der öffentliche Raum diesen Schutz zur Genüge bietet, zurecht als Unterdrückung persönlicher Freiheiten, besonders in Bezug auf die Rolle der Frau. Denn der öffentliche Raum galt lange als das Privileg des Mannes.

Nun ist aber die Scharia nur in der Lesart fundamentalistischer Muslime ein festgelegter, unbezweifelbarer Korpus von Rechtsvorschriften (dessen Kenntnis überdies ein jahrelanges, hochspezialisiertes Studium erfordert). Für die meisten Muslime ist der Begriff ›Scharia‹ wie gesagt schlicht gleichbedeutend mit Gerechtigkeit. Denn über mehr als ein Jahrtausend hinweg galt die Scharia im ganzen islamischen Orient als Garant gegen Willkürherrschaft und als Verheißung einer gerechteren Gesellschaft.

Für diejenigen Muslime hingegen, die bereits in einem Rechtsstaat leben, erübrigt sich diese Verheißung, und entsprechend weniger Anhänger finden hierzulande die Fundamentalisten. Die meisten – auch strenger gläubige Muslime im Westen – dürften den Satz von Kant daher so verstehen, wie auch wir ihn zu verstehen gelernt haben: Die Politik muss dem Prinzip des Rechts und der Gerechtigkeit verpflichtet sein, aber was Recht im Einzelnen und konkret bedeutet, ist Gegenstand des politischen Prozesses oder der Auseinandersetzung von Rechts- oder auch Religionsgelehrten.

Im übrigen ist die Vorstellung, dass es eine einheitliche, klar definierbare Scharia gäbe, immer schon eine fundamentalistische Fiktion gewesen. Selbst Mohammed hat ja im Koran durchaus verschiedene Ansichten vorgetragen. Auch einem gläubigen Muslim ist es daher heute und in unserer Gesellschaft möglich, seinem Glauben und dem *Geist* der Scharia, verstanden als Recht im abstrakten Sinn, treu zu bleiben, ohne jede ihrer einzelnen Rechtsvorschriften buchstabengetreu zu befolgen.

Es ist diese Freiheit zur Interpretation des alten Rechtskorpus, worauf gegenwärtig nahezu alle muslimischen Reformer abzielen, auch in der islamischen Welt selbst. Der durchschnittliche Muslim im Westen muss diese Reformdenker nicht eigenhändig gelesen haben, um in einer freien, politisch aktiven Gesellschaft intuitiv zu wissen, dass Regelungen aus der Zeit des Propheten und seiner Nachfolger allenfalls als Richtlinien, aber kaum je als konkrete gesetzliche Regelungen Anwendung finden können.

Zumal weniger gläubige oder säkularisierte Muslime werden in ihrem Religionsverständnis daher in Wahrheit kaum Konfliktpunkte mit dem säkularen Rechtsstaat sehen. Je stärker die Muslime in die demokratische Teilhabe eingebunden werden, desto stärker wird ihr Bewusstsein für das Primat der Politik werden, für die Verhandelbarkeit und Verhandlungsnotwendigkeit des Rechts. Logischerweise gedeiht der Fundamentalismus als Opposition zum Unrechtsstaat immer dort, wo die politische Teilhabe nicht stattfindet – in Saudi-Arabien, in Iran oder bis vor kurzem in Ägypten (selbst dann, wenn sich dieser Staat, wie Saudi-Arabien, selbst exzessiv auf die Scharia beruft). Bei uns ist dieses Bewusstsein von der demokratischen Verhandelbarkeit des Rechts unter vielen Muslimen jedoch bereits so groß, dass die Vorstellung, eine Partei könnte alle ihre unterschiedlichen Interessen sammeln, schon jetzt absurd ist. Die Zerstrittenheit der Islamverbände bezeugt dies.

Die Muslime aktiv in die politische Gestaltung unseres Landes einzubinden und sie so vom Sinn der Verhandelbarkeit des Rechts zu überzeugen, bedeutet aber auch die Bereitschaft, konsensfähigen Aspekten, mit denen sich der Islam in die Gemeinschaft einbringen will, den nötigen Gestaltungsfreiraum zu geben. Davor kann nur Angst haben, wer glaubt, es stünde bei uns in jeder Hinsicht (wäre nur der Islam nicht!) zum Besten. Der Islam, ist zu vermuten, wird dabei zunehmend Vorstellungen in unsere Politik einbringen, die auch viele alteingesessene, und zwar gerade konservative Deutsche vermissen dürften: Die Vermischung des Konservativen und des Sozialen, eine Traditionsbezogenheit, die nicht wie bei unseren Neoliberalen mit einem jede Verantwortung ablehnenden Freibrief für wirtschaftliche Asozialität einhergeht; Vorstellungen, die Gruppenrechten im Konfliktfall höhere Priorität einräumen als individuellen Rechten; die weniger auf den

Staat und mehr auf Eigenverantwortung und -initiative vertrauen; Vorstellungen, in deren Rahmen wirtschaftliche Krisen leichter ertragen werden können als die hektischen Revirements geistig-moralischer Moden, die uns hier im Westen alle fünf bis zehn Jahre eine neue Weltanschauung abverlangen; eine aufrichtige Kinderfreundlichkeit und Bereitschaft, in Kinder zu investieren – ganz ähnlich den Vorstellungen Thilo Sarrazins davon, wie sich die Deutschen verhalten (und Kinder kriegen) sollten. Gerade deshalb übrigens wird mir persönlich vermutlich vieles daran nicht gefallen; aber ich ahne auch, dass ich mit dem Ergebnis nicht schlechter leben werde als mit dem, was mir gegenwärtig in diesem Land auch nicht gefällt.

Der lange Sommer der Anarchie. Afghanistan

Alles blüht in Afghanistan! Nicht nur die Klatschmohnfelder, die vom Warlord bis zum Kleinbauern alle mit einem brauchbaren Einkommen versorgen. Nicht nur Vetternwirtschaft und Korruption, ohne die in Afghanistan selbst ein Minister nicht überleben könnte. Und nicht nur die von westlichen Geheimdiensten genährten Gerüchte über neue Anschläge, Taliban-Operationen und die wilde Finsternis der afghanischen Seele. Auch Schönes blüht in Afghanistan. Am Freitag zum Beispiel, dem Feiertag, an dem alle arbeiten, weil alle es müssen oder wollen, erblüht der Kabuler Himmel von farbenfrohen Spielzeugdrachen. Die afghanischen Kinder haben sie aus primitivsten Materialien, alten Plastiktüten, Zeitungen, Zweigen, Stöckchen und Bindfäden zusammengebastelt und lassen sie nun von den zahlreichen Hügeln und Hängen Kabuls bis zu hundert Meter hoch in den Himmel steigen. Während der sechsjährigen Taliban-Herrschaft war den Kindern das Drachenspiel streng verboten. Jetzt aber lebt es mit einer Begeisterung wieder auf, als hätte es eine Unterbrechung nie gegeben – ganz so, wie es der aus Kabul stammende, heute in Amerika lebende Autor Khaled Hosseini beschreibt. In seinem Roman Drachenläufer *(Deutsch 2003) hat er den Kabuler Drachenkindern ein bewegendes literarisches Denkmal gesetzt.*

Der unübersehbare himmlische Höhenflug der Drachen hat seine Entsprechung auf der Erde, obschon dies im Staub und Ruß der Kabuler Straßen weniger leicht zu erkennen ist. Wer sich indes je in die volkstümlichen Viertel von Kairo, die Altstadt von Casablanca oder die zerstörten Vororte von Beirut verirrt hat, findet in Kabul lauter vertraute Anblicke. In dieser Stadt, in der sich bis vor zwei Jahren das Ende der Welt befand, sieht man jetzt überall kleine Gemischtwarenläden, fahren Gemüsehändler mit ihren Karren herum, auf denen man die Trauben, Äpfel und Birnen findet, für die Kabul seit jeher berühmt war. In den sich zur Straße hin öffnenden, häufig den ganzen Bürgersteig okkupierenden Handwerks-

betrieben herrscht eine Emsigkeit, die an ein Wirtschaftswunder glauben lässt, und oft reicht ein Satz Schraubenschlüssel, ein altes Stück Gummi und eine Luftpumpe, um einen Flecken Straße in eine florierende Fahrradwerkstatt zu verwandeln.

Kabul ist eine Stadt der Fahrradfahrer, denn den Autos zwingen die allgegenwärtigen Schlaglöcher die grüne Utopie eines ewigen Tempo Dreißig auf. Ansonsten freilich, so muss der westliche Besucher mahnend feststellen, haben die Afghanen noch nichts vom Umweltschutz gehört. Einer UN-Studie zufolge entspricht der von den Einwohnern alltäglich eingeatmete Smog dem Konsum von 55 Zigaretten. Dieselbe Findigkeit, die Plastikmüll und alte Zeitungen in Spielzeugdrachen verwandelt, verachtet auch ihren Brennwert nicht. Der Verwertungszyklus ist so gründlich, dass Müll nicht lange auf den Straßen liegen bleibt, und was der Mensch nicht will, das rauben die Ratten oder die Katzen. Hat sich jedoch einmal ein Müllhaufen etabliert, wächst er schnell zu einem echten Hügel heran, wird schamlos als Abtritt benutzt oder als Weidegrund für die städtischen Ziegen. Wer aber aus den sechziger und siebziger Jahren noch die Bilder von den Schwänen auf dem einst wasserreichen Kabulfluss kennt, sollte sich dessen heutigen Anblick, ein stinkendes Rinnsaal inmitten eines völlig zugemüllten Flussbettes, besser ersparen.

In der Hauptstadt des »Transitional Islamic State of Afghanistan« ist in diesem langen Sommer der Anarchie alles möglich. Während die Angehörigen der meisten westlichen Botschaften und vieler Hilfsorganisationen sich aus Sicherheitsgründen nur mit besonderer Erlaubnis und nie ohne Fahrer und Jeep in der Stadt bewegen dürfen, geben sich in den Teppichläden der Chicken Street die ersten Touristen die Klinke in die Hand. Kabul ist dermaßen von Ausländern überlaufen, dass die sogenannten Guest Houses, *einfachste, in ehemaligen Stadtvillen eingerichtete Pensionen, für die bescheidensten Schlafgelegenheiten leicht 70 Dollar verlangen können. Journalisten, Mitarbeiter von NGOs oder Geschäftsleute steigen hier ab, manche mehrere Monate lang.*

Die Preise werden dank der aus aller Welt bereitgestellten Afghanistan-Hilfsgelder künstlich hoch gehalten. Der größte Teil dieser Hilfsgelder fließt nicht in die tatsächlichen Hilfsprojekte, sondern wird von logistischen Kosten und den oft exorbitanten Gehältern der westlichen Mitarbeiter verschlungen. Diese nämlich pflegen nach Kräften und aus gesundem finanziellen Eigennutz die Fiktion, dass sie sich in Kabul alltäglich in größter Lebensgefahr befänden und daher alle erdenklichen Gefahrenzulagen kassieren müssten.

Die Gefahrenlage wird offiziell derart hoch eingeschätzt, dass zum Beispiel das deutsche Außenministerium den nach Kabul entsandten Personen – wie etwa den sechs Lehrern der auch Deutsch-Kurse anbietenden Amani-Schule – nicht erlaubt, ihre Familien nachzuholen. Das Gehalt der mehrheitlich afghanischen Lehrer beträgt an dieser Schule übrigens lediglich dreißig Dollar pro Monat. Sie sind dementsprechend wenig motiviert. Zwar hat Deutschland für die prachtvolle Renovierung der 1924 gegründeten Lehranstalt zwei Millionen Euro ausgegeben, die Aufstockung der Gehälter der afghanischen Lehrer auf fünfzig Dollar erlaubt das deutsche Haushaltsrecht jedoch nicht. Nun versucht ein Förderverein diesem Missstand abzuhelfen. Schon jetzt sind die Klassen mit bis zu fünfzig Schülern hoffnungslos überfüllt. Die salbungsvolle Einweihungsfeier am 22. September 2003 in Anwesenheit hoher politischer Prominenz aus Deutschland nahm sich angesichts dieser Fakten ein wenig scheinheilig aus.

Auf seiner Homepage rät das deutsche Außenministerium übrigens nicht nur generell von Reisen nach Afghanistan ab, es warnt auch davor, nachts in Kabul auf die Straße zu gehen oder sich tagsüber abseits der Hauptstraßen aufzuhalten. Die über hundert Angehörigen der amerikanischen Botschaft in Kabul, die in umgebauten Schiffscontainern sechs bis neun Monate lang wie Legehennen kaserniert sind, dürfen überhaupt nur mit Sondergenehmigung die Botschaft verlassen. Wer aber nie die Gelegenheit hat, durch Kabul zu gehen, wird nie feststellen können, dass es in Wahrheit ungefährlich ist, sei es tags oder nachts, sei es auf Haupt- oder Neben-

straßen oder zwischen den Lehmhütten, die sich an den Hügeln der Stadt hochziehen und von deren Dachterrassen einem die Frauen zulächeln, während sie die Wäsche aufhängen. Die Vorstädte von Neapel, Caracas oder Moskau sind zur Zeit gefährlichere Orte.

Wo vor zwei Jahren nicht einmal Drachen steigen durften, ist jetzt jede Art von Alkohol zu bekommen, wimmelt es von chinesischen und russischen Prostituierten, feiern die von den Ausgangssperren frustrierten UN- und Botschaftsangehörigen jeden Donnerstagabend in ihren schwer bewachten Villen Partys, als wären sie in New York oder Berlin, nur noch einen Tick wilder. Wer das entsprechende Kleingeld mitbringt, kann in Kabul hervorragend Chinesisch, Indisch, Deutsch oder Italienisch essen gehen – und natürlich Afghanisch. Zahlreich sind die Parallelwelten, und jede hat ihre eigenen, strengen Gesetze, aber wem es gelingt, zwischen ihnen zu pendeln, der kann in Kabul die Früchte der Anarchie genießen wie derzeit an wohl kaum einem anderen Ort der Welt.

Sie möchten mit dem Kulturminister sprechen? Nur hereinspaziert ins Kulturministerium! Das Büro liegt im ersten Stock, leicht fragt man sich durch, aber kontrollieren wird einen niemand. Wenn man den Minister nicht in seinem Büro antrifft, darf man mit seinem engsten Berater sprechen. Es ist Rahnaward Zaryab, einer der angesehensten dari-persischen Schriftsteller seines Landes. Nach seinem Exil in Frankreich während der Taliban-Zeit zählt er heute zu den wenigen Intellektuellen, die definitiv zurückgekehrt sind. In den letzten Monaten hat er ein neues Mediengesetz erarbeitet, das, wenn es einmal vom Kabinett abgesegnet ist, seiner Aussage nach das liberalste in der gesamten islamischen Welt sein wird. Zensur ist darin nicht vorgesehen. Sie wäre unter den gegenwärtigen Bedingungen auch nicht zu verwirklichen. Über hundertachtzig Presseprodukte sollen derzeit mehr oder weniger regelmäßig in Kabul erscheinen. Auch wenn es sich bei den Zeitungen oft nur um vier- bis achtseitige Faltblätter handelt, ist diese Papierflut nicht kontrollierbar, zumal der afghanische Staat, so Zaryab, völlig pleite sei.

Die vielen Milliarden Dollar Hilfsgelder für Afghanistan kom-

men fast ausschließlich den NGOs zugute, bleiben also in westlicher Hand, beschwert sich der Schriftsteller. Die afghanische Regierung hat keine Gelegenheit, ihre Handlungsfähigkeit zu beweisen, weil sie kein Geld bekommt – und sie bekommt kein Geld, weil sie ihre Handlungsfähigkeit nicht beweist. Das kulturelle Leben in Kabul, so Zaryab, bleibe übrigens auch deshalb in den Kinderschuhen stecken, weil alle begabten Journalisten mit Fremdsprachen-Kenntnissen bei den viel besser zahlenden Hilfsorganisationen als Fahrer oder Übersetzer arbeiten statt in ihrem Metier. Es versteht sich, dass die reaktionären Kräfte in der rauen afghanischen Presselandschaft dadurch überproportional an Gewicht gewinnen.

Die geringe Bereitschaft der in den letzten fünfundzwanzig Jahren ausgewanderten afghanischen Intellektuellen, zurückzukehren und sich in Afghanistan zu engagieren, beobachtet der in Frankreich ausgebildete Archäologe Zafar Peiman mit Unverständnis. Selbst während der Taliban-Zeit besuchte er das Land regelmäßig, und die Berührungsängste der afghanischen Exilanten mit der Entwicklung in ihrer Heimat sind ihm fremd. Je später sie zurückkehren, warnt er, desto weniger werden sie sich mit dem rasant entwickelnden Land identifizieren können. Eine rühmliche Ausnahme bildet in dieser Hinsicht der in Frankreich lebende junge Erzähler und Filmemacher Atiq Rahimi, der in den letzten Jahren mit seinen beiden Büchern Erde und Asche *und* Der Krieg und die Liebe *auch in Europa bekannt geworden ist (für seinen Roman* Stein der Geduld *erhielt er 2009 sogar den Prix Goncourt). Er gründete mit französischer Unterstützung einen Verlag in Kabul und drehte 2003 im Norden des Landes einen Film nach einem eigenen Drehbuch.*

Einige seiner Kollegen im Exil werfen ihm Naivität vor, weil er sich von den vielen Fehlentwicklungen in Afghanistan nicht abschrecken lässt, sondern stattdessen die ermutigenden Zeichen betont. Afghanistan, so Rahimi, habe nach dem 11. September eine einzigartige Chance bekommen, die man nicht ungenutzt lassen dürfe. Dagegen fristeten die meisten afghanischen Intellektuellen ihr Leben fast nutzlos im Exil. »Warum kehren sie nicht zurück?

Frieden, Demokratie, Menschenrechte und Wohlstand müssen erkämpft werden. Man kann sie nicht herbeidichten.«

(2003)

Projektionsfläche Islam. Was unser Umgang mit den Muslimen über uns selbst sagt

Der Streit um den Islam ist in aller Munde, und jeder fühlt sich genötigt, etwas dazu zu sagen, vom Bundespräsidenten bis zur Schwiegermutter: Wollte man sich ein Bild vom Islam anhand all dessen machen, was hierzulande über ihn geredet wird, das Ergebnis wäre ein buntscheckiger Flickenteppich, dessen Muster und Farbkombinationen wenig Sinn ergäben. Zur Erklärung könnte es dagegen helfen, die Islamdebatten auch unter psychologischem Blickwinkel zu betrachten. Womöglich bietet nämlich der Islam eine Projektionsfläche für Ansichten und Empfindungen, die vielleicht ganz andere Ursachen haben. Tatsächlich wird den sogenannten Islamkritikern von ihren Gegnern häufig »Islamophobie« vorgeworfen. Man muss diesen Vorwurf, der eine irrationale Angst vor dem Islam unterstellt, nicht teilen. Gleichwohl sei die Frage gestellt, wo Vorbehalte gegenüber dem Islam und den Muslimen begründet sind, wo Ängste darin mitschwingen, die übertrieben scheinen, und wofür genau der Islam als Projektionsfläche dienen könnte.

Während die Politik das Islamthema (zumindest in Deutschland) eher klein zu halten versucht, weil alle Parteien in der Islamfrage gleichermaßen gespalten sind, setzen die Medien, wie etwa im Fall des ehemaligen Bundesbankvorstandes und SPD-Politikers Thilo Sarrazin, der sich mehrfach abfällig über den Islam geäußert hat, das Thema groß auf die Tagesordnung und vermitteln den Eindruck, man müsse zum Islam eine dezidierte Position einnehmen, wenn man am Wohl und Wehe unseres Landes, wenn nicht gleich ganz Europas und des Abendlandes, auch nur halbwegs interessiert sei. Ob die Emotionalisierung des Themas dabei ein Bedürfnis der Bevölkerung spiegelt oder ob dieses Bedürfnis von den Medien erst entfacht wird, ist schwer zu entscheiden. Tatsache ist jedoch, dass die meisten Deutschen eher wenig Kontakt zu Muslimen haben, abgesehen vielleicht vom gelegentlichen Einkauf beim türkischen Gemüsehändler oder einem Urlaub an den Stränden des südlichen, islamisch geprägten Mittelmeerraums – Erfahrungen also, die in den seltensten Fällen ein pauschales Negativurteil zur Folge haben dürften. Schon aufgrund dieser rudimentären Begegnung mit dem Islam und den Muslimen liegt die Vermutung nahe, dass in den Meinungen viel Imaginäres, viel Projektion mitschwingt.

Doch unbestritten steht der Islam zusammen mit Klimawandel und Finanzkrise auf den oberen Plätzen der internationalen Problemskala. Die Trias aus Problemen, die uns hier begegnet, ist keine zufällige, vielmehr bildet sie einen fast schon klassischen Dreiklang: Natur, Wirtschaft und Kultur. In allen diesen drei Bereichen werden die globalen Veränderungsprozesse als potenziell apokalyptisch wahrgenommen, als lebensgefährlich. In allen drei, so wird vermittelt, scheint dringendes Handeln erforderlich, und doch wissen wir: Auf den meisten Gebieten passiert nichts oder nur allzu wenig. Allein die tatkräftige Auseinandersetzung mit dem Islam scheint vielversprechend und wird, jedenfalls militärisch in Irak und Afghanistan, so vehement und zugleich ohne sichtbare Verbesserung der politischen Lage geführt, dass man vermuten darf: Es geht vor allem darum, Handlungsfähigkeit zu beweisen.

Die Situation erscheint umso frustrierender, als die Gründe für ein Unbehagen am Islam sicher nicht nur im Auge verängstigter Betrachter, sondern objektiv gegeben sind und einfach benannt werden können: Die Gefahren des Terrorismus und einer schwer zu steuernden Migration, die politische Instabilität einer zunehmenden Anzahl islamischer Länder (gerade auch im Zuge der an sich begrüßenswerten Protest- und Demokratiebewegungen seit 2011), unsere Abhängigkeit vom nahöstlichen Öl, schließlich die vom Westen freilich (mit)verursachten Kriege in Irak und

Afghanistan. Zu diesen politischen Problemfeldern gesellen sich kulturelle: ein kaum zu bestreitender theologischer Niedergang des Islams, der auch von einzelnen herausragenden Reformdenkern nicht aufgefangen wird, sowie die Identitätskrise vieler Muslime, die oft zu einer dogmatischen Verhärtung, wenn nicht zu religiösem Fanatismus führt.

Alle diese Problem bestehen. Sie sind jedoch äußerst verschiedener Natur, hängen nicht unbedingt zusammen und lassen sich nicht ohne weiteres auf den Islam als solchen zurückführen. Viel wahrscheinlicher als die Annahme, dass die Religion für die Krise verantwortlich sei, ist, dass die politische und ökonomische Situation in der islamischen Welt den Niedergang auch des religiösen Lebens zu verantworten hat – sofern man nicht, wie der Islamwissenschaftler Thomas Bauer, gleich von einer westlichen Mitverantwortung für die Verengung des religiösen Denkens im Islam seit dem 19. Jahrhundert ausgeht [S. 156]. Mit diesen Annahmen wäre gleich der markanteste Unterschied zwischen sogenannten Islamkritikern und ihren Gegnern benannt: Für die Islamkritiker sind die Probleme des Islams und der Muslime letztlich auf die von Mohammed in den Jahren 610 bis 632 auf der arabischen Halbinsel gestiftete Religion und ihre schlechte Grundanlage zurückzuführen.

Allerdings darf man vermuten, dass diese Ansicht auf naive Weise der Vorstellung von einem einheitlichen Islam auf den Leim geht. Um das deutlich zu machen, müssen wir nicht Islamwissenschaften studieren. Denn der Islam ist als Religion nicht minder vielgestaltig als das Christentum – ein amerikanischer Evangelikaler hat mit dem deutschen Durchschnittskatholiken so wenig gemeinsam wie der saudi-arabische Wahhabit mit dem marokkanischen Sufi-Islam oder der Glaubenswelt der Schiiten. Schon innerhalb eines Landes sind diese Unterschiede oft unüberbrückbar groß. Der Kemalist, der Alevit, der Kurde, der Sunnit – sie alle sind türkische Muslime, aber in ihren Weltanschauungen so unterschiedlich, dass stets die Gefahr von Konflikten besteht.

Wer solcherlei Unterschiede unter den Muslimen leugnen wollte, schriebe dem Islam eine magische Kraft zu: Er wäre als einzige Weltreligion in seinem Kern gleich geblieben, und das nicht nur über einen riesigen geographischen Raum und in der Begegnung mit unterschiedlichsten anderen Religionen, sondern auch über 1400 Jahre. Die Rede von der Selbstidentität des Islams ist eine Fiktion der Islamkritiker ebenso wie der islamischen Fundamentalisten. Diese wiederum glauben, es gäbe nur einen einzigen wahren Islam, und der müsse nur wiederentdeckt und propagiert werden, um alle Übel der islamischen Welt zu beseitigen. Ein solches Denken reduziert die komplexe Realität der islamischen Welt auf eine simple Formel und erlaubt es, alle möglichen Probleme, gleich woher sie tatsächlich rühren, auf den Islam zu projizieren und zurückzuführen. Gerade deshalb ist es freilich auch so attraktiv und auf eine vordergründige Weise überzeugend.

Doch leider helfen uns diese Pauschalisierungen nicht weiter. Der islamische Terrorismus fordert eine völlig andere Herangehensweise als die Gettobildung in Einwanderervierteln und die damit einhergehende mangelnde Integration. Beide Problemfelder haben aber ihre Wurzeln kaum in der islamischen Religion als solcher. Hätten sie dies, müssten alle Muslime potenzielle Terroristen und integrationsunfähig sein, was offenbar nicht der Fall ist. Tatsächlich ist der islamische Terrorismus – wie jeder andere Terrorismus auch – ein primär politisches Problem; und mangelnde Integrationsbereitschaft ein soziales. Man erkennt es an den Gegenbeispielen: Der iranische Arzt oder der türkische Linksintellektuelle integrieren sich leicht, obwohl sie nicht weniger Muslime sind als die aus palästinensischen Flüchtlingslagern oder anatolischen Bauerndörfern stammenden Eltern der Neuköllner Gettokids. Dasselbe gilt für den Terrorismus. Die Attentäter des 11. September waren äußerlich besser integriert als die meisten Muslime in den Problemvierteln unserer Städte, sie studierten, sprachen Deutsch und Englisch, waren gebildet und stammten aus guten Elternhäusern. Mit libanesischen Drogendealern hatten sie nichts gemein. Auch die Tatsache, dass der islamische Terrorismus vorwiegend in der islamischen Welt selbst stattfindet – derzeit vor allem in Irak und Pakistan, in den neunziger Jahren vor allem in Algerien – und die weitaus meisten seiner Opfer Muslime sind, weist darauf hin, dass es sich hierbei um politische Auseinandersetzungen *innerhalb* des Islams handelt und eben nicht um die Frontstellung eines vermeintlich einheitlichen Islams gegen alle Ungläubigen, wie häufig suggeriert wird.

Angesichts dieser Fülle von Problematiken, die zumindest oberflächlich mit dem Islam assoziiert werden, wundert es nicht, dass dieser eine dankbare Projektionsfläche abgibt. Die eigentlichen Motive für solche Projektionen werden wir jedoch vermutlich eher bei uns selbst als im Islam finden. Das ist nicht überraschend. Selbst wenn in der öffentlichen Debatte vordergründig über eine fremde Kultur geredet wird, so ist die Intensität dieser Debatten doch nur zu verstehen, wenn wir begreifen, dass es dabei nicht zuletzt um uns und um unser eigenes Selbstverständnis geht.

Dafür brauchen wir einen Spiegel. Ohne diesen können wir uns ebenso wenig im kulturellen Sinn als Ganzes sehen, wie man seinen eigenen Körper ohne Spiegel nicht vollständig sehen kann. Solche Spiegel zur kulturellen Selbstfindung hat es immer gegeben. In Deutschland waren dies früher die Erzfeinde Frankreich und England, aber auch Juden, Katholiken, Sozialisten und Kommunisten. Freilich, alle diese Spiegel repräsentierten zugleich ein Stück unserer eigenen Kultur und hatten dadurch einen Nachteil: Will man sich etwa in Abgrenzung zum Judentum definieren, muss man ausblenden, dass das Judentum über das Alte Testament und die jüdischen Beiträge zur deutschen Kultur immer schon zu ›uns‹, zu unserem Kulturkreis gehört hat (wie unsere Politiker gerade in der Auseinandersetzung mit dem Islam neuerdings gern betonen). Der Islam erscheint im Vergleich dazu als das ganz andere oder wird, zumindest von den Islamkritikern, als das ganz andere, das absolute Gegenteil des Abendlandes konstruiert. Durch die Abgrenzung von dem so konstruierten, negativen Islam erscheint unsere eigene Kultur als positives Gegenbild, mit dem wir uns umso leichter identifizieren können, als unsere sonstigen offensichtlichen Probleme in diesem Spiegelbild vorübergehend ausgeblendet werden.

An dem Beispiel von Thilo Sarrazins Sachbuch-Bestseller des Jahres 2010, *Deutschland schafft sich ab,* lässt sich leicht aufzeigen, wie die Projektion funktioniert und wie ein unser eigenes Selbstverständnis betreffender Problemkreis plötzlich auf ein anderes Thema, den Islam, verlagert wird. Viele der von Sarrazin in seinem Buch vorgebrachten Thesen haben mit dem Islam nichts zu tun. Eine seiner zentralen Behauptungen besagt, dass in einer sozial durchlässigen, den Intelligenten und Fleißigen viele Aufstiegsmöglichkeiten bietenden Gesellschaft wie der deutschen die Unterschicht nach und nach zwangsläufig von den Dümmeren und weniger Leistungsbereiten gebildet wird. Da laut Sarrazin aber Intelligenz vererbbar ist und die Unterschichten mehr Kinder bekommen, weil der Sozialtransfer Kinderreichtum belohnt, verringern sich mit der Zeit logischerweise die Leistungsbereitschaft, Intelligenz und Wettbewerbsfähigkeit der Gesamtbevölkerung.

Seltsamerweise wurde diese Kernthese von Sarrazins Buch nur sporadisch diskutiert, stattdessen umso mehr über den Islam geredet. So entstand in der öffentlichen Debatte der Eindruck, es hinge vor allem an unserem Umgang mit den Muslimen, also fünf Prozent der Bevölkerung, ob Deutschland sich nun »abschaffe« oder nicht – wobei die konstatierten Probleme (mangelnde Integration, hohe Geburtenrate und Abhängigkeit von Sozialsystemen; nicht jedoch mindere Intelligenz, die Sarrazin den Muslimen, anders als vielfach behauptet, nicht pauschal unterstellt!) selbst Sarrazin zufolge nur auf einen Bruchteil dieser fünf Prozent tatsächlich zutreffen.

Wer das umstrittene Buch nicht gelesen hatte, musste annehmen, es sei ein Beitrag zur Islamdebatte, während es doch eigentlich das bestehende Sozialstaatsmodell in Frage stellt. Es handelt sich um einen idealtypischen Fall von Verdrängung, der auffälligerweise sowohl bei Befürwortern wie bei Gegnern von Sarrazin greift – denn auch seine Gegner attackieren ihn nun vornehmlich wegen seiner Haltung zum Islam, nicht für die viel weiter reichenden Thesen zum Sozialstaat. Diese Thesen haben Sprengkraft genug, um unser Selbstverständnis, ja unsere ganze gewohnte Lebensweise zu erschüttern. Reduziert man das Buch auf die Islamdiskussion, ergibt sich (nach dem oben genannten Gesetz des Spiegels) der umgekehrte Effekt: In der Abgrenzung zum Islam und den muslimischen Einwanderern wird unser Selbstverständnis vor allem bestätigt. Die in unserem Selbstbild gründenden Gefährdungen werden dabei auf Probleme mit dem Islam und den Muslimen reduziert. Das eigentliche heiße Eisen, die von Sarrazin etwa geforderte weitgehende Abschaffung von Sozialtransfers in der gegenwärtigen Form, wird nicht angepackt.

Es verhält sich damit in etwa wie mit Klimawandel und Finanzkrise. Da beides vorläufig nicht lösbar scheint, verlagert man die Diskussion auf ein vordergründig handfesteres, lösbareres Problem, unseren Umgang mit dem Islam und den Muslimen. Die aus diversen Quellen gespeisten Ängste und Frustrationen werden so umgepolt, dass sie in einer klassischen Sündenbockmechanik auf eine gesellschaftliche Minderheit projiziert werden. Manche Beobachter, etwa der Antisemitismusforscher Wolfgang Benz, sprechen in diesem Zusammenhang bereits von einem neuen Rassismus. Diese Gefahr besteht, aber letztlich besteht noch eine größere.

Auch und gerade dann nämlich, wenn man den Islam und die Muslime, gleich aus welchen Gründen, wenig sympathisch findet, sollte man sich davor hüten, Probleme auf eine Kultur oder eine Menschengruppe zu projizieren, die von ganz anderer Seite her angegangen werden müssten. Statt unser Weltbild und Selbstverständnis zu hinterfragen und zu korrigieren, wie es in der gegenwärtigen Situation in Wirtschaft und Umwelt angebracht schiene, wird vielfach versucht, unsere Mentalität noch einmal zu bestätigen, indem sie mit einer scheinbar viel schlechteren, der islamischen, verglichen wird. Aber so gut der relativ aufgeklärte Westen im Vergleich zur wirtschaftlich und kulturell darniederliegenden islamischen Welt auch abschneiden mag, es hilft uns nichts, um unsere Probleme zu lösen.

Auffällig an der übermäßigen Fokussierung auf den Islam ist noch etwas anderes: Die handfesten, nämlich wirtschaftlichen und umweltpolitischen Fragen werden ausgerechnet mit Hilfe eines ›weichen‹, kulturellen Themas verdrängt. Das dürfte zwei Gründe haben. Zum einen lässt sich über Kultur leichter reden – man muss nichts über den Islam wissen, um eine Meinung zu ihm zu haben; es genügt, sich selbst für anders, und das heißt in der Regel für besser, zu halten. Bei Umwelt- und Wirtschaftsfragen ist hingegen klar, dass jeder einzelne immer irgendwie ein Teil des Getriebes ist, ob er will oder nicht; und dass man ohne sachliche Kompetenz sich schwerlich dazu äußern kann.

Zum anderen aber ist die Verlagerung auf das kulturelle Thema zugleich ein Indiz für die Wiederkehr des Verdrängten: nämlich der Ahnung, dass wir ohne einen kulturellen Wandel, einen Wandel in unseren Wert- und Weltvorstellungen, gerade auch die Wirtschafts- und umweltpolitischen Probleme nicht vernünftig psychologisch verarbeiten, geschweige denn angemessen bewältigen und lösen können. Wir verlagern den Fokus der Debatte also nicht zuletzt deshalb (und oft unbewusst) von den harten auf die weichen Gegebenheiten, weil wir intuitiv wissen, dass wir nur diese wirklich ändern können: uns.

Die hitzigen Debatten um den Islam erscheinen vor diesem Hintergrund wie eine Art Rückzugsgefecht, ein Stellvertreterkrieg, dessen Aufgabe in unserem Psychohaushalt darin besteht, die bittere Erkenntnis zu verdrängen, dass mit Konsumrausch und Gewinnmaximierung keine Umwelt und kein Staat zu retten ist. Fast unverblümt steht diese Erkenntnis übrigens auch im Buch von Thilo Sarrazin: Je erfolgreicher jemand im traditionellen Sinn von Karriere und Gewinnmaximierung ist, desto weniger wahrscheinlich, schließt Sarrazin richtig, ist seine Motivation, Kinder zu bekommen. Aber um diese Entwicklung zu stoppen, setzt Sarrazin nicht auf einen kulturellen Wandel, auf eine Änderung der herrschenden Mentalitäten, sondern er will das Problem wiederum mit dem Mittel der Gewinnmaximierung lösen, indem er vorschlägt, jeder Mutter unter dreißig mit Universitätsabschluss 50.000 Euro zu zahlen, damit sich das Kinderkriegen nicht nur für Sozialhilfeempfänger ›lohnt‹. Viel sinnvoller, und im übrigen weniger kostspielig, wäre stattdessen ein kultureller Wertewandel, der unser Selbstverständnis aus der gegenwärtigen Sackgasse führt und uns in die Lage versetzt, kulturell und psychisch mit knapper werdenden Ressourcen fertig zu werden – und trotzdem glücklich zu sein. Freilich: Leichter ist es, sich in der Auseinandersetzung mit einem krisenhaften Islam ein letztes Mal selbst zu bestätigen. In Wahrheit aber ließe sich vom Islam und den Muslimen sogar etwas lernen. Genau die Werte nämlich, die uns gerade fehlen, sind im islamischen Kulturkreis oft stark und nachhaltig bewahrt. Kinderfreundlichkeit ist darunter nicht der geringste, gestehen selbst die größten Islamkritiker zu!

Wutgegenstand Islam

Kann eine Rede über Affekte uns helfen zu verstehen, was uns umtreibt? Wut ist kaum klar definierbar, zumal sie in unserer affektkritischen Kultur dazu neigt, sublimiert zu werden und sich zu verstecken. Man wird daher bei diesem Thema ein wenig Küchenpsychologie betreiben müssen, tentativ denken, angreifbar.

Wie alle Affekte ist Wut inhaltlich und thematisch nicht gebunden. Das macht die Auswahl dessen, über was wir reden, wenn wir über Wut reden, einigermaßen beliebig. Hinzu kommt, dass wohl jeder Mensch selbst der beste Spezialist für seine eigene Wut ist. Aber gibt es nicht trotzdem Anknüpfungspunkte und Verbindungen von dieser je persönlichen Wut zu den Phänomenen, die unter dem Stichwort ›Islam‹ die Öffentlichkeit beschäftigen?

Eine Triebfeder der Wut ist die Verlustangst. Diese gleichsam prophylaktische Wut, die sich von dem nährt, dessen Eintreten man fürchtet, hat, jedenfalls was unsere Situation in Mitteleuropa betrifft, mit einem schweren Handicap zu kämpfen. Es besteht darin, dass die Kräfte bedrohlichen Wandels, die diese Angst und Wut schüren, zugleich als integraler Bestandteil des Systems erscheinen, das sie gefährden.

Dasjenige, wovor wir Angst haben und das uns aufbringt, ist zugleich dasjenige, dem wir einige der wichtigsten unserer Errungenschaften verdanken. Diese Feststellung trifft auf nahezu alle Krisen zu, mit denen wir gegenwärtig konfrontiert sind: Umwelt, Finanzkrise, Verteilungsgerechtigkeit, Wachstum, Unterentwicklung, beziehungsweise globale Ungerechtigkeit. Diesen Krisen liegt vielfach genau das zu Grunde, was unseren Wohlstand ausmacht. Wenn ich um die Umwelt fürchte und meine Wut sich zum Beispiel gegen die Verhinderer von Weltklimaabkommen richtet, so sollte mir klar sein, dass jedes Klimaabkommen das Potenzial hat, auch meinen eigenen Wohlstand zu gefährden, wie er sich äußert zum Beispiel in Gestalt massenweiser PKW-Nutzung oder preisgünstiger Flüge.

Und es mag ja sein, dass ich mir eine stärkere Kontrolle der Manager und Banken wünsche. Aber wie lege ich dann noch sinnvoll mein Geld an oder komme an günstige Kredite? Wirtschaftswachstum um jeden Preis scheint mir verderblich. Ohne Wachstum werde aber auch ich bald ärmer sein. Und es gibt viele Menschen, die sich den Luxus, kein nennenswertes Wirtschaftswachstum zu wünschen, nicht leisten können.

Gewiss bin ich gegen den Krieg in Afghanistan und die militärischen Eingriffe in der islamischen Welt. Aber wie viel Instabilität im Nahen und Mittleren Osten können wir uns wirklich leisten, ganz abgesehen von der Frage, was die Mehrheit der afghanischen Zivilisten wünscht. Und wäre ich nicht vielleicht doch bereit, mit denselben militärischen Mitteln oder noch extremeren die Taliban von den pakistanischen Atomwaffen fernzuhalten?

Wir scheinen in einer Situation zu sein, in der jede Bewahrung auf der einen Seite mit einem Verlust auf der anderen einhergeht. Ich will damit kein apokalyptisches Szenario zeichnen. Ich behaupte nicht, dass etwa Wirtschaftswachstum und Umweltschutz unvereinbar sind, dass eine nachhaltige Finanzwirtschaft unmöglich ist oder das Engagement in Afghanistan zwangsläufig in einer Katastrophe enden wird. Ich kenne mich auf diesen Gebieten überhaupt nicht gut genug aus, um derartiges zu behaupten. Mir geht es um etwas ganz anderes, nämlich um die fast zwangsläufige Gebrochenheit des Willens zur Veränderung, den die Wut mit sich bringt, des Willens, die Welt neu zu gestalten, also die Wut in Dienst zu nehmen für politische oder andere Ziele, denen wir uns verschreiben. Je komplexer die Wirklichkeit sich darbietet, desto schwieriger wird es, sich einem solchen Ziel zu verschreiben, zumal dann, wenn der Impetus, der mich treibt, eher ein bewahrender ist als ein revolutionärer, wenn ich zu viel zu verlieren habe, um für die angestrebte Veränderung ein substanzielles Risiko einzugehen.

Ich möchte ein weiteres Beispiel für ein derartiges Dilemma anführen. Die Denkungsart darin stößt mich persönlich zwar ab, sie ist für unsere Zwecke jedoch zentral. Die Wut aus Verlustangst, die Wut als Impuls zur Bewahrung äußert sich auch in einer Angst vor dem, was als Überfremdung bezeichnet wird, als demographische Unterwanderung, oder manchmal sehr konkret als »Islamisierung«. Lassen wir dahingestellt sein, was es damit realiter auf sich hat, ob es die Islamisierung oder Überfremdung wirklich gibt oder ob es sich dabei nur um aus der Angst geborene Phantome handelt. Mich interessiert daran etwas anderes. Wenn nämlich jemand Angst vor einer solchen demographischen Unterwanderung hat, wird er gleichzeitig kaum leugnen können, dass unsere Gesellschaften, wollen sie ihren Wohlstand bewahren, die Zuwanderung benötigen – und zwar in einem viel größeren Maß, als es gegenwärtig der Fall ist. Angesichts der zunehmenden Überalterung Europas lassen sich ohne verstärkte Zuwanderung außereuropäischer Menschen weder die Renten- und Gesundheitssysteme noch die Wirtschaft auch nur annähernd auf dem gegenwärtigen Niveau halten.

Wer also Zuwanderung ablehnt, weil er Angst vor Überfremdung, vor dem Verlust seiner Identität und dem Verlust seines Wohlstands und seiner Privilegien hat, wird seinen Wohlstand erst recht gefährden. Er kann sich allenfalls in der Hoffnung wiegen, dass es eine Zuwanderung durch Fremde gibt, die ihm nicht ganz so fremd und unheimlich erscheinen, wie diejenigen, gegen die sich seine Wut gegenwärtig vor allem richtet. Die Wahrscheinlichkeit, dadurch nur eine andere Form von Ablehnung gegenüber anderen Fremden zu generieren, ist jedoch hoch. Dem grundsätzlichen Dilemma wird er kaum entkommen, und ein zukunftsträchtiges politisches Programm wird sich aus dieser Wut nur schwer kreieren lassen. Und es ist wahrscheinlich, dass diese politische Impotenz der Verlustangst-Wut nur zu einer noch größeren Wut führen wird.

Wir befinden uns daher in einem paradoxen Wut-Zustand. Die Wut, die jeder zwangsläufig immer hat, die einen mehr, die anderen weniger, die Wut, die, gleich wodurch sie ursächlich motiviert ist, eine entscheidende Triebkraft für gesellschaftliche Veränderungen ist, findet sich ausgebremst – ausgebremst durch eine insgesamt immer noch zufriedenstellende politische und gesellschaftliche Lage, ausgebremst durch einen beträchtlichen Wohlstand und schließlich durch die erwähnte hohe Komplexität der Probleme, mit denen wir konfrontiert sind, durch die Unmöglichkeit, die Wut sinnvoll zu kanalisieren und in ein eindeutiges politisches Handeln umzumünzen.

Das aber heißt für die Wut vor allem eins: Sie liegt brach. Sie köchelt sinnlos vor sich hin. Sie verliert sich in Details. Sie bleibt ungenutzt, unbefriedigt, ohne Objekt, während doch jede Wut naturgemäß dazu drängt, sich auf etwas zu richten. Um sich auf etwas zu richten, braucht sie jedoch, jedenfalls in unserer affektkritischen Kultur, vorzeigbare Rechtfertigungen und – zumindest scheinbar – rationale Gründe. Notfalls konstruiert sich die Wut solche Gründe selbst. Sie geht dabei in aller Regel nicht sehr genau vor, neigt dazu, sich ihre Gründe zurechtzubiegen. Ihr kann daher leicht widersprochen werden.

Andererseits, oder vielleicht gerade deshalb, ist diese Wut dankbar für jeden Anknüpfungspunkt, wie etwa ein aggressiver Typ, dem wir auf der Straße begegnen, schon einen kurzen Blick von uns als Aggression begreift, als Anlass zum Zuschlagen. Wut lauert auf solche Gelegenheiten. Sie überzieht die Welt mit einem Blick, der ihresgleichen sucht. Je aggressiver meine Ausstrahlung, desto mehr Aggressionen zieht sie an. Wut und Gewalt funktionieren mimetisch: Sie laden zur Nachahmung ein. Selbst wenn ich nicht wütend bin: Sobald ich Wut und Gewalt begegne, steigt die Wahrscheinlichkeit, dass ich selber wütend und gewalttätig werde.

Der Globalisierungskritiker Jean Ziegler hat vielfach auf die Wut der sogenannten Dritten Welt aufmerksam gemacht.[40] Es ist leicht nachvollziehbar, dass die Wut-Kontexte dort völlig andere sind. Eine Wut gegen den Westen – Jean Ziegler scheut nicht das Wort »Hass« – kann Gründe für sich geltend machen, für die wir

40 Jean Ziegler, *Der Hass auf den Westen,* Gütersloh 2009.

in unseren Breiten seit mehr als einem halben Jahrhundert keine Entsprechung mehr kennen. Die Wut gegen verknöcherte, diktatorische Regimes, gegen die Unmöglichkeit zur wirtschaftlichen Teilhabe, gegen Unrecht und Erniedrigung jeder Art – für sie haben wir kein Pendant, wir kennen seit langem nichts auch nur annähernd Vergleichbares in unserem Euro-Europa und beginnen es erst in jüngster Zeit wieder zu ahnen, wenn wir mit den Straßenprotesten anlässlich der Schuldenkrise in Griechenland und Spanien konfrontiert werden.

Wie aber begegnet *uns* die Wut der Dritten Welt, von der Jean Ziegler geredet hat, konkret, das heißt jenseits des virtuellen Sicherheitsabstands, den uns der Fernsehschirm gewährt? Überraschenderweise bekommen wir von der angeblich so großen Wut der Dritten Welt nur sehr wenig mit – in unserem alltäglichen Leben selbst dann fast nichts, wenn wir in einem dieser Länder unseren Urlaub verbringen. Kaum ein Strand- oder Bildungsurlauber, der in den letzten Jahren Ägypten oder Tunesien besucht hat, dürfte seinen Gastgebern die Wutenergie angesehen haben, die von den Revolutionen des Jahres 2011 schließlich freigesetzt wurde. Hinzu kommt, dass uns die Wut der ärmeren Länder vordergründig so wenig betrifft, dass wir keine Anknüpfungspunkte zu ihr finden, uns zu keiner Wut-Mimesis gereizt fühlen. Die südliche Hemisphäre, können wir sagen, ist ein Schlägertyp, der uns nicht sieht und den wir nicht sehen. Er wohnt halt in einem anderen Viertel.

Eine Schnittstelle, einen Wutknotenpunkt gibt es jedoch, an dem die Wut zumindest eines Teils dieser Welt für uns manifest wird, und zwar selbst dann unausweichlich, wenn wir uns Mühe geben, sie zu ignorieren. Diese Schnittstelle bilden die Berührungspunkte mit dem Islam und den Muslimen. Hier, und fast würde ich sagen, nur hier – mit Ausnahme einiger Enklaven in Lateinamerika vielleicht – wird die Wut der ärmeren Länder für uns spürbar und greifbar. Sie fordert uns heraus und wir sie, sie reagiert auf uns und wir auf sie. Diesem Befund entspricht, dass sich auf dem Boden der islamischen Welt auch die gegenwärtigen militärischen

Auseinandersetzungen mit westlicher Beteiligung vollziehen. Zugleich stammen die meisten Zuwanderer in Europa aus der islamischen Welt, und sind, ob praktizierend oder nicht, ihrem Herkommen nach Muslime. Als größte und kulturell fremdeste Gruppe fallen sie stärker auf als alle anderen (sieht man von der geringen Zahl von Asiaten und Schwarzafrikanern ab). Sie fallen schon durch ihr Äußeres auf, noch unabhängig von der Frage, wie gut sie integriert sind und wie reibungslos der Kontakt mit ihnen ausfällt – er vollzieht sich die meiste Zeit verblüffend reibungslos. Auch die einzige konkrete sich gegen den Westen richtende Gewalt begegnet uns im Zeichen eines (radikal interpretierten) Islams in Form des Terrorismus. Ich möchte allerdings bezweifeln, dass wir wirklich behaupten können, diese Aggression *begegnete* uns, wir seien unmittelbar damit konfrontiert oder je dieser Gewalt konkret ausgesetzt gewesen. Mir jedenfalls, sooft ich auch in der islamischen Welt unterwegs gewesen bin, ist sie noch nicht begegnet. Den Lesern dieses Beitrags wahrscheinlich auch nicht, weder hier noch dort. Aber wir hören davon und sind uns der Möglichkeit einer solchen Begegnung bewusst.

Dies alles würde wahrscheinlich schon genügen, um den Muslimen einen besonderen Wut-Magnetismus zuzuschreiben, also die Fähigkeit, zu einer Projektionsfläche für unsere ansonsten brachliegende und ausgebremste Wut oder Verlustangst zu werden. Es kommt aber noch etwas hinzu. Der Islam hat seit seiner Entstehung einen ähnlichen imperialen, missionarischen und hegemonialen Anspruch wie das christliche Abendland. Es ist ein Anspruch, der objektiv betrachtet ebenso gerechtfertigt oder abwegig ist wie der westliche, und er hat sich ebenso wie der westliche in langen historischen Zeiträumen und über weite Gebiete hinweg tatsächlich verwirklicht, zuletzt in Gestalt des Osmanischen Reichs, dessen Untergang kurz nach dem Ende des Ersten Weltkrieges noch keine hundert Jahre zurückliegt. Dieser Anspruch ist mithin ebenso real wie der westliche, obgleich er natürlich, anders als der westliche, gegenwärtig fernab von jeder Realisierung ist. Darauf kommt es aber in unserem Fall nicht an. Worauf es ankommt, ist der Anspruch als solcher. Er bedeutet, dass man als Muslim in der islamischen Welt mit guten, historisch belegbaren Gründen das Gefühl einer Degradierung und des Verlusts haben kann.

Wir hatten bereits festgestellt: Derjenige, der etwas verliert, dessen (begründete) Erwartungen enttäuscht werden, wird eher zur Wut, zum wütenden Protest, zur Revolte neigen als derjenige, der noch nie etwas hatte. Es ist daher psychologisch sehr nachvollziehbar, dass der größte Widerstand gegen die koloniale und postkoloniale Weltordnung von der islamischen Welt ausgegangen ist und bis heute ausgeht. Dabei ist wichtig zu sehen, dass dieser Widerstand und diese Wut weniger religiös als kulturgeschichtlich motiviert sind. Bis in die achtziger Jahre des 20. Jahrhunderts ging er nicht primär von religiösen Kräften und unter religiösen Vorzeichen aus, sondern von säkularen Kräften, für welche die Religion nur eine Nebenrolle spielte. Von diesem eher kulturgeschichtlichen als religiösen Anspruch profitieren heute die islamischen Ideologen insofern, als sie diese Ansprüche für sich reklamieren und abschöpfen, so dass in der islamischen Welt auch solche gesellschaftlichen Kräfte mit ihnen sympathisieren, die den Islamisten ideologisch eigentlich fern stehen. Mithin begegnet uns dieser hegemoniale Anspruch heute als primär religiöses und missionarisches Projekt, während er über Jahrhunderte hinweg vor allem ein imperiales Projekt war, für das die Eroberung bereits islamisierter Gebiete keinen Deut weniger zählte als die nichtislamischer und für das die Missionierung und Islamisierung stets nebensächlicher war als die eigentliche Herrschaft, wie es sich am Fortbestand der christlichen Orthodoxie in Südost-Europa auch unter osmanischer Herrschaft leicht belegen lässt

Doch zurück zu uns, in den Westen. Wir hatten ja spekuliert, dass die Wut, die wir alle irgendwie haben, in vielen Fällen ausgebremst wird, sich nur schwer unmittelbar politisch niederschlagen kann, dass sie brach liegt. Sie findet nichts oder wenig, auf das sie sich, ohne von Verstand und Vernunft als kontraproduktiv gezügelt zu werden, richten kann. Falls diese Feststellung zutrifft, wird diese brachliegende, sich allenfalls gebrochen auslebende Wut für alles dankbar sein, was ihr als Objekt und Projektionsfläche entgegen tritt und zugleich den Kontrollmechanismen der Rationalität einigermaßen standhält.

Dafür, dass der Islam zum Gegenstand der Wut und zum Thema von wutgeleiteten Debatten wird, braucht es also rational vermittelbare Anknüpfungspunkte, braucht es Botschaften und eine spezifische Art von »Wissen« über den Islam, das produziert und kommuniziert werden muss. Dieses Wissen sollte von der Art sein, dass es den Islam als Gegenstand der Wut festschreibt, ohne dass sich Wut und Affekt als solche dabei zu erkennen geben. Es besteht aus spezifischen, idealerweise rational begründeten Charakterisierungen des Islams, die diesen als Wut-Projektionsfläche konstruieren. Zu diesen offen kommunizierten, vordergründig rationalen Charakterisierungen gesellt sich eine Grauzone von Schmuddelargumenten, die nur subkulturell vermittelt werden, und schließlich eine Dunkelzone von Ansichten über Muslime, die als tabu gelten und selten offen ausgesprochen werden, von denen wir jedoch mit guten Gründen annehmen dürfen, dass sie existieren.

Ohne Anspruch auf Vollständigkeit seien einige der wichtigsten Thesen dieses »Islamwissens« hier aufgezählt. Sie finden sich ähnlich auch in dem Manifest von Anders Breivik, dem islamfeindlichen norwegischen Attentäter, der am 22. Juli 2011 siebenundsiebzig Menschen tötete.

- Der Islam ist eine Religion oder Kultur, die keine Aufklärung kennt, also gleichsam in der Vormoderne stecken geblieben ist [S. 126]. Eine weit verbreitete Argumentation dafür führt als Indiz die islamische Zeitrechnung an (Beginn 622 n. Chr.), nach der sich die Muslime erst im fünfzehnten Jahrhundert befinden. Der zivilisatorische Stand heute sei also ungefähr mit dem Europas im ausgehenden Mittelalter zu vergleichen. Es wundert daher nicht, dass an ihm vieles archaisch wirkt, unzivilisiert, brutal und vernunftfeindlich – mittelalterlich eben! [S. 156].

- Der Islam kennt keine Trennung von Staat und Religion. Er ist nicht säkularisierbar und mit säkularen Gesellschaftsmodellen, mithin mit Demokratie, nicht vereinbar. Zu diesem Komplex zählt auch, dass die Scharia, verstanden als das unumstößliche Gesetz für alle Muslime, mit dem Rechtsstaat und einem modernen Rechtsverständnis insgesamt komplett und in alle Ewigkeit unvereinbar ist [S. 161].
- Der Islam ist der Grund für die despotischen Regimes in der islamischen Welt, für Menschenrechtsverletzungen, für Diktaturen und Demokratiefeindlichkeit. Das Argument leitet sich aus den vorigen beiden ab. Hinzu kommt das Klischee eines typisch orientalischen Despotismus. (Hitler, Stalin, Ceausescu, Franco und alle anderen müssen nach dieser Lesart dann für Europa untypisch gewesen sein.) Die arabischen Revolutionen, so die Ansicht, sind daher letztlich zum Scheitern verurteilt.
- Der Islam ist sich gleich. Sein Wesen ist unveränderlich [S. 46], festgelegt in Koran, Scharia und Hadith, den Berichten über den Propheten [S. 133], gleich zu welcher Zeit und in welcher Weltregion. Dazu zählt auch die These, dass zwischen Islam und Islamismus, also der Religion als politischer Ideologie, nicht getrennt werden kann.
- Der Islam ist nicht reformierbar. Das harmoniert mit der These, dass der Islam sich gleich ist. Wäre er reformierbar, würde er sich ja schon nicht mehr gleichen. Die Unreformierbarkeitsthese besagt: Wird der Islam reformiert, ist es nicht mehr der Islam, sondern die Reform kommt einem Abfall vom Islam gleich, das heißt einer Bekehrung zum Säkularismus oder einer anderen Religion [S. 32].
- Der Islam hat einen Welteroberungsanspruch, er strebt die Weltherrschaft an, die Bekehrung oder Vernichtung oder zumindest Unterdrückung Andersgläubiger. Das Argument hat eine höchst anrüchige Vorgeschichte: Die These von der anzustrebenden Weltherrschaft diente vormals dazu, die Fronten gegen den Kommunismus, und davor, die Fronten gegen die

Juden zu schließen. Dieses Argument ist vor allem deswegen unsinnig, weil sich dasselbe mit noch größerer Berechtigung von unseren eigenen Anschauungen und unserem eigenen politischen System sagen lässt, das die Welt weitaus stärker beherrscht als jede andere Sichtweise.

- Der Islam ist frauenfeindlich, schwulenfeindlich und so weiter, wobei nicht zwischen Islam und islamischer Welt und Kultur unterschieden wird. Natürlich ist der Islam, wie wohl jede Religion als solche, nicht homosexuellenfreundlich. Die islamischen Kulturen waren es jedoch in ihrer Geschichte – die Literatur belegt es – durchaus [⇦ S. 156]. Noch heute gilt Nordafrika – und wieder belegt es die Literatur von André Gide bis Hubert Fichte – als eines der Paradiese des schwulen Sextourismus.
- Die Muslime reden mit doppelter Zunge. Wenn die Muslime die Reformierbarkeit ihrer Religion behaupten, die Vereinbarkeit des Islams mit Rechtsstaat und Demokratie, so ist dies – ein arabisches Wort, das jeder zünftige Islamgegner kennt – *Taqiya,* das heißt »Verstellung«, der sich die Muslime angeblich befleißigen sollen, um unter Ungläubigen keinen Repressionen ausgesetzt zu sein (tatsächlich bezieht sich *Taqiya* auf die Verstellung, die Schiiten unter repressiver sunnitischer Herrschaft zum eigenen Schutz walten lassen dürfen). Wir befinden uns hier schon im Bereich der Schmuddelargumente. Denn klar ist: Die Behauptung einer potenziellen Doppelzüngigkeit der Muslime spricht diesen jegliche Chance ab, glaubwürdig eigene Überzeugungen zu vermitteln, die den Festschreibungen durch die Islamkritiker nicht entsprechen.

Zu den eher schmuddeligen Argumenten zählt ferner:

- Die Muslime sind Judenfeinde und Antisemiten, sie möchten die Juden vernichten. Folglich sympathisierten sie – und sympathisieren angeblich oft immer noch – mit Hitler. Der Islam tritt in dieser Logik praktisch das Erbe des antisemitischen Faschismus an. Wenn die Muslime die Juden ausrotten könnten, würden sie dies sofort tun. Im Rahmen dieses Arguments werden Juden und Israel oft gleichgesetzt – eine Gleichsetzung, die bedauerlicherweise auf den arabischen Diskurs übergegriffen hat, der früher stets die Unterscheidung zwischen beiden gepflegt hat, um die nicht-religiös, sondern politisch motivierte Ablehnung Israels zu betonen.

In scharfem Gegensatz zu dieser Behauptung wurden die arabischen Diktatoren, um sie zu diskreditieren, von den Revolutionären des Jahres 2011 oft mit Hitler verglichen oder mit Hitlerbart karikiert. Und obwohl Israel gewiss keine Sympathien unter den arabischen Revolutionären genießt, waren antisemitische Losungen nicht zu vernehmen.

- Die islamische Geschichte ist immer schon von Gewalt geprägt gewesen, der Islam hat sich nur durch Gewalt verbreitet (so klang es noch in der Regensburger Rede des Papstes 2006). Zudem predigt der Islam (anders als, gemäß dieser Sicht, das Christentum) Gewalt, vor allem natürlich gegen Andersgläubige. Laut extremeren Varianten dieser Auffassung hat der Islam sogar den Genozid erfunden[41] oder, in völkermörderischem Ausmaß, die Sklaverei.[42] Dieses Argument wird gern mit entsprechend herausgesuchten Koranpassagen garniert.
- Muslime sind vergleichsweise unfähig, sich anzupassen und zu integrieren. Sie sind bildungsfern oder bildungsunfähig (die Sarrazin-Thesen ⇒ S. 177).
- Muslime sind, sei es aus religiösen oder ethnischen Gründen, nicht mit den Europäern vergleichbar. Daher können etwa die Türken nicht Mitglieder der EU werden.

Es erleichtert die Konstruktion der Muslime als Wut-Projektionsfläche, dass sie oft anders aussehen, eine dunklere Hautfarbe haben und häufig der Unterschicht angehören und damit gerade gebildeteren Mitbürgern fremd vorkommen. Auch wenn kaum jemand dies offen aussprechen mag, spätestens wenn die eigene

41 So der Historiker Egon Flaig in der FAZ vom 16.9.2006.

42 So zuletzt Tidiane N'Diaye, *Der verschleierte Völkermord*, Reinbeck 2010.

Tochter auf einmal einen türkischen Freund hat, kann dieses Bild des Muslims zu echten Konflikten führen, auch wenn sich diese Ablehnung dann oft mit einem der seriösen Argumente tarnt, etwa dem von der Frauenfeindlichkeit des Islams oder von der Doppelzüngigkeit der Muslime.

Es darf vor diesem Hintergrund vermutet werden, dass es in jeder (modernen) Gesellschaft einen gleichsam natürlichen Bodensatz der Ablehnung Fremder gibt (gleich, ob man dies Rassismus nennt oder nicht), der sich auch durch das beste Erziehungssystem und breiteste Aufklärungskampagnen nicht austreiben lässt. Er lässt sich allerdings umcodieren. Es wäre nämlich sehr erstaunlich, wenn eine ganze Gesellschaft wie die deutsche während der Naziherrschaft und lange davor breite, radikalisierungsbereite rassistische Tendenzen zeigte, dann aber von heute auf morgen, sozusagen vom 8. auf den 9. Mai 1945, allen diesen Affekten abgeschworen hätte. Jeder weiß, dass dies nicht der Fall war. Der Fall war – und ist – etwas anderes: Der latente, überall vorhandene, in Deutschland vielleicht (aber gar nicht einmal sicher) besonders ausgeprägte, vielleicht nur besonders geförderte Rassismus hat sich nicht in Luft aufgelöst, er war nur auf einmal gegenstands- und sprachlos geworden: Juden gab es praktisch nicht mehr, die Fremdarbeiter verschwanden, der Antisemitismus durfte sich nicht mehr öffentlich äußern – er darf es (zum Glück!) bis heute noch nicht, und äußert sich daher folglich nur in extremen Rändern unserer Gesellschaft und Öffentlichkeit. Heißt dies aber, dass er bis auf diese wenigen extremen Ränder verschwunden ist? Es wäre zu schön. Ich glaube es nicht. Viel wahrscheinlicher als sein Verschwinden ist seine Umcodierung, seine Verwandlung, sein Auftreten in einer neuen, sich selbst kaum mehr wiedererkennenden Gestalt, versehen nicht nur mit einem neuen Objekt, sondern auch mit neuen, den Zeiten angepassten Argumenten.

Habe ich einige der wichtigsten Argumente, die dieser Umcodierung entsprungen sind, bereits aufgezählt, so sei noch einiges zur besonderen Eignung des neuen Objekts für den umcodierten

Rassismus angefügt: Sofern nämlich die Muslime dieses neue Objekt sind, fällt sogleich ihre ausgesprochene, um nicht zu sagen ideale Tauglichkeit für die Umcodierung des alten antisemitischen Rassismus in einen anti-muslimischen auf. Die Muslime sind sogar vielfach besser als Objekt für einen solchen Rassismus geeignet, als es die Juden je waren.

Die in Deutschland ansässigen Juden waren bekanntlich Deutsche und sprachen Deutsch. Die Muslime sind in ihrer großen Mehrheit Ausländer, Fremde, allenfalls Eingebürgerte. Auch wenn die Nürnberger Rassengesetze und ihre geistigen Vorläufer das Gegenteil behaupteten: Die meisten Juden in Deutschland waren so ›blutsdeutsch‹ wie alle anderen Deutschen. Sie sind, wenn man nun einmal rassisch denken will, keine andere Rasse – nur eine andere Religion (bekanntlich ging das Bemühen der Nationalsozialisten dahin, genau das Gegenteil zu behaupten – es handle sich bei den Juden um eine Rasse; übernimmt man die These von den Juden als rassische, nicht religiös definierte Gruppe – wie es viele Islamkritiker tun, um ihre Kritik an der Religion vom Rassismus zu unterscheiden, – so folgt man, ob man will oder nicht, der antisemitischen Sprachregelung der Nationalsozialisten). Die meisten Muslime hingegen repräsentieren nicht nur eine andere Religion, sondern für den, der in rassischen Kategorien denkt, natürlich auch eine andere Rasse, die den Turkvölkern zugehörig ist oder aber den Arabern, also den Semiten. Ferner ist Deutsch häufig (noch) nicht ihre Muttersprache, manche sprechen überhaupt nur gebrochen Deutsch. Sie sind auch nicht schon seit vielen Generationen unsere Nachbarn, sondern zugewandert, und haben noch nicht in ähnlicher Weise wie einst die Juden eine Art Heimatrecht erlangt. Mehr noch: Waren die Juden, sieht man von einer orthodoxen Minderheit ab, in Deutschland vorbildlich integriert und gerade in Schlüsselpositionen der Gesellschaft, in der Wirtschaft, in den Medien, an den Universitäten sehr gut vertreten, so trifft all dies im Fall der Muslime nicht zu. Die Muslime sind im heutigen Deutschland und Mitteleuropa viel fremder, viel weniger integriert und gesellschaftlich viel schwächer als es die Juden in Mitteleuropa vor dem Faschismus waren (die Muslime verfügen häufig nicht einmal über Staatsbürgerschaft und Wahlrecht). Sie bieten sich damit als Wut-Projektionsfläche besonders an, sofern man nicht hoffen will, dass ihre schwache gesellschaftliche Position, ihre ohnedies bestehende Ausgrenzung sie in vielen Bereichen vor weiterer Ausgrenzung schützt, zum Beispiel vor gesellschaftlichem Neid, wie er den erfolgreichen Juden bekanntlich entgegenschlug.

Nun hatten die Juden trotz ihrer viel größeren gesellschaftlichen Teilhabe das Handicap der jahrhundertealten antisemitischen Tradition. Diese wirkte offenbar stärker als die ungleich kürzere Geschichte ihrer Integration. Ein solches Handicap haben die Muslime auf den ersten Blick nicht. Es gibt jedoch eine andere, ebenfalls jahrhundertealte, ebenfalls bis heute spürbar nachwirkende Geschichte der Auseinandersetzung, der Bekämpfung, versuchten Diskreditierung und religiösen Widerlegung des Islams von der Reconquista in Spanien über die Türkenkriege auf dem Balkan bis zu den kolonialen Befreiungskriegen. Viele der erwähnten anti-islamischen Argumente knüpfen an diese Geschichte an und machen sie sich zunutze. Dieser potenzielle anti-islamische Rassismus kann seine Argumente gegen die Muslime überdies aus dem Reservoir der heutigen islamischen Welt schöpfen. Je schlechter es den Muslimen geht, je mehr Kriege auf ihrem Boden ausgetragen werden, je stärker sie unter autokratischen Herrschern leiden, desto mehr scheint gegen die islamische Kultur als ganze zu sprechen.

Noch ein anderer Punkt lässt mich an die Wahrscheinlichkeit einer Umcodierung von anti-jüdischer in anti-islamische Ablehnung glauben. Es ist die unter Islamgegnern so beliebte Erwähnung des muslimischen Antisemitismus und ihr blind affirmativer, jede Kritik am eigenen Standpunkt wiederum als Antisemitismus deutender Blick auf die israelische Politik, der aufhorchen lässt. Was damit vermutlich signalisiert werden soll, ist die dezidierte

Abkehr vom alten Rassismus als Antisemitismus. Wer sich so sehr vom Antisemitismus abkehrt, dass er zum pauschalen Verteidiger jeder israelischen Politik wird, kann, so die Logik, kein Rassist sein. Wer kein Rassist sein kann, kann aber dann umso leichter antiislamisch sein, ist er doch über den Vorwurf des Rassismus erhaben. Auf diese Weise öffnet gerade die allzu ostentative Läuterung vom *antisemitischen* Rassismus die Hintertür für eine neue, auf andere Fremde gerichtete Anfälligkeit, bezeichnenderweise wieder gegenüber einem semitischen Objekt, den Arabern und der von ihnen gestifteten Religion.

Gemessen an all diesen Nachteilen, gemessen an der hohen Wahrscheinlichkeit einer anti-muslimischen Wutprojektion, verläuft unser Zusammenleben mit den Muslimen reibungslos, haben weder die Muslime noch wir Grund, uns wirklich Sorgen zu machen. Der Vergleich zwischen Juden und Muslimen endet historisch betrachtet genau Anfang der dreißiger Jahre, mit den ersten großen Wahlerfolgen der NSDAP. Danach, und zumal was die Zeit von 1933 bis 1945 betrifft, ist die Situation nicht auch nur annähernd vergleichbar. Es geht ohnedies nicht darum, Juden und Muslime, gestern und heute, jüdisches und muslimisches Schicksal gleichzusetzen, sondern lediglich darum, anzudeuten, wie leicht es möglich und wohl auch wahrscheinlich ist, dass sich die alte anti-jüdische in eine neue anti-muslimische Ablehnung hat umcodieren lassen.

Was seit dem Zweiten Weltkrieg in der Tat weitgehend verschwunden ist, das ist die öffentliche Grobschlächtigkeit, das unverhohlene Äußern rassistischer Argumente, auch wenn diese in rationaler Verkleidung und mit Hilfe der Verbreitung durch das Internet schleichend wiederkehren. Und rassistische Aktionen erst recht sind mit einem solchen Tabu versehen, dass wir nicht fürchten müssen, die Muslime in Europa hätten auch nur annähernd ein Schicksal zu gewärtigen, das mit dem jüdischen vergleichbar ist. Wir wissen nicht, was sein wird, wenn sich die Wirtschafts- und Finanzkrise verschärft, wenn die allgemeine Wut wächst, wenn es in Deutschland und Mitteleuropa zu mehreren verheerenden terroristischen Anschlägen käme. Ich möchte dann in diesem Land kein Muslim sein, aber ich bin gleichwohl überzeugt, dass auch dann ein Vergleich mit der Zeit zwischen 1933 und 1945 unangemessen sein wird. Dass Wachsamkeit dennoch nötig ist, dass auch der hier skizzierte, möglicherweise bestehende Rassismus sich nicht in Worten erschöpft, davon zeugen der erwiesenermaßen rassistisch *und* anti-islamisch motivierte Mord an der Ägypterin Marwa Al-Sherbiny am 1. Juli 2009 in einem Dresdener Gerichtssaal ebenso wie das Massaker in Norwegen vom 22. Juli 2011.

Nun mag sich der eine oder andere fragen, ob ich der kritischen Äußerung gegen den Islam oder gegen das Verhalten bestimmter Muslime Rassismus unterstellen will oder die Gründe für diese Kritik immer nur in einer diffusen Wut sehe, nicht in tatsächlichen Problemen. Natürlich gibt es echte und gute Gründe, viele Tendenzen und Phänomene islamischer Religiosität zu kritisieren, über das Verhalten bestimmter Muslime den Kopf zu schütteln, es zu missbilligen oder dagegen einzuschreiten. Alles andere wäre sehr verwunderlich. Wir kritisieren ja auch das Christentum oder unsere Regierung. Wir schreiten ein gegen Rechtsbrecher oder Völkermörder jeder Couleur. Oder zumindest fordern wir das. Wir sollten jemanden, der einen Ehrenmord mit der Religion motiviert, genauso zur Rechenschaft ziehen wie denjenigen, der seine Freundin aus Eifersucht umbringt (ein Delikt, das in unseren Breiten übrigens viel häufiger vorkommt als der Ehrenmord).

Problematisch wird die Kritik am Islam erst, wo sie nicht von einem konkret kritisierbaren Einzelfall ausgeht, sondern, pauschal und verallgemeinernd, zu einem Selbstläufer und Selbstzweck wird, einer gebetsmühlenartigen Wiederholung der immergleichen Versatzstücke. Wenn dies bei einem beträchtlichen Teil der Bevölkerung und der gesellschaftlichen und medialen Akteure der Fall ist, sehe ich darin ein Indiz für einen irrationalen Kern, dessen Triebkraft eine diffuse Wut, eine unbestimmte Angst, eine womöglich dem Rassismus verwandte Abwehrreaktion ist.

Einen Beleg für unsere Irrationalität im Umgang mit dem Islam sehe ich gerade in dem exzessiven Verweis auf unsere eigene Rationalität und Aufgeklärtheit. Dem liegt eine ebenso schlichte wie geniale Selbsttäuschung zugrunde. Rationalität und Aufklärung werden dabei nicht als Prozess und Methode begriffen, was sie meiner Ansicht nach sind, sondern als Tradition und Position. Es herrscht ja kein Zweifel, dass die westliche Staatengemeinschaft in einer aufklärerischen Tradition steht. Wer dieser Gemeinschaft angehört, kann also das Herkommen aus der Aufklärung, eine Art Blutsverwandtschaft mit ihr, für sich verbuchen. Zu diesem *Ius sanguinis* der Aufklärung gesellt sich das *Ius soli* der aufgeklärten Position: Derjenige ist aufgeklärt, der die klassischen Inhalte der Aufklärung vertritt, also vor allem die Kritik an der Religion und die universale Geltung der in der Aufklärung entwickelten Werte.

Nun ist wie gesagt weder an einer Kritik der Religion noch an den Werten der Aufklärung, ja nicht einmal an der Behauptung ihrer weltweiten, jeden Menschen betreffenden Gültigkeit etwas auszusetzen. Ich selbst halte diese Werte für überzeugender als alle anderen, von denen ich bis jetzt gehört habe. Aber bloß dadurch, dass ich mich zu ihnen bekenne, bin ich noch lange nicht in allen meinen Ansichten aufgeklärt. Ebenso wenig gehorcht allein deshalb alles, was ich sage, automatisch den Gesetzen rationalen und falsifizierbaren Argumentierens. Genau dies aber scheinen viele der sich auf die Aufklärung berufenden Islamkritiker anzunehmen.

In dieser Annahme, die weite Teile des islamkritischen Diskurses beherrscht, liegt eine gefährliche Selbstermächtigung deshalb, weil sie das erprobteste Mittel der Kritik, nämlich das rationale Denken, für sich monopolisiert. Wenn es aber jenseits der aufgeklärten Geister und der so definierten Aufklärung nichts gibt als das Irrationale, Unaufgeklärte und somit Nicht-Ernstzunehmende, ja wenn dieses nicht einmal über eine Sprache verfügt, die zu erhören wir für würdig erachten, weil alles zu Sagende den Regeln der Vernunft folgen soll, dann gibt es keine Position mehr, aus der ich oder irgendwer die Aufklärung, die selbsternannten

Aufklärer oder unsere Kultur überhaupt kritisieren kann. Denn auf welche akzeptierte, nachvollziehbare Tradition könnte man sich dabei noch berufen?

So wie islamistische Ideologen den Begriff des Islams besetzt, um nicht zu sagen: gekapert, haben und jede Äußerung, die nicht ihrem Diskursschema entspricht, als unislamisch und damit unkorrekt abtun, genauso ist in unseren Breiten von vielen Islamkritikern der Begriff der Aufklärung gekapert und besetzt worden, dergestalt, dass alles jenseits ihres Diskursschemas zwangsläufig als unkorrekt und irrational abgetan wird. Die Selbstimmunisierung des so missbrauchten Aufklärungsbegriffs gegen jede eigene Aufklärung (und sei es nur in Form der Revision einzelner Meinungen und Positionen) und die damit einhergehende Selbstermächtigung des eigenen Handelns und Denkens führt zu einem wachsenden Verlust an Bereitschaft, sich an die etablierten Spielregeln von Gesellschaft und Öffentlichkeit zu halten. Die Freiheit und Leichtigkeit von Publikationen im Internet leistet dieser Spielregellosigkeit Vorschub, hebt die Trennung von Öffentlichkeit und Privatsphäre auf, den Unterschied von dem, was wir öffentlich und privat äußern, und setzt somit den Konsens des mit Anstand Sagbaren außer Kraft, der zumindest in Deutschland seit der *re-education* nach dem Zweiten Weltkrieg und ihrem Versuch, dem öffentlich bekundeten Rassenhass den Garaus zu machen, gegolten hat.

Für den Beobachter aber, der keine der unterschiedlichen Meinungen zum Islam bedingungslos zu der seinen machen will, empfiehlt es sich, seine Sympathien nicht nur vom behaupteten Inhalt der Positionen abhängig zu machen, sondern auch den Stil zu prüfen, in dem diese vorgebracht werden. Man könnte nämlich den alten Verdacht hegen, dass gerade diejenigen, die am lautesten brüllen, bloggen, talken und poltern, in Wahrheit am wenigsten zu sagen haben, so hoch ihr Unterhaltungswert auch sein mag. Schon jetzt werden die einschlägigen Tabubrecher (einem ihrer Vorbilder, dem Entertainer Harald Schmidt, entsprechend) eher als Clowns denn als Befreier gehandelt. Dies führt zu einer gefährlichen Unterschätzung des tabubrecherischen Gestus. Man hält ihn für ein bloßes rhetorisches Mittel zur Aufmerksamkeitsgewinnung. Tatsächlich aber vermittelt er massiv diskriminierende Inhalte.

Im Anschluss an Horkheimer und Adorno könnte man daher die These wagen, dass wir uns in einer zweiten Dialektik der Aufklärung befinden. Mag das hier Gesagte als Beleg für den von mir vermuteten irrationalen Urgrund der Anti-Islam-Bewegung taugen oder nicht: In einem Diskursumfeld, in dem nichts gilt als die Rationalität und wo auch die dümmste Äußerung noch genötigt ist, sich rational zu verkleiden, wird das Irrationale zwangsläufig irgendwo versteckt sein, wird lauern und auf seinen Ausdruck drängen. Es wird, da es sich nirgendwo als Irrationales frei äußern kann, wütender und wütender werden und sich schließlich in den Wolf verwandeln, der die gute alte aufgeklärte Großmutter frisst und sich in ihr Bett legt. Dort wartet er geduldig auf die Ahnungslosen die sich vielleicht über das große Maul wundern, aber seinen Geschichten von der Schlechtigkeit der Fremden und anderen treuherzig Glauben schenken.

Nicht alles, was rückschrittlich erscheint, ist es auch. Frauen dürfen in Saudi-Arabien nicht nur nicht Auto fahren, sie können auch nicht jederzeit auf die Buchmesse, die in der ersten Märzhälfte fast der Kaaba in Mekka den ersten Rang als Pilgerziel abgelaufen hätte. An fünf Nachmittagen, lautete das Zugeständnis, das die Messeleitung den Frommen zu machen hatte, sollten nur Männer die Messe betreten dürfen. Der ungewohnte Anblick so vieler Frauen hätte den ein oder anderen wohl zutiefst verstört und vom Besuch abgeschreckt. Dabei meint »Anblick« nicht ansatzweise die Sicht auf die Frauen, wie wir es gewohnt sind, sondern den Blick auf in tiefstes Schwarz gehüllte Gestalten, von denen man, wenn man Glück hat, allenfalls durch den Sehschlitz ein paar blinzelnde Augen erhascht. Erschreckend schnell gewöhnt sich der Besucher daran, die Damen anhand von Handtäschchen, Handys, Schuhen und den mitgeführten Kindern zu unterscheiden. Oder an ihren bengalischen Dienstmädchen, die, da als Gastarbeiter einem niedrigeren Menschenschlag zugehörig, ihr Gesicht schon einmal unverhüllt lassen – verboten ist es ja nicht, nur verpönt für die ehrbare Frau. Während die Herrin mit langen Bücherlisten und dickem Portemonnaie die Verlegerherzen höher schlagen lässt, ziehen die bengalischen Nannys die eingekauften Bücherstapel auf handlichen Sackkarren hinter sich her.

Ja, der Schein trügt: Dass die Frauen in diesem Jahr nur an fünf Nachmittagen nicht *auf die Messe durften, ist ein Quantensprung in Richtung Gleichberechtigung. Letztes Jahr durften sie nur an zwei Tagen kommen, in den Jahren davor nur an einem einzigen. Die Emanzipation vollzieht sich langsam, aber sie scheint zunehmend unumkehrbar. Schon heute studieren in Saudi-Arabien, nimmt man die religiösen Hochschulen aus, mehr Frauen als Männer. Sie sind nicht nur gebildet, sie haben auch Zeit. Wo frau nicht allein auf die Straße kann – in Riad ist eine Fortbewegung ohne Auto so undenkbar wie in Los Angeles – und die Dienstmädchen einem den Haushalt abnehmen, bleibt viel Zeit fürs Lesen. Oder gleich fürs*

Schreiben: Saudische Schriftstellerinnen erobern den arabischen Buchmarkt. Kaum zehn Prozent dessen, was hier geschrieben werde, sagt Verleger Hassan Yaghi aus Beirut, könnten die Verlage absorbieren. Autorinnen wie Rajaa Alsanea (Deutsch von ihr Die Girls von Riad), Rajaa Alem und Seba Al Harez um nur die bekanntesten zu nennen, werden mittlerweile international verlegt.

Und die Saudis sind die eifrigsten Bücherkäufer in der ganzen arabischen Welt. Die Teilnahme an der Messe in Riad ist daher schon aus finanziellen Gründen für die meisten Verlage ein Muss. An zwei Tagen verkauft der in Deutschland ansässige irakische Verleger Khalid Al-Maaly hier so viel wie während der gesamten Messe in Kairo. Und vor allem kaufen die Saudis gezielt. Einen Tag, nachdem Ahmed al-Wasil, einer der jungen Starliteraten, mit einem Interview im Fernsehen auftrat, war sein Roman Die Intensität von Riad schon vergriffen. Der libanesische Verlag hatte leider nur 500 Stück im Gepäck. Andere Verleger berichten von ähnlichen Erfahrungen und zeigen sich immer wieder überrascht über die Kenntnisse des hiesigen Publikums.

Zugleich erweist sich die Messe als gesellschaftliches Ereignis sondergleichen. In einem Land, in dem in Restaurants »Familien« in mit Vorhängen abgeteilten Kabinen essen, damit die Frauen unsichtbar bleiben, ist die Buchmesse einer der raren öffentlichen Räume, wo sich Mann und Frau, ja überhaupt Fremde, begegnen können – außer dort, wo es am selbstverständlichsten wäre, nämlich auf den (in diesem Jahr leider allzu harmlosen) Diskussionsveranstaltungen. Zwar nehmen die Frauen daran teil, jedoch in einem eigenen, abgetrennten Saal. Geisterhaft werden die Stimmen per Lautsprecher hin und her übertragen, finden die Debatten zwischen den Geschlechtern ohne die Körper statt.

Die noch im letzten Jahr fast allmächtige Religionspolizei, gravitätisch einherschreitende Bärtige mit einem schwarzen Umhang, der irgendwie an Darth Vader erinnert, musste sich dieses Jahr nicht nur erstmals mit einer Ausweisplakette legitimieren (allzu oft hatten sich übereifrige Möchtegern-Sittenwächter darunter ge-

mischt), ihre Proteste gegen einzelne Titel wurden auch allesamt abgeschmettert. Aus Khalid Al-Maalys Kamel-Verlag sollte ein Buch entfernt werden, das die religiöse Gültigkeit des Gebets auch dann bestätigt, wenn dieses in den eigenen vier Wänden vollzogen wurde. Tatsächlich ist das Beten zu Hause den Strenggläubigen schon zu viel des Individualismus. Al-Maaly wehrte sich und bekam von der Messeaufsicht recht. Und einige der besten libanesischen Verlage, deren Bücher zuvor nie in Saudi-Arabien zu kaufen waren, durften zum ersten Mal mit einem Stand präsent sein. So konnte man nicht nur den Bestseller Die Girls von Riad *von Rajaa Alsanea unbehelligt kaufen, sondern auch alle Werke von Adonis und sogar das Skandalbuch des Libanesen Raschid Al-Daif über seine Autorenbegegnung mit dem bekennenden Homosexuellen Joachim Helfer, auf Deutsch unter dem Titel* Die Verschwulung der Welt *erschienen.*

Keine Zensur in Riad, das heißt nicht nur, dass die Selbstzensur der Verleger richtig ausbalanciert war, sondern auch, dass die vom Kulturministerium installierte Messeleitung um Abdalaziz Subail den Mut aufbrachte, die Machtprobe mit den Religiösen zu wagen. Wer den Machtkampf gewonnen hat, zeigte sich jeden Tag beim Abendgebet. Um 20.00 Uhr, zwei Stunden vor Schließung der Messe, wurden zwar auch hier die Gebetsteppiche ausgerollt, aber wer wollte, konnte direkt nebenan an den Ständen weiter Handel treiben. Welch unglaublicher Fortschritt das ist, beginnt man zu ahnen, wenn man gleichzeitig in die neben der Messehalle gelegene, megalomanische Aziza Mall zum Einkaufen geht. In der dortigen Filiale des Panda-Supermarkts wird, wer zur Gebetszeit im Laden bleibt, wie etwa die Gastarbeiter unter den Angestellten, wie Frauen, Kinder und der unwissende Besucher aus Deutschland, kommentarlos für eine halbe Stunde im Laden eingesperrt. Die Schilder »Open 24 hours« und »Closed for Prayer« sind in Saudi-Arabien noch lange kein Widerspruch.

(2007)

Lob der Unverständlichkeit. Versuch einer Kritik der Übersetzung

Es gehört zu den Seltsamkeiten unserer Gegenwart, dass jeder, der ein bisschen was auf sich hält, nehmen wir zum Beispiel – *wie äreif Berlín* – die Deutsche Bahn, ohne das geringste Schamgefühl Englisch redet, dass aber trotz des weitverbreiteten Englisch die meisten übersetzten Bücher ausgerechnet aus dem englischsprachigen Raum kommen. Übertrieben gesagt: Jeder redet englisch, keiner liest es. Ich muss an dieser Stelle von mir erzählen und bekennen, dass es mir umgekehrt geht. Ich bin gar nicht so *keen* darauf, Englisch zu sprechen, aber ich fühle mich ausgesprochen unwohl, wenn ich englische Bücher auf Deutsch lese – könnte ich sie doch ebenso gut auf Englisch lesen! Dieser Potentialis genügt, um mir die beste Übersetzung zu verleiden. Lese ich eine Übersetzung in Sprachen, die ich im Original lesen könnte, überkommt mich zwanghaft das Gefühl, nicht das Eigentliche, Richtige zu lesen, nur die Reproduktion zu betrachten. Es fühlt sich oft an, als sei mir einer meiner Sinne abhanden gekommen.

Einen ausschlaggebenden Grund für dieses Gefühl sehe ich darin, dass wir an einer Übersetzung, wenn der Übersetzer sein Handwerk nach heutigem Standard richtig gemacht hat, unweigerlich alles verstehen. Wir dürfen vermuten, dass es nicht immer so war. Als Beleg genügt ein Blick in Rudolf Borchardts »Dante deutsch« aus dem Jahre 1923, wo es im 28. Gesang des *Inferno* heißt:

Noch nie kein segel, das man besser streicht,
durchrissen sahe ich je in sturms getöse,
wie einen dort von kinn bis wo man seicht:
Beinzwischen schlingerten ihm die gekröse,(...)

Und da ich schaunshalb mich thät für ihn pflanzen,
    blickt'er, und brust mit händen offen thät,
    und sprach: »Da halbscheid sieh mich worden ganzen;
Sieh wie verstümbelet ist Mahomet!«

Sieh, wie verstümbelet ist deutsche Sprach, könnte man parodistisch hinzufügen. Sollen wir aber froh sein, dass Übersetzer heute nicht mehr so dreist sind? Kann es das Ziel sein, dass wir einen schwerverständlichen Text in der Übersetzung am Ende besser verstehen als die Leser des Originals, die von ihrem italienischen Dante vielleicht auch nur so viel begreifen wie wir von Borchardts eigenwilligem »Dante deutsch«?

Lese ich einen fremdsprachigen Text oder auch nur ein älteres, unbearbeitetes, deutsches Original, nehmen wir die Bibelübersetzung Luthers oder Grimmelshausens »Abentheuerlichen Simplicissimus«, der bekanntlich neuerdings ins Deutsche übersetzt wurde – lese ich also ein Original, das nicht in unserem unmittelbaren biografischen Kielwasser entstanden ist, so erlebe ich etwas Großes: das Nicht- oder Halbverstehen. Und auf die Gefahr hin, für einen Übertreiber gehalten zu werden, muss ich gestehen, dass ich es für einen totalitären Charakterzug unserer Zeit halte, dass wir das Nichtverstehen nicht ertragen, dass wir ihm gegenüber keine Toleranz aufbringen, dass wir es übertünchen, verschleiern, ja ausrotten, wo wir nur können. Dass wir – und da sind die Übersetzer noch die harmlosesten – aus dem Verstanden-werden-wollen, Verstanden-werden-müssen die Ideologie unserer Zeit gemacht haben, deren krasseste Auswirkung der Raubbau an allem ist, was im medialen Diskurs eventuell schwierig und nicht allgemeinverständlich daherkommt. Dass, sobald uns einer etwas mitteilt oder vorführt, was wir nicht gleich verstehen, wir dies dementsprechend als Affront zu deuten geneigt sind. Schalten wir den Fernseher an, bekommen wir die ganze Welt als verstandene präsentiert. Und wenn wir das oft genug machen, wenn uns ständig alles als bereits Verstandenes vorgeführt wird, werden wir naturgemäß unleidlich gegenüber allem Unverstandenen, sei es ein Wort in einem alten Text, sei es eine Frau, die eine Kleidung trägt, die uns befremdet. Das Diktat des Verstehens reicht bis in die zwischenmenschlichen Beziehungen. Wer sein Verhalten nicht erklären kann, steht gesellschaftlich auf verlorenem Posten, und ein Freund, dem wir sagen, wir verstünden ihn einfach nicht, wird bald keiner mehr sein. Haben wir nicht, so die herrschende Logik, einen Anspruch darauf, alles zu verstehen, nachdem wir bereits so unglaublich viel verstanden haben, vom Atom bis zum Gen, vom Unbewussten bis zur Entstehung der Sterne?

Ist es angesichts solcher Entdeckungen nicht eine Kränkung, ausgerechnet ein Wort in einem alten Text der eigenen Muttersprache nicht zu verstehen? In Wörterbüchern blättern zu müssen, um einen Satz unter Abertausenden in einem Text von Shakespeare zu begreifen, während ich doch eine der zahllosen Übersetzungen lesen kann? Die Toleranz gegenüber Schwerverständlichkeit und Unverständlichkeit ist uns abgewöhnt worden, und die Übersetzer haben zu dieser Verzogenheit des Publikums beigetragen. Das Nichtverstehen ist die große Zumutung unserer Zeit, so sehr, dass die Grenzen unserer Toleranz unmittelbar an die Grenzen unseres Verstehens gekoppelt sind – was wir verstehen, können wir dulden und akzeptieren, nachvollziehen, wie wir sagen. Aber wehe, wir verstehen es nicht, zum Beispiel die Burka-Frauen. Selbst wenn wir uns dieses Verständnis erarbeiteten oder jemand uns dieses Phänomen erklären könnte – die breite Mehrheit würde immer noch ihre Köpfe schütteln. Schon etwas erklärt bekommen zu müssen, erscheint als Zumutung. Wir wollen sofort verstehen.

Stellen wir uns versuchsweise dagegen einmal eine Welt ohne Übersetzungen vor. In einer solchen Welt würde, wer in Fremdsprachen lesen kann, die irritierende und befreiende Erfahrung eines häufigen Nichtverstehens und damit der Offenheit für Interpretation (fast hätte ich gesagt: für Übersetzung) machen. Aber es geschähe noch mehr und vermutlich Wichtigeres. Er würde die absolute Unhintergehbarkeit der Sprache zu spüren bekommen, ihre schiere Materialität als Laut oder Zeichen. Unhintergehbarkeit deshalb, weil wir hinter diese Zeichenhaftigkeit und Lautlichkeit der Sprache nie zurück können. Wir müssen bei ihr anfangen, stets auf sie zurückkommen, und schließlich enden wir bei ihr. In einer Welt ohne Übersetzung begriffen wir, dass die einzelne Sprache, der jeweilige Text das A und O, der Anfang und das Ende jeder Bedeutung ist. Als unübersetzbare wäre jede einzelne Sprache alles, was wir zum Verstehen, zum Verständnis der Welt hätten; sie wäre das einzige, was wir zu verstehen hätten.

Von den großen europäischen Sprachen her sind wir es gewohnt, Schriften problemlos zu entziffern, und wir haben einen unhinterfragten Anspruch an das gleichsam automatische Leseverständnis. Dass Schrift als solche vieldeutig sein kann, dass Buchstaben sich widersprechende Bedeutungen generieren können, ist vor unserem Bildungshintergrund nur schwer vorstellbar. Aber jeder, der einmal eine Sprache gelernt hat, welche arabische oder hebräische Schriftzeichen verwendet – von chinesischen ganz zu schweigen –, wird das Zurückgeworfensein auf die interpretationsbedürftige Mehrdeutigkeit der Zeichen kennen, ihre stumme, den Leser, Interpreten und Übersetzer nötigende und benötigende nackte Materialität, welche in Bedeutung allererst gekleidet werden muss. Die Verbreitung der Schrift, das Bedürfnis nach schneller Kommunikation und das Verlangen nach Funktionalität haben freilich auch in Sprachen mit interpretationsbedürftigen Schriftsystemen wie dem Arabischen dazu geführt, dass sich der Bereich der Mehrdeutigkeit zunehmend reduziert und im Alltag nur vom Ausländer mit ursprünglicher Wucht erfahren werden kann. Dass die materielle Gestalt der Zeichen gleichwohl das A und O ist, findet sich in der jüdischen Bibelexegese ausgedrückt, die ihre Dynamik aus der genannten Mehrdeutigkeit der hebräischen Schriftzeichen bezieht. Das schiere Lesen solcher Schrift ist bereits Übersetzung, Interpretation. Für das Herausarbeiten einer Bedeutung muss nämlich die inhärente Komplexität des Zeichensystems in jedem Akt des Lesens und Verstehens zunächst reduziert werden. Jedes

Lesen ist ein Vorschlag, wie jede Übersetzung ein bloßer Vorschlag zur Übersetzung ist, eine Lesart unter vielen gleichwertigen.

Die Mehrdeutigkeit der Schrift teilt die jüdische Bibel im Prinzip mit dem Koran, genauer gesagt mit den frühen Koranmanuskripten. Die ersten Muslime besaßen die Klugheit, die vieldeutigen frühen Niederschriften der Koranfragmente von Anbeginn durch eine sehr stabile mündliche Überlieferung abzusichern, welche bis heute der eigentliche Träger der Botschaft ist. Die Frage, wie die Lautgestalt des Textes ist, stand anders als in der jüdischen Tradition nicht im Zentrum der muslimischen Exegese, da der Koran immer schon ein auswendig gelernter und vorgetragener war. Die frühen Koranmanuskripte, die von der westlichen Forschung heute mit wiedererwachtem Interesse studiert werden, dienten nicht zur Lektüre und auch nicht als mnemotechnische Hilfe (die Gedächtnisse waren damals verlässlicher als heute!), sondern der Eindämmung von Apokryphen, Hinzudichtungen, Verfälschungen.

Die frühen Muslime hatten gute Gründe, der (arabischen) Schrift nicht zu trauen. Unmöglich stellt diese ein ausreichendes Maß an Eindeutigkeit her; mündliche Überlieferung ist entschieden zuverlässiger. Es gehört zu den Narreteien unserer schriftfixierten Gegenwartskultur, den Korantext ausgerechnet aus seiner frühen, fragmentarischen und mehrdeutigen Verschriftlichung heraus neu lesen und als den eigentlichen, kritisch gesichteten rekonstruieren zu wollen; zu meinen, den Muslimen ihren wahren Koran erst beibringen zu müssen. Das A und O des Korans, der unhintergehbare Text, liegt eben nicht im Schriftmaterial, sondern im Lautstand, und die Mehrdeutigkeit, der Nullpunkt des Verstehens, verschiebt sich im Vergleich zur hebräischen Bibel vom schriftlichen auf das gesprochene Material. Wie schwer verständlich und schwer vermittelbar freilich auch dieses ist, erleben wir, wenn wir den Koran zu übersetzen versuchen. Der Koran als Gesamtkunstwerk verhält sich nämlich zur Übersetzung wie ein mittelmäßiger Operntext zum Gesamteindruck aus Orchestrierung, Schauspiel und Gesang, der das, was Oper ist, allein erfahrbar machen kann.

Doch kehren wir noch einmal zurück in unsere imaginierte Welt ohne Übersetzungen! Wir müssen uns diese Welt nicht nur als eine vorstellen, in der es keine Übersetzung gibt, sondern auch als eine, die überzeugt ist, keine Übersetzungen zu brauchen. Das, was bei uns Übersetzung leistet, wird in dieser Welt durch Interpretation und ähnliche Formen der Vermittlung ersetzt. Nicht zufällig ist *interpreter, interprète,* in anderen Sprachen das Wort für den Übersetzer. Wenn ich die Interpreten als lebendige Vermittler begreife, sozusagen als Übersetzer aus dem Stegreif, erübrigt sich die Übersetzung als solche. In der Welt ohne Übersetzung ist der Vermittler in einer Person Interpret, Kommentator, Anthologist, Übersetzer, Plagiator, Fortschreiber, wie es einem heutigen Übersetzer nur noch in Spezialfällen geht (etwa wenn er aus orientalischen Sprachen übersetzt).

Wo sich anstelle von Übersetzung diese schillerndere Art von Vermittlung vollzieht, haben wir ungefähr die Situation des lateinischen Mittelalters. Aber in abgeschwächter Form auch die der Araber heute bezüglich ihres 1400 Jahre alten Korantextes, der zwar dem Namen nach ihre Sprache spricht, den sie aber genauso wenig unmittelbar verstehen können wie der Laie vormals die lateinische Bibel, wenngleich die Araber mit der originalsprachlichen Gestalt des Korans, seinem Klang, nach wie vor sehr vertraut sind.

Sobald nun in der von uns imaginierten Welt ein Übersetzer die Bühne betritt und mit ihm eine Art von zweiter, erneuter Verschriftlichung einsetzt, verliert die vormalige, improvisierte Interpretation und Vermittlung ihre Unschuld und Widerrufbarkeit. Anders als das, was der Interpret *sagt,* ist das, was der Übersetzer *schreibt,* endgültig wie alle Schrift. Von der Bürde, die dann auf den Übersetzern lastet, zeugt die Legende von den Übersetzern der Septuaginta, der hebräischen Bibel, ins Griechische im Alexandria des dritten vorchristlichen Jahrhunderts. Zweiundsiebzig Übersetzer sollen sich in eine je separate Klause begeben haben, um die Bibel zu übersetzen, und zweiundsiebzig Mal, so die Legende, sei derselbe, identische Text dabei herausgekommen. Es handelt sich dabei um eine Art von übersetzerischem Gottesbeweis. Freilich bestand das Anliegen der Übersetzer nicht darin, die Existenz Gottes zu beweisen – als überzeugte Gläubige dürften sie das kaum nötig gehabt haben. Vielmehr waren sie auf Gottes Hilfe angewiesen, um ein solch schwieriges Werk zu vollenden und ihm die nötige Glaubwürdigkeit zu verleihen. Der in dem Wunder der wörtlich gleichen Übersetzung aller zweiundsiebzig Übersetzer liegende Gottesbeweis offenbart sich erst einem ungläubigen Zeitalter wie dem unseren. Sollte nämlich zutreffen, was die Legende erzählt, müssten wir sofort von unserem Unglauben abfallen. Die Existenz des biblischen Gottes wäre bewiesen.

Behalten wir zwei spezifische Züge der Legende in Erinnerung. Zum einen die Tautologie. Das Wahre und göttlich Sanktionierte ist das je selbe, selbstidentische – in diesem Fall zweiundsiebzig Mal. Zum anderen dürfte allen denjenigen, die die Existenz eines mit den Menschen kommunizierenden Gottes nicht von vornherein für gegeben halten, der zirkuläre Charakter des Beweises auffallen: Der Gott, der das Gelingen der Übersetzung auf wundersame Art beweist, wird durch das wundersame Gelingen der Übersetzung bewiesen.

Nun existiert zwar die Septuaginta, ihre Entstehungsgeschichte ist jedoch legendär. Die nächste übersetzerische Großtat, welche Religionsgeschichte geschrieben hat, die Bibelübersetzung des Hieronymus vom Ende des vierten Jahrhunderts nach Christi Geburt, ist glaubwürdiger dokumentiert. In unserem Zusammenhang interessiert aber auch hier vor allem der legendäre Aspekt, das, was die Nachwelt aus Hieronymus und seinem Werk gemacht hat. Hieronymus' Übersetzung, die sogenannte Vulgata, hatte – ohne dass er dies voraussehen konnte – eine nach dem Maßstab heutiger übersetzerischer Aufgaben schier unvorstellbare Last zu tragen. Das gesamte westliche, lateinische Christentum berief sich mehr als ein Jahrtausend lang hauptsächlich auf diese Übersetzung. Sie vermochte diese Last nicht zuletzt deshalb zu tragen, weil ihr Schöpfer zu einem der beliebtesten Objekte der christlichen Kunst und Ikonographie geworden war. Ob bewusst oder unbewusst, hat jede bildliche Darstellung des Hieronymus sein übersetzerisches Werk beglaubigt, weit über die Sphäre gewöhnlichen menschlichen Schaffens hinausgehoben und ihm übernatürlichen Beistand angedichtet. Eine der spätesten und eindrücklichsten Darstellungen des Hieronymus, entstanden zu einer Zeit, da sein Werk schon nicht mehr unangefochten war und gerade wegen der damaligen Diskussionen um den verbindlichen Bibeltext von der römischen Kirche per Dekret für verbindlich erklärt wurde, bildet diejenige von Caravaggio. Ich beziehe mich auf die Version von 1606, die in der Villa Borghese zu bewundern ist.

Caravaggio hatte bekanntlich ein Faible für perspektivische Verzerrungen, besonders für lange Arme. Auch der Heilige Hieronymus ist bei ihm mit einem sehr langen Arm ausgestattet. Er hat ihn nötig. Denn mit diesem langen Arm, der die Übersetzung niederschreibt, überbrückt er Diesseits und Jenseits, die getrennten Sphären des Lebens (symbolisiert im Rot seines Gewands rechts im Bild) und des Todes, blutleer und bleich wie das Leichentuch, das links im Bild von der Übersetzung herabhängt. Hieronymus vermittelt zwischen Leben und Tod, und die Übersetzung erwächst förmlich dieser Vermittlung, welche natürlich zugleich eine zwischen lebendigem Originaltext und toter Kopie ist. Solange er schreibt, steht die Verbindung zwischen beiden. Was aber, wenn er aufhört, den Arm wegzieht, stirbt? Das Urteil ist klar, und in diesem Urteil spiegelt sich die zu Caravaggios Zeit schon nicht mehr unangefochtene Stellung von Hieronymus' Werk: Die Übersetzung kommt auf der Seite des Todes zu liegen. Sie ist der Vergänglichkeit anheimgestellt. Damit spiegelt sich in Caravaggios Hieronymus die zu jener Zeit offenbar erstaunliche Erkenntnis, dass eine Übersetzung eben doch nur eine Übersetzung ist und nicht für ein Original gelten kann, selbst wenn ein Hieronymus sie verfasst hat. Sobald die Verbindung, der lange Arm zum Original, abreißt, verliert die Übersetzung ihre Kraft.

Erst diese subtil ins Bild gesetzte Erkenntnis von der Vermitteltheit und damit Zweitrangigkeit von Übersetzungen ist es, die den Ausgang aus der vorneuzeitlichen Welt als einer Welt quasi ohne Übersetzung markiert. Natürlich gab es vorher Übersetzungen, aber da diese, zumal bei autoritativen Texten, nahezu alle Funktionen des Originals übernahmen, wie etwa die Septuaginta oder die Vulgata, war es eine Welt fast ohne Begriff von Übersetzung. Sobald in einer solchen Welt – sagen wir der Spätantike – eine Übersetzung aufgetaucht ist – sagen wir die Vulgata – ist sie nach und nach wie ein Original behandelt und als Übersetzung nicht mehr wahrgenommen worden. Tatsächlich leistet eine Übersetzung streng genommen nur dann mehr als eine bloße Interpretation, wenn der Begriff von ihr verloren geht, das Bewusstsein, es ›nur‹ mit einer Übersetzung zu tun zu haben. Das gilt übrigens bis heute. Wer vor der letzten Bundestagswahl die Plakate der Bibeltreuen Christen gesehen hat, musste sich fragen, welche Bibel diese Christen wohl meinen. Sollte es wirklich irgendeine beliebige gewesen sein, zum Beispiel die in »gerechter Sprache«?

Obwohl Luther und die anderen Übersetzer der Bibel in die Volkssprachen vordergründig dasselbe taten wie Hieronymus, setzt mit ihm die Zeitenwende ein, die sich an der Hieronymus-Darstellung von Caravaggio ablesen lässt. Seither gibt es nicht nur Übersetzungen, sie werden mehr und mehr auch als solche wahrgenommen. Der Auslöser für den Perspektivwechsel war die Verschiebung von einer reinen Schrift- und Gelehrtensprache als Ziel der Übersetzung zu den gesprochenen und in Entwicklung begriffenen Idiomen. Akzeptiert man, wie die Bibelübersetzer in die Volkssprachen, die Lebendigkeit der Sprache, so nimmt man ihre Veränderung in Kauf. Wie gut auch immer die Übersetzung in eine lebende Sprache ist, der Übersetzer geht stets das Risiko ein, selber von der Lebendigkeit überholt zu werden. Wer in eine Volkssprache übersetzt, kann ferner deshalb kein Hieronymus mehr werden, weil es zu viele Volkssprachen gibt. Interessanterweise fällt zumindest im deutschsprachigen Raum aber auch auf Luther etwas von der Hieronymus-Aura, die vage Vorstellung, dass der eigentliche Bibeltext der Luthertext ist. Umso bemerkenswerter ist nun, dass trotz dieser Aura Luthers Übersetzung oft bearbeitet wurde, dass ihr Wortlaut, so sehr sich der Tonfall und viele Formulierungen erhalten haben, keineswegs heilig und unantastbar war wie über ein Jahrtausend lang derjenige des Hieronymus.

Die neue Haltung zur Übersetzung verdankt sich dem Glauben (ich sage bewusst *Glauben*) an die Trennbarkeit von Wort und Gehalt, von Zeichen und Bedeutung. Nun ist es nicht so, dass es vorher kein Bewusstsein für die Möglichkeit dieser Aufspaltung gegeben hätte. Aber der Zusammenhang zwischen Zeichen und Bezeichnetem wurde letztlich für unhintergehbar erachtet. Seit den Übersetzungen der Bibel in die Volkssprachen wird dieser Zusammenhang hingegen als willkürlich begriffen und kann nach Belieben zerrissen werden. Fortan gilt die übersetzerische Losung, dass *jedes* Zeichen *jede* Bedeutung annehmen kann, im Extremfall: Die ungeschliffene Sprache des Volkes kann die Heilige Schrift aufnehmen. Erst diese Vorstellung macht eine Welt möglich, die einen Begriff von Übersetzung hat, eine Welt unendlicher Verständlichkeit, weil alles (das Größte, das Wort Gottes) in alles (die einfache Sprache des Volkes) ohne wesentliche Reibungsverluste (so scheint es jedenfalls) übersetzt werden kann. Es gibt von nun an nichts Unübersetzbares mehr. Unsere heutige Einstellung macht sich bemerkbar: Alles kann verstanden werden. Auf das Material, das bedeutungstragende Zeichen als solches, kommt es nicht mehr an. Von nun an gilt die Übersetzung nicht mehr lediglich als notwendiges Übel. Und dank des Buchdrucks wird sie ein effizientes Mittel zur Wertschöpfung.

Heute herrscht ein weitgehender Konsens darüber, dass alles irgendwie übersetzbar und mit Hilfe von Übersetzungen ausreichend verständlich ist. Auf einer Islamveranstaltung an einer kirchlichen Institution, zu der ich als Referent geladen war, erlebte ich, wie etliche Teilnehmer munter aus dem Koran zitierten, aus der Übersetzung, versteht sich. Und wie sie aus diesen übersetzten

Zitaten die weitestgehenden Schlüsse über den Islam und die Natur des Muslims an und für sich ableiteten. Die übersetzten Sätze, das heißt ihre vermeintliche oder tatsächliche Bedeutung, waren für sie gleichbedeutend mit dem Koran und dem Islam an sich: *Da halbscheid sieh mich worden ganzen; / Sieh wie verstümbelet ist Mahomet!,* ließe sich darauf antworten. Ich wage die Behauptung, dass es sich hierbei um ein genuin christliches, wenn nicht protestantisches Missverständnis handelt, welches freilich, aufgrund der globalen Dominanz des christlich geprägten Westens, mittlerweile auf das Selbstverständnis vieler Muslime übergegriffen hat. Es äußert sich im Glauben an die universale Übersetzbarkeit, an einen Gehalt jenseits des spezifischen Wortlauts.

Der französische Religionsphilosoph René Girard hat einmal in einem Interview aus der Annahme einer universalen, ohne nennenswerte Reibungsverluste sich vollziehenden Übersetzbarkeit des Evangeliums den Beweis für seine absolute Wahrhaftigkeit ablesen wollen. Die Botschaft Jesu ist wahr, weil sie sich in alle Sprachen übersetzen lässt und von allen Menschen verstanden werden kann. Dieser Gedanke ist die logische Vollendung des konstatierten Dammbruchs, des Paradigmenwechsels hin zu einer Welt der Übersetzung. In Girards Argument kulminiert, was ich vorher bereits angedeutet habe, nämlich die Reduktion der Texte – und der Welt – auf das Verstehbare. Auch dieser übersetzerische Gottesbeweis ist natürlich tautologisch. Die universale Übersetzbarkeit des Evangeliums ist genau dann gegeben, wenn eben dasjenige als die Essenz des Evangeliums bezeichnet wird, was übersetzt werden kann. Dies läuft darauf hinaus, das Unübersetzbare, Unverständliche als uneigentlich oder als nicht zur ›wahren‹ Botschaft gehörig auszuschließen. Der Text und die sich darin spiegelnde Welt wird auf das Verständliche reduziert. Die schiere Vermittelbarkeit wird zu einem inhaltsleeren Selbstzweck: das Prinzip TV. Alles jenseits davon gilt als störende Interferenz. Ich finde das totalitär und gefährlich, und ich glaube, ich kann überzeugend darlegen, warum.

Wenn es nämlich ein Zug unserer Zeit ist, von allem Verständlichkeit zu fordern und das, was als vernünftig und nachvollziehbar gilt, automatisch auch für übersetzbar zu halten, das heißt als zugänglich für das kommunikative Handeln, dann findet sich zum Beispiel der Islam mit seinen Kulturen weitgehend aus diesem kommunikativen Handeln ausgeschlossen. Angeblich waren ja kurz nach dem 11. September 2001 alle Koranübersetzungen vergriffen. Trifft dies zu, so enthüllt es unmittelbar unseren naiven Verstehensanspruch. Dieser sucht in einem 1400 Jahre alten Text Informationen zu Problemfeldern, die hier und jetzt wirksam sind. Er ignoriert nichts Geringeres als die Geschichte und den sich in ihr permanent vollziehenden Bedeutungswandel aller Zeichen. Stärker noch enthüllt sich darin ein krudes Verständnis von Übersetzung – als würden bei der Übersetzung eines solch alten und fremden Textes nicht zwangsläufig entscheidende Elemente der Information auf der Strecke bleiben.

Das Paradoxe des Versuchs, den Koran primär über seine Übersetzung zu erschließen, wird noch dadurch gesteigert, dass der koranische Text selbst jede Nachahmung und mithin Übersetzung diskreditiert. Dies geschieht mit Hilfe eines übersetzerischen Gottesbeweises *ex negativo:* Die Wahrheit und göttliche Herkunft des Korans soll sich nach muslimischem Verständnis nämlich durch seine *Un*übersetzbarkeit erweisen. Die Unübersetzbarkeit wurde dabei zunächst nicht als eigentliche Un*übersetzbar*keit definiert, sondern als Unnachahmlichkeit ganz allgemein. Im dreiundzwanzigsten Vers der zweiten Sure heißt es:

> Wenn ihr bezweifelt, was wir Euch gesandt,
> dann schreibt doch eine Sure gleicher Art!

Natürlich ist dieser Beweis, das auf Arabisch *'Idjaz* (wörtlich: Unfähigmachen) genannte sprachliche Wunder des Korans, ähnlich tautologisch wie die vorherigen: Der Koran ist unnachahmlich, weil nur der Koran wie der Koran sein kann (»gleicher Art«). Nichts kann so schön sein wie er, es sei denn, es wäre identisch mit ihm – und dann wäre es eben wieder der Koran.

Im Gegensatz zur jüdischen und christlichen Variante (Girard) des übersetzerischen Gottesbeweises läuft der koranische allerdings darauf hinaus, den konkreten Wortlaut und seine Unhintergehbarkeit für immer festzuschreiben. Jenseits davon gibt es gemäß diesem Konzept keine irgendwie anders auszudrückende Bedeutung. Die hermeneutische Konsequenz müsste lauten, dass der Korantext gar nicht verstanden werden will, da jede Art von Verständlichkeit ein gewisses Maß von Übersetzbarkeit impliziert. Die vielgescholtenen Koranschulen, in denen der koranische Text den Kindern eingebläut wird, ohne dass sie ihn verstehen, ist die pädagogische Folge. Daran wäre so wenig auszusetzen, wie Kindern Klavierstücke von Chopin beizubringen, ohne ihnen die musikgeschichtlichen Hintergründe zu erläutern. Das Problem entsteht, wenn der Text seinem eigenen Konzept des *'Idjaz* widerspricht und eben doch verstanden werden will, etwa indem er Befehle austeilt oder Aussagen trifft, die ein Gläubiger schwerlich ignorieren kann. Der Koran, so wie er in einem Hauptstrom der muslimischen Exegese rezipiert wird, tut so, als sei er nicht zu übersetzen, transportiert aber gleichwohl in die Lebenspraxis übersetzbare Aussagen, die von den Gläubigen auch als solche verstanden werden.

Wir sehen, dass der Koran ein höchst ambivalentes Werk ist, und dass es vom Zeitgeist abhängt, auf welchen Aspekt in der Rezeption größeres Gewicht gelegt wird – auf denjenigen, der sich dem inhaltlichen Verstehen verweigert (oder es als arg relatives markiert), oder auf denjenigen, der die konkreten und scheinbar verständlichen Aussagen betont. In einer von der westlichen Verstehenskultur geprägten Welt, in welcher die Muslime aus politischen Gründen zu ständigen Selbsterklärungen genötigt werden, dominiert naturgemäß der übersetzbare, inhaltlich orientierte Aspekt. Das tut dem Bild des Islams nicht gut. Denn liest man den Koran vorwiegend auf Inhalt, erscheint er dem in einer liberalen

Wohlstandsgesellschaft sozialisierten Bürger an vielen Stellen zwangsläufig als garstiges Buch.

Vor diesem Hintergrund wäre es konsequent, den Koran gar nicht zu übersetzen. Der interessierte Laie müsste sich über Kommentare, Umschreibungen und Sekundärliteratur ein Bild machen. Er wäre dann in der Tat genauer informiert als jeder Leser selbst der besten Übersetzung. Nun haben wir aber, gut protestantisch, den Anspruch, uns am Text selbst eine ureigene Meinung zu bilden. Selbst wenn dieser Anspruch offensichtlich verfehlt ist, sind wir selten bereit, ihn einfach aufzugeben. Es wird daher immer wieder Menschen – sprich Übersetzer – geben, die dieses Bedürfnis zu befriedigen suchen. Oder die sich aus purer Schaffenslust an ein solches Projekt wagen, weil sie das Schwierige reizt, der Wettbewerb mit einer als göttlich verherrlichten Sprachkraft, wie es auch von einigen mittelalterlichen arabischen Poeten überliefert ist, welche für ihre leider verlorengegangenen Kontrakorane berühmt waren.

Mag das Unterfangen noch so widersinnig sein – Übersetzung wird von uns als eine herausragende Form des Verstehens erachtet. Selbst wenn ich gegen eine Koran-Übersetzung wäre, könnte ich mich daher veranlasst sehen, mich an eine Neuübersetzung zu wagen, und sei es nur, um die trügerische Klarheit der anderen Übersetzungen zu trüben oder um ihre Trübungen zu klären, mit anderen Worten, um dem vorhandenen Verständnis ein weiteres hinzuzufügen und so der Falle zu entgehen, die da lautet, wir könnten etwas, die Welt, den Text, uns selbst oder was auch immer, auf absolute, letztgültige Weise verstehen.

Genau das ist es, was mich mit dem Verstehenwollen und Übersetzen am Ende versöhnt. Es hat diese bohrende Eigenlogik. Es ist nie zufrieden. Es findet selbst im verstanden Geglaubten immer noch Unverstandenes. Es findet im Übersetzten immer noch Unübersetztes. Die Übersetzer erscheinen vor diesem Hintergrund als die James Bonds, als die mit poetischen Lizenzen versehenen Agenten dieser Unzufriedenheit des Verstehens. Eifersüchtig hüten sie es und weisen mit Vorliebe ihre Kollegen oder Vorgänger auf Unverstandenes hin, wechseln ständig die Rolle, von Helfern und Lebenserleichterern im einen Moment zu Nörglern, Nervensägen, Pedanten und Spielverderbern im nächsten. Das macht sie sympathisch, diese Übersetzer, das macht, dass wir uns auf sie berufen sollten: Ihr Wirken kommt zu keinem Ende, in ihm sitzt der Stachel, der jede Kritik antreibt, motiviert und rechtfertigt.

Die Noblesse der anderen. Zu einem Satz von Mircea Eliade

1952 schrieb der rumänische Religionswissenschaftler und Romancier Mircea Eliade die folgenden hellsichtigen Sätze in sein Tagebuch:

> Ich muss einmal irgendwo sagen, dass nicht die Revolution des Proletariats das wichtigste Phänomen des zwanzigsten Jahrhunderts gewesen ist, sondern die Entdeckung des nichteuropäischen Menschen und seiner geistigen Welt. Heute fangen wir nämlich an, uns der Noblesse und der geistigen Eigenständigkeit dieser Kulturen bewusst zu werden. Der Dialog mit ihnen scheint mir viel bedeutsamer für die Zukunft des europäischen Denkens als die geistige Erneuerung, welche die radikale Emanzipation des Proletariats bringen könnte.[43]

Wie recht Eliade mit seiner Einschätzung hatte, erweist sich schon daran, dass die Rede vom Proletariat nahezu gänzlich versiegt ist, ja dass wir das Wort heute mehrheitlich pejorativ verstehen, während der »nichteuropäische Mensch und seine geistige Welt« das Debattenthema Nummer eins geworden ist, beschworen, umworben, gefürchtet und umstritten wie einst das Proletariat. Eine besondere Pointe bekommt diese Sachlage dadurch, dass die problematische gesellschaftliche Stellung, die damals das Proletariat innehatte, heute, zumindest in der medialen Darstellung, von nichteuropäischen Menschen eingenommen wird (erst recht dann, wenn wir nicht bereit sind, unsere türkischen Mitbürger zu den Europäern zu zählen). Überdies wird auch das Bedrohliche, das einst vom Proletariat gegen die gesellschaftliche und kulturelle Stabilität auszugehen schien, heute auf dieses Nichteuropäische projiziert, sei es in Gestalt des islamischen Terrorismus, afrikani-

43 Zitiert nach Wolfgang Geiger, *Nachwort,* in Mircea Eliade, *Der verbotene Wald,* Frankfurt 1993, S. 826.

scher Flüchtlingswellen oder des chinesischen Wirtschaftsbooms.

Während das Proletariat, als man noch von ihm sprach, gleichsam vor der eigenen Haustür kauerte und seine geistigen Welten überschaubar waren – mit ein Grund, warum es bei Intellektuellen so beliebt gewesen ist –, erweisen sich die geistigen Welten der nichteuropäischen Menschen als denkbar entlegen, heterogen und nur unter großem Aufwand so zu erschließen, dass sich das einstellt, was Eliade als Ziel dieser »Entdeckung« benennt: das Bewusstsein der Noblesse und geistigen Eigenständigkeit dieser Kulturen, und, als mögliches Resultat dieses Bewusstseins, die geistige Erneuerung der eigenen Kultur.

Die entscheidende Frage lautet, auf welche Weise die Entdeckung der Noblesse der anderen geschieht, wie das Bewusstsein davon überhaupt herzustellen ist. Sind Erneuerungsfähigkeit und geistige Offenheit, die das Ziel darstellen, nicht zugleich die Vorbedingungen? Dass diese Vorbedingungen auch in einer hochmodernen und als aufgeklärt geltenden Gesellschaft nicht einfach gegeben sind, ahnen wir, wenn wir unser Gehör dafür schärfen, von wie vielen Menschen gleich welchen Bildungsniveaus die kulturellen Leistungen etwa der Muslime mehr oder weniger verhohlen, mehr oder weniger reflektiert in Abrede gestellt wird – auch heute, gerade heute. In einer in diesem Jahr erschienenen, dem Wissenschaftsbetrieb an unseren Universitäten zuzurechnenden Publikation, ist folgender bemerkenswerte Satz zu lesen:

> Man kann die Odyssee genießen, auch wenn man nicht an die griechischen Götter glaubt, aber kein nicht muslimischer Muttersprachler des Arabischen kann dem Lesen oder Zuhören des Korantextes einen Genuss abgewinnen.[44]

44 Markus Groß, *Neue Wege der Koranforschung*, in Karl-Heinz Ohlig (Hg.), *Der frühe Islam. Eine historisch-kritische Rekonstruktion anhand zeitgenössischer Quellen*, Berlin 2007, S. 528.

Es würde wahrscheinlich genügen, einen beliebigen christlichen Araber zu befragen, um diesen Satz zu widerlegen. Aber ich würde sogar die These wagen, dass wir nicht einmal arabische Muttersprachler sein müssen, um dem Lesen des Korans einen Genuss abzugewinnen; wir müssten ihn nur in einer wirklich adäquaten Übersetzung lesen! Bei der Beantwortung der Frage, wie die Größe anderer Kulturen erkannt und erfahren werden kann, interessiert also vor allem die sprachlich-ästhetische und übersetzerische Seite. Auf diesem Gebiet, in dieser Arena, fällt die Vorentscheidung darüber, ob sich das von Eliade postulierte Bewusstsein einstellen kann oder nicht. Nur dies Vorentscheidende an vermeintlich marginalem Ort, dem Schauplatz der Schöngeistigkeit, erklärt den apodiktischen Ton im eben genannten Zitat, ein Ton, der weder einer wissenschaftlichen Publikation noch der rein ästhetischen Fragestellung angemessen ist.

Es versteht sich von selbst, dass bei der Entdeckung der geistigen Noblesse anderer Kulturen den Übersetzern eine gewisse Rolle zukommt. Weniger bekannt ist indessen, dass diese Rolle in vieler Hinsicht anders und auch prekärer ist als die des Vermittlers, der sich auf einem der Öffentlichkeit halbwegs vertrauten kulturellen Terrain bewegt. Wer aus nichteuropäischen Sprachen übersetzt, hat mit einem Problem zu kämpfen, das nicht primär sprachlicher Natur ist, sondern mit dem fehlenden oder zumindest selten ausreichenden Bewusstsein von den spezifischen Leistungen jener in nichteuropäischen Sprachen sich ausdrückenden Kulturen zusammenhängt. Dieses Anerkennungsproblem liegt nicht nur und vielleicht nicht einmal wesentlich im sogenannten Eurozentrismus begründet, geschweige denn in einer Art von kulturellem Rassismus. Vielmehr ist es das nur zu natürliche Resultat einer fehlenden Bewertungsgrundlage. Wahrhaft fremde kulturelle Leistungen entziehen sich den üblichen Beurteilungskategorien; wenn dennoch, wie es zuweilen unerlässlich scheint, eine Beurteilung gewagt wird, führen diese Kategorien oft in die Irre und suggerieren Mängel oder Errungenschaften, die dem Original denkbar fern liegen.

Es sei die Behauptung gewagt, dass wir nur das in unser geistiges und kulturelles Leben einbeziehen können, was in irgendeiner Weise zu uns spricht, woran wir mit einem Teil von uns anknüpfen können, was also imstande ist, unseren geistigen Raum zu betreten. Alles andere können wir vielleicht abstrakt wissen, wirklich bereichern wird es uns nicht. Die Aufgabe des Übersetzers (aus einem nichteuropäischen Sprachraum) besteht genau darin, den fremdkulturellen Errungenschaften das Betreten der eigenen geistigen Räume zu ermöglichen. Dabei handelt es sich um nichts Geringeres als um die Inversion des traditionellen Verständnisses vom schöngeistigen Übersetzen, wie es unsere literarische Kultur seit ihren Anfängen geprägt hat.

Diesem traditionellen Verständnis nach dient die Übersetzung eben nicht der sprachlichen Eingemeindung eines kulturell Unbekannten, Fremden. Vielmehr ist das zu Übersetzende bereits in irgendeiner Weise anerkannt, erschlossen, für gut und übersetzenswert befunden. Johann Heinrich Voß hat Homer weder entdeckt noch hat er ihn übersetzt, weil er vorher auf Deutsch nicht zu lesen gewesen wäre. Ja, er hat Homer nicht einmal deshalb übersetzt, um seinem Werk einen breiteren Rezipientenkreis zu erschließen, selbst wenn dies im nachhinein der Fall gewesen sein dürfte. Voß hat Homer übersetzt, weil er diese Übersetzung als ausgezeichneten dichterischen Akt an und in der deutschen Sprache empfunden hat, als Weg, das Deutsche in ähnliche Höhen zu führen wie das Griechische. Er hat der damaligen Forderung nach der Herausbildung einer deutschen Literatursprache Genüge getan, also für das Bewusstsein der Noblesse der *eigenen* Sprache und Kultur gearbeitet. Fast in Vergessenheit ist dagegen geraten, dass Voß (vornehmlich aus finanziellen Gründen) auch Arabisches übersetzt hat, freilich nicht aus dem Arabischen, sondern aus dem Französischen, nämlich *Tausendundeine Nacht*. An diesem Vergessen hat Voß selbst wesentlichen Anteil gehabt; für ihn hatte diese Übersetzung keinen dichterischen Wert, weil sie dem damaligen Verständnis gemäß zur Entwicklung des Deutschen nichts beitragen konnte.

Heutzutage erachten wir die Übersetzung nur noch in seltensten Fällen als dichterische Bereicherung, geschweige denn als Aufwertung unserer Muttersprache; dennoch gilt nach wie vor die Regel, dass das zu Übersetzende bereits anerkannt und für übersetzenswert befunden sein soll. Dies trifft auf die Gegenwartsliteratur in unseren europäischen Sprachen nicht weniger zu als auf die Neuübersetzung von Klassikern.

Die Gratwanderung nun, die ein Literaturübersetzer aus dem Arabischen und wohl auch anderen nichteuropäischen Sprachen zu bestehen hat, liegt darin, dass von ihm einerseits verlangt wird, das Fremde zugänglich zu machen und damit als ein Stück weit vertraut erscheinen zu lassen – sonst könnte es, wie gesagt, unseren geistigen Raum nicht betreten; andererseits jedoch muss er das Fremde möglichst klar in seiner Eigenständigkeit und seinem Anderssein bewahren – sonst könnte es weder in seiner ureigenen geistigen Noblesse erscheinen noch zur geistigen Erneuerung beitragen. Rücksichtslos der Ausgangssprache zu frönen ist hier unmöglich; in der Zielsprache baden zu gehen, ist witzlos. Das gilt nicht nur für die sprachliche Gestaltung der Übersetzung, sondern schon für die Entdeckung des Übersetzenswerten, für welche mangels kulturübergreifender Kriterien ebenfalls häufig der Übersetzer die Verantwortung übernehmen muss.

Diese Verschmelzungsarbeit, die der Übersetzer aus einem fremdkulturellen Raum zu leisten hat, ist aber im Kleinen und Schöngeistigen dieselbe, die unsere Kultur als ganze in Zukunft wird leisten müssen. Und es ist dieselbe, die die meisten außereuropäischen Kulturen derzeit bewältigen oder schon bewältigt haben, seit sie mit der europäischen Übermacht auf allen Gebieten konfrontiert worden sind. Während die politischen, wirtschaftlichen und sozialen Folgen dieser wechselseitigen Durchdringung oft misslich, gelegentlich auch katastrophal sind, erscheint die kulturelle Bilanz übrigens deutlich positiver. Sie äußert sich zum Beispiel in der vielbeschworenen und zu Recht viel geliebten Hybridität etwa der indischen, der arabischen oder auch der lateinamerikanischen Literaturen, sofern sie indigene Traditionen mit einbeziehen.

Nahezu jede außereuropäische Kultur hat heutzutage auf die eine oder andere Weise Elemente der europäischen integriert. Mit den meisten gebildeten arabischen Dichtern können wir auf gleichem Niveau sowohl über die europäische wie auch über die arabische Dichtung sprechen. Umgekehrt lässt sich das leider nicht so ohne weiteres sagen. Die arabische Dichtung, auch die große der Klassik, zählt nicht zu unserem Bildungskanon – noch nicht! Denn der Prozess der Aneignung von und die Auseinandersetzung mit anderskulturellen Erbschaften (und zwar auf gesamtgesellschaftlicher Ebene, keineswegs nur in der Literatur) hat längst begonnen. Angesichts der zumeist gewalttätigen Faktoren, die diesen Prozess angestoßen haben, wächst der literarischen und übersetzerischen Tätigkeit bei diesem Prozess die Rolle einer unverzichtbaren Gegenstimme zu. Wenn das Fremde überwiegend in Form von Rückständigkeit, Primitivität und Brutalität in unser auf die mediale Wahrnehmung reduziertes Bewusstsein dringt, muss sich die literarische und übersetzerische Vernunft dazu aufgerufen fühlen, neben der Wahrung des eigenen kulturellen Erbes auch die Entdeckung und angemessene Wertschätzung anderer Kulturen als ihre Mission zu verstehen.

Gibt es heute noch Orte und Aufgaben für Dichtung, für die bessere Literatur der Gegenwart, jenseits ihrer eigenen, zunehmend abgeschotteten Diskurswelten, Selbstverständigungsorgane, Förderprogramme? Hat die Dichtung, zumal die Lyrik, noch Schnittmengen mit dem Rest der Gesellschaft, Funktionen in ihr? Ist, nach Luhmann zumal, nicht überhaupt fraglich, ob so etwas wie eine Gesellschaft, eine Schnittmenge der Schnittmengen, eine Teilhabe aller an einem Punkt überhaupt existiert? Und wenn es sie nicht gibt, zu wem redet die Literatur außer zu sich selbst und zu ihresgleichen, sofern sie nicht kapituliert und sich den Gesetzen der Unterhaltungsindustrie unterwirft?

Dieselbe Frage wäre an die Geisteswissenschaften zu stellen, deren schierer Nützlichkeits- und Dienstleistungscharakter für das Funktionieren von Staat und Gesellschaft nie groß genug sein wird, um die Kosten ernstzunehmender philologischer Beschäftigung einzuspielen und zu rechtfertigen. Wäre das Ziel von Literatur und Literaturwissenschaft nichts anderes als ein *prodesse et delectare,* so könnten wir einpacken und nach Hause gehen. Die Frage nach dem gesellschaftlichen Zusammenhang birgt die Gefahr, Aufgaben, Zwecke, Nützlichkeiten festschreiben zu wollen, die auf kurz oder lang jeder Dichtung, jeder freien geistigen und künstlerischen Tätigkeit den Lebensnerv abschnüren werden. Die Höhepunkte unserer Literatur seit der zweiten Hälfte des 18. Jahrhunderts verdanken ihre Reife genau einer solchen Revolte gegen die Nützlichkeit und Gefälligkeit, die das Zeitalter der Aufklärung, zur Langeweile ihrer Zeitgenossen, geprägt hatten.

Und dennoch: Ohne die Frage nach dem Zusammenhang, nach der Schnittmenge, nach dem Ort in der Gesellschaft kam auch diese Revolte nicht aus. Sie ist selbst dann zu stellen, wenn man sich einer schnellen, eingängigen Antwort verweigert. Die Frage zu stellen und damit die Wunde offen zu halten, die sich aus der zunehmenden Marginalisierung geistiger und geisteswissenschaftlicher Tätigkeit ergibt, bewahrt vor einer Selbstgefälligkeit und trügerischen Selbstverständlichkeit, die jedes in sich geschlossene Diskurssystem früher oder später zum eigenen Schaden kultiviert.

Was aber die Literatur betrifft, betrifft die Literaturübersetzung erst recht. Sie hat sich, Schande über sie, im *prodesse et delectare* vollkommen eingenistet. Die Frage nach ihrem Nutzen ist immer schon beantwortet. Er – der Nutzen – ist vollendet, wenn sie gefällt. Völlig zu Recht hält man sie vor diesem Hintergrund für eine zweitrangige, nachgeordnete, wenn nicht minderwertige Form von Kreativität. Kein Bibliothekar einer germanistischen Seminarbibliothek käme heute auf die Idee, dass Übersetzungen die deutsche Sprache bereicherten und dass man deshalb Übersetzungen ins Deutsche systematisch sammeln könnte – geschweige denn, dass das Geld dafür vorhanden wäre. Nach dem landläufigen Verständnis, einem Verständnis, dem sich die Übersetzer willig unterwerfen, ja das sie in ihrer bienenhaften Mentalität, besorgt um die eigenen Pfründe, geradezu mitentwickelt haben, leistet eine Neuübersetzung von Dante oder Shakespeare, jedenfalls heutzutage, nichts mehr für die deutsche Literatur.

Nehmen wir diese Auffassung ernst, dürfte es sehr schwer sein, die Ansicht zu vertreten, dass Übersetzungen je etwas Substanzielles zu unserer Literatur beigetragen haben. Nehmen wir diese Auffassung ernst, wäre es höchste Zeit, Wieland, Herder, Voss, Schlegel, Rückert aus unseren Seminarbibliotheken zu entfernen. Und wenn wir schon einmal dabei sind, Platz zu schaffen, warum nicht auch Hartmann von Aue? Oder Wolfram von Eschenbach? Und die Lutherbibel bitte direkt hinterher. Waren das nicht alles auch irgendwie Übersetzungen?

Übersetzungen aus einem integralen Blick auf eine Philologie auszuschließen, gleich ob gegenwärtig oder für ältere Zeiten, ist so unsinnig, wie jede andere Literaturgattung, und als solche betrachte ich Übersetzung, daraus auszuschließen, etwa den Essay, ebenfalls ein Stiefkind an unseren Seminaren. Zufällig handelt es sich dabei um zwei Gattungen, denen meine Wertschätzung und

Kreativität besonders gilt. Gern gebe ich daher zu, dass ich *pro domo* spreche, wenn ich im Folgenden behaupte, dass Übersetzungen nicht minder bedeutend sind als sogenannte Originale, ja dass Übersetzungen und Original gar nichts Verschiedenes, einander Ausschließendes, gar kein Gegensatz sein müssen, so sehr unsere atavistische Vernarrtheit in Originalität das Gegenteil zu suggerieren scheint.

Bemerkenswert ist ja, dass dies für frühere Zeiten auch niemand ernstlich bestreiten würde. Je weiter wir in der Zeit zurückgehen und den Bereich der erzählenden Prosa verlassen, desto dominanter erscheint die Bedeutung der Übersetzung als solcher, desto unauflöslicher überlagert sie sich mit der Vorstellung vom Original. Einschlägig dafür sind die erwähnten mittelhochdeutschen Übersetzungen der altfranzösischen Epen, die in der germanistischen Mediävistik meist als Originale behandelt werden. Mit gutem Grund: Was stoffliche Übernahme, was freie Übersetzung ist, lässt sich kaum mehr sinnvoll auseinanderdividieren. Die vorneuzeitliche Literatur wohl aller großer Kultursprachen weiß von solchen »Übersetzungen« zu berichten, die genauso gut als stoffliche Übernahmen und freie Bearbeitungen durchgehen können. Das älteste überlieferte Epos der Menschheit, das Gilgamesh-Epos, ist nichts als die Übersetzung einer Übersetzung. Sein Überleben verdankt sich einem Transport durch die Sprachen, und dass diese Kette von Übersetzungen einen Verlust darstellt, wird kein Assyriologe behaupten wollen. Andere berühmte Beispiele für Originale, die dank Übersetzung durch die Sprachen wandern, sind die orientalische Fabelsammlung *Kalila und Dimna,* von der wir indische, persische und arabische Fassungen kennen, aber auch die Erzählungen von *Tausendundeine Nacht,* auf die ich noch zurückkommen werde. Bei allen diesen Werken handelt es sich natürlich um verschriftlichte Literatur. Im oralen Stadium ist die Unterscheidung von Übersetzung und Original vollends unsinnig.

Man wird entgegnen: Das ist Vergangenheit. Aufgabe und Verfahrensweise von Übersetzungen haben sich so sehr verändert, dass ein Rückschluss auf unsere Epoche sich verbietet. Ich behaupte das Gegenteil. Es ist bloß eine Frage der Perspektive. Stellt man den Fokus, die Schärfe anders ein, erweist sich die Übersetzung nicht nur nach wie vor als Original oder zumindest nicht als Gegensatz zum Original; wir verstehen mit diesem Perspektivwechsel unsere Literatur auch viel besser.

Der uns bis heute prägende Übersetzungsbegriff lässt sich ins 18. Jahrhundert zurückverfolgen. Es fällt auf: Übersetzungen befinden sich mit dem literarischen Umfeld ihrer Sprache und Zeit in einem Wechselverhältnis, das an Intensität dem autonomer Werke nicht nachsteht. Ein schlagendes Beispiel dafür liefert die Shakespeare-Rezeption in Deutschland. Rund anderthalb Jahrhunderte dauerte es, bis Shakespeare in der deutschen Literatur ein spürbares, dann freilich fulminantes Echo fand. Konnte davor niemand Englisch? War Shakespeare ein Unbekannter? Keineswegs, aber bis Wieland ab 1762 mit seinen Prosaübersetzungen der Stücke Shakespeares hervortrat, fehlte den Deutschen die Sprache dafür, der Autor klang zu fremd, ganz abgesehen davon, dass seine Theaterstücke gegen die herrschende Poetik verstießen. Zu Wielands Übersetzung schrieb damals einer der ersten Rezensenten: »Von Rechts wegen sollte man einen Mann wie Shakespeare gar nicht übersetzt haben. (...) Wie viel musste Shakespeare nicht in jeder Übersetzung verlieren! Nicht bloß, weil er ein Schriftsteller ist, der so viel eigentümliches und soviel Nationallaune in seiner Sprache hat, sondern auch, weil er voll kühner und außerordentlicher Metaphern, Anspielungen und Gleichnisse ist (...).«[45] Ähnliches höre ich nach wie vor häufig. Freilich geht es dann um die Übersetzung orientalischer Literatur!

Mit Wielands später als spröde und eigensinnig erachteter Übersetzung, die gleichwohl für eine ganze Generation von deutschen Literaten prägend war, mochte selbst ein Freigeist wie Herder nicht glücklich sein. Vehement verteidigte er jedoch die grund-

45 Zitiert nach Johann Gottfried Herder, *Volkslieder, Übertragungen, Dichtungen,* hrsg. von Ulrich Gaier, Frankfurt 1990, S. 941.

sätzliche Übersetzbarkeit Shakespeares und legte »Proben« vor, »dass auch die schwersten Stellen des schwersten Dichters unsrer allaussprechenden Sprache vielleicht nicht ganz unaussprechlich sind.«[46] Man kann jedoch noch viel weiter gehen als Herder. Die Frage nach der Übersetzbarkeit von literarischen Texten ist nämlich grundsätzlich unsinnig. Im eigentlichen, naiv wörtlichen Sinn von Übersetzung ist bessere Literatur nie übersetzbar. Lässt man diese idealisierte Vorstellung vom Übersetzen hingegen fallen und ersetzt sie durch eine nahe, intertextuelle Abhängigkeit, durch ein enges, freilich nur in einer Richtung wirksames Beeinflussungsverhältnis zweier Autoren (von denen der eine dann »Übersetzer« genannt wird), legt man sozusagen einen mittelalterlichen, vorneuzeitlichen Begriff von Übersetzung zugrunde und begreift den Übersetzer nicht als Kopierer, sondern als Autor, erübrigt sich die leidige Grundsatzdiskussion um Übersetzbarkeit.

Gerade Wielands Übersetzung zeugt übrigens davon, wie wenig es ihm darum zu tun war, Shakespeare möglichst getreu wiederzugeben. Vielmehr ging es ihm um eine neue Sprache, um neue Ausdrucksformen und um ein Gegenbild zur damals schon abgewirtschafteten, aber noch immer einflussreichen Gottsched'schen Regelpoetik. »Sprache mit dem Hammer« hat Klaus Reichert Wielands Stil genannt.[47] Aber genau deshalb hatte er Erfolg. Nicht Wieland war der Diener Shakespeares, wie es der zitierte Rezensent und noch Herder sah, und wie wir heute die Rolle des Übersetzers sehen, sondern Shakespeare war sozusagen der Saqi, der Mundschenk Wielands.

Hier interessiert noch ein anderer, besonders kurioser Fall. Es handelt sich um die vermeintlich altkeltischen Epen, als deren Autor der sagenhafte Ossian galt und die der Schotte Macpherson durch seine angebliche Übersetzung bekannt gemacht hatte. In Wirklichkeit war er der Verfasser. Nur aufgrund dieser Täuschung hatten die Anfang der sechziger Jahre des achtzehnten Jahrhun-

46 Ebd S. 26.
47 Klaus Reichert, *Die unendliche Aufgabe*, München 2003, S. 55.

derts publizierten *Poems of Ossian* bei Herder und seinem Kreis den durchschlagenden, heute kaum mehr nachvollziehbaren Erfolg. Übersetzung war in diesem Fall, was sie tendenziell immer ist: Behauptung von Übersetzung, und damit Behauptung des Zugangs zu etwas Anderem, Fremdem, Neuem. Tatsächlich aber schmiegte sich dieser Text voll und ganz dem mitteleuropäischen Literaturzeitgeist an, für den die Deutschen besonders empfänglich waren. Geht man vom naiven Verständnis der Übersetzung als neusprachliche Verkleidung eines fremden literarischen Körpers aus, haben wir im Fall des *Ossians* also nur das Kleid. Es gibt keinen Körper darunter, oder nur eine poetische Schaufensterpuppe. Dies ist aber nichts anderes als Übersetzung in Reinform, nämlich die Übersetzung von nichts. Dergestalt aller lästigen Quellen entledigt, ist sie so originell und gleichzeitig so konventionell wie es auch die sogenannten Originale zu jeder Zeit meistens sind.

Bleiben wir im wundersamen 18. Jahrhundert. Gleich an seinem Anfang erscheint eine Übersetzung, die weltliterarisch die größten Folgen haben sollte. Der französische Orientalist Antoine Galland, der lange an der französischen Gesandtschaft in Istanbul tätig war, kehrt nach Paris zurück. In seinem Gepäck: Ein Manuskript mit den Erzählungen von *Tausendundeine Nacht*. Galland übersetzt, und er übersetzt, wie es damals üblich, ja gar nicht anders vorstellbar war, gemäß der literarischen Mode seiner Zeit (eine Art zu übersetzen, die später als »belle infidèle«, als schöne, untreue Frau, verschrien wurde). In Frankreich beginnt der Siegeszug der Märchen, die bald überall in Europa mit Begeisterung aufgenommen werden, nicht zuletzt von Goethe, der sich selbst eine »Scheherazadennatur« zuschreibt – nach Scheherazade, der Erzählerin der Rahmengeschichte von *Tausendundeine Nacht*.

Man könnte mit guten Gründen behaupten, die Weltliteratur sähe heute anders aus, wenn es Galland nicht gegeben hätte, und zwar ausgerechnet dank der zeitgebundenen Art und Weise, in der er die Erzählungen aus dem Arabischen übersetzt hat. Hätte Galland eine *Tausendundeine Nacht*-Übersetzung vorgelegt, die so nüchtern, so *fidèle* gewesen wäre wie die 2004 erschienene, durchaus lobenswerte Neuübersetzung von Claudia Ott, wir dürfen sicher sein, *Tausendundeine Nacht* wäre überhaupt nicht wahrgenommen worden – ebenso wie wir heute keinen Sinn mehr für das übersetzerische Verfahren Gallands und der meisten seiner Nachfahren hätten, über die Borges so anschaulich in seinem Essay über die »Übersetzer von 1001 Nacht«[48] berichtet.

Die Frage aber, welche Übersetzung besser ist, geht am Kern dessen vorbei, was eine Übersetzung vor allem zu leisten hat. Dieses lässt sich abstrakt nicht bestimmen, sondern hängt vom jeweiligen literarischen und gesellschaftlichen Kontext ab und davon, was innerhalb der herrschenden Erwartungen an Literatur möglich und üblich ist. Diese Komplexität auf Schlagworte wie ›Genauigkeit‹ oder ›Äquivalenz zum Original‹ zu reduzieren, verkennt, dass jede Übersetzung sich in einem Umfeld messen lassen muss und gelesen wird, das exakt mit dem Umfeld der übrigen literarischen Produktion in einer Sprache identisch ist.

Nun ist *Tausendundeine Nacht* ein sprachlich relativ einfacher Text. Es versteht sich, dass literarische Moden, zielsprachliche Erwartungen und Zwänge bei Lyrik-Übersetzungen womöglich eine noch viel größere Rolle spielen. In Analogie zu den *Tausendundeine Nacht*-Übersetzungen ist daher anzunehmen, dass auch die orientalische Poesie in westlichen Sprachen auf eine Weise lesbar gemacht wurde, die womöglich weniger mit dem Original als mit dem zielsprachlichen Kontext gemeinsam hatte.

Der Aufschwung in der literarischen Rezeption des Orients beginnt nicht zufällig in derselben Zeit und mit denselben Protagonisten, die der *Ossian*-Fälschung so frappant auf den Leim gegangen sind. Es ist die Geburtsstunde einer sendungsbewussten Gegenbewegung zur aufklärerischen Nüchternheit im Denken und der Biederkeit im Dichten. Es ist ein Aufstand auch gegen die Entzauberung und Entweihung der Welt, gegen eine Form

48 In Jorge Luis Borges, *Niedertracht und Ewigkeit*, Frankfurt 1991.

von Entfremdung, die sich an der wachsenden Aufspaltung von Gefühl und Verstand bemerkbar macht. Damit geht der Versuch einher, die Religion, die durch den rationalen Blick auf die Bibel ihrer naiven, buchstabengläubigen Grundlage beraubt wurde, auf eine neue Basis zu stellen. Diese lässt sich, stark vereinfacht, auf die Formel bringen: Authentizität des Gefühls und der subjektiven Sicht (in den biblischen Texten) statt naiver Glaube an die Echtheit der in den Texten überlieferten Fakten.

»Einfühlung« hieß das von Herder in diesem Zusammenhang geprägte Zauberwort. Aus den Dichtungen der Bibel glaubte Herder dieselbe Ursprünglichkeit echten Gefühls herauszuspüren wie aus dem *Ossian*. Die Poesie galt dabei gemäß einem berühmten Wort von Hamann als »Muttersprache« des menschlichen Geschlechts. Die orientalischen, aber auch andere als urwüchsig erachtete Völker an den Rändern Europas (etwa Kelten und Letten) galten in dieser Hinsicht als Quellen von nicht zu übertreffender Authentizität. In einem Kommentar zu seiner Volksliedsammlung formuliert es Herder wie folgt:

> In den so genannten Pöbelvorurteilen, im Wahn, der Mythologie, der Tradition, der Sprache, den Gebräuchen, den Merkwürdigkeiten aller Wilden ist mehr Poesie und Poetische Fundgrube, als in allen Poetiken und Oratorien aller Zeit: Und wers unternähme, unter allen Völkern diese Arten des Wahns, der Dichtung, der Hirngespinste und Vorurteile nur mit etwas praktischem Kopfe zu sammlen: ich bin gewiss, dass der dem Menschlichen Verstande einen Dienst erwiese, den zehn Logiken, Ästhetiken, Ethiken und Politiken ihm wahrscheinlich nicht erweisen werden.[49]

Der antiaufklärerische Gestus dieses Statements ist unüberhörbar. Er hat, was die geforderte Sammlung und Übersetzung fremder und fremdester Dichtung betrifft, eine Vorder- und eine Rückseite, und beide haben sie Auswirkungen bis heute. Die schöne Vor-

49 Herder, *Volkslieder*, S. 68.

derseite besteht darin, dass Herder hier jegliche fremde Dichtung gegen eine Kritik nach rationalistischen oder sonst wie kodifizierten Maßstäben, Anschauungen oder auch nur Engstirnigkeiten in Schutz nimmt. Er eröffnet damit einen – bis heute offen gebliebenen – Raum, in dem die fremde Dichtung ein Heimatrecht genießt, gleich wie fremd oder abstrus (»Wahn«, »Hirngespinste«, Vorurteile«) sie dem ein oder anderen erscheinen mag. Selbst eine Dichtung mit Vorurteilen (oder was als solche galt) konnte und sollte nun *vorurteilslos* gesammelt werden. Das ist nichts weniger als der Anfang vom Ende des Ethnozentrismus und Eurozentrismus (ganz unabhängig von Herders Rolle bei der Herausbildung des modernen Nationalitätsbegriffs).

Aber diese Offenheit hat ihren Preis, eine dunkle Rückseite: Jede Dichtung, die nicht aus dem europäischen Kulturraum kommt, läuft Gefahr, mit all den »Arten des Wahns« etikettiert zu werden, sobald sie den von Herder geöffneten Raum betritt. Die fremde Dichtung ist damit zwar willkommen, aber zugleich ausgesperrt von der Teilhabe an der abendländischen Vernunft, gegen welche Herder die fremde Dichtung in Stellung bringen wollte. Ähnliches klingt an anderer Stelle in Herders Frühwerk auf, einer Vorstudie zur später publizierten »Ältesten Urkunde des Menschengeschlechts«. Dort heißt es von der Bibel, dass »die Sprache ihres Ausdrucks Morgenländisch zu fühlen und Abendländisch zu verstehen ist.«[50] Anders gesagt: Für den Verstand ist das Abendland zuständig; für das Gefühl das Morgenland.

Man sieht hieran freilich, dass Herder das Material für seine Attacke gegen die rationalistischen »Logiken, Ästhetiken, Ethiken und Politiken« an fast beliebigen Orten fand. Für das Gefühl konnte die Bibel ebenso zuständig sein wie die »Wilden« oder der als Fälschung noch nicht entlarvte *Ossian,* also Keltisches. Das Morgenland des Gefühls war eine Metapher geworden, deren metaphorische Qualität jedoch oft verschleiert blieb und mit der

50 Herder, *Schriften zum Alten Testament,* hrsg. von Rudolf Smend, Frankfurt 1993, S. 92.

realen Bedeutung des Worts als konkretem geographischen und kulturellen Ort bis zu Hermann Hesses Morgenlandfahrern, wenn nicht bis heute, gern verwechselt wird.

Als das prägende Paradigma der orientalischen Poesie und »Muttersprache des menschlichen Geschlechts« galt nun aber *Salomons Hohes Lied* aus der Bibel, das unter dem Titel *Lieder der Liebe* von Herder bis heute lesenswert übersetzt und kommentiert wurde. Aufgrund seines ohnehin schon großen Bekanntheitsgrades und der nochmaligen Aufwertung durch Herder war es unvermeidlich, dass das *Hohe Lied* und die mit ihm assoziierten, vielfach auf Herder zurückgehenden Attribute zum Inbegriff der orientalischen Dichtung überhaupt wurden. Mangels Kenntnissen anderer orientalischer Dichtung gilt dies teilweise bis heute. Die Blumigkeit, die der naive Blick der orientalischen Poesie bis heute so gern unterstellt, hat vermutlich genau hier, im *Hohen Lied* und seiner Deutung durch Herder, den Ursprung. »Vielleicht war dieser Seufzer [der Liebe]«, so heißt es gleich im ersten Kommentar zu den ersten zwei Strophen, »mit einer schmachtenden Blume, mit einer duftenden Morgenrose übersandt«, denn, so verrät auch gleich Herders erste Anmerkung zu diesem ersten Kommentar »dass sich die Morgenländer solche Boten und Briefe der Liebe in Blumengeschenken zusenden, ist aus der Montague Briefen (...) u. a. bekannt.«[51]

Um zu erahnen, zu welchem Unfug die Herder'sche ›Einfühlung‹ im Stande war, halte man sich vor Augen, dass das *Hohen Lied* irgendwann zwischen dem achten und sechsten Jahrhundert vor Christi geschrieben wurde, die gute Lady Mary Wortley Montague, auf deren *Letters* Herder verweist, aber erst im Jahr 1752 verstorben ist, ganz abgesehen davon, dass sich die fragliche Stelle auf einen *türkischen* Liebesbrief bezieht!

Nun spielen Blumen im *Hohen Lied* tatsächlich eine Rolle, und vermutlich würde dies schon genügen, um das Vorurteil von der

51 Herder, *Volkslieder*, S. 434.

Blumigkeit der orientalischen Poesie – später meist begriffen als bilderreiche, in Metaphern schwelgende Sprache – tief in unser vermeintliches Allgemeinwissen einzusenken, zumal wenn dieser Text aus der Bibel das einzige Stück orientalischer Dichtung ist, das jeder irgendwie kennt. Herder genügte das freilich nicht. Er macht in Gestalt seines Kommentars zum *Hohen Lied* einen ganzen Fleurop-Service auf, ist doch ›Natur‹ in allen ihren Manifestationen neben der Poesie das zweite große Steckenpferd, Leitmotiv und allgegenwärtiger Bezugspunkt der im Geist der Gegenaufklärung groß gewordenen deutschen Literatur vom Sturm und Drang bis zur Spätromantik.

Die Ironie dieses Vorurteils, dieser hartnäckigen *idée reçue* von der Blumigkeit des orientalischen Dichtens, wird umso deutlicher, wenn man sich klar macht, dass man heutzutage die Texte aus der Bibel gar nicht ohne weiteres zur orientalischen Dichtung zählen würde. Orientalische Dichtung, das sind für uns Texte aus dem islamischen Kulturkreis viel mehr als diejenigen aus der hebräisch-jüdisch-biblischen Überlieferung, die ja, wenn man unseren Politikern glaubt, zu *unserer* christlich-*jüdischen* Tradition immer schon dazugehört haben, uns also gar nicht mehr wirklich fremd, wild, exotisch und morgenländisch-blumig erscheinen können.

Wenn die orientalische Dichtung, wie wir sie heute verstehen, also die orientalisch-islamische Dichtung, indessen nicht blumig ist, was ist sie dann? Zum Zeitpunkt, da man sich in Mitteleuropa für sie zu interessieren begann, verzeichnete diese Dichtung eine bereits über eintausend Jahre währende Geschichte in mindestens drei großen Kultursprachen, dem Arabischen, dem Neupersischen und dem Osmanisch-Türkischen. Man muss keine einzige Zeile dieser großartigen Literaturen gelesen haben, um sofort zu wissen, dass es kompletter Unsinn wäre, literarische Phänomene über eine so lange Zeit und einen so großen geographischen Raum – wir sprechen über ein Gebiet, das von Spanien bis nach Neu-Delhi reicht – mit ein paar Schlagworten zusammenhängend charakterisieren zu wollen. Dies sei daher an dieser Stelle gar nicht erst versucht. Stattdessen möchte ich in aller Knappheit auf die große Diskrepanz aufmerksam machen, die besteht zwischen dem von Herder und seiner Generation eröffneten literarischen Hallraum und (stellvertretend für viele andere) einem ausgewählten Dichter, der häufiger als jeder andere von den Übersetzern in diesen Hallraum transportiert und diesem gemäß aufbereitet wurde. Das Ergebnis dieser Zubereitung war eine Art orientalischer *Ossian*. Er trägt den Namen Mohammed Schemsed-din Hafis.

Unter allen ›orientalischen‹ Dichtern hat sich der Name Hafis wohl als einziger in das bildungsbürgerliche Gedächtnis eingeprägt, natürlich dank Goethes *West-östlichem Divan,* auf den sich unser Hafis-Wissen in aller Regel beschränkt, auch wenn darin, abgesehen von ein paar Zitaten, kein einziger Text von Hafis zu lesen ist. Selbst wer einmal eine echte Hafis-Übersetzung gelesen hat (es gibt viele, aber wirklich weit verbreitet ist keine) wird aufgrund dessen wohl kaum behaupten wollen, Hafis zu kennen. Tut er es dennoch, dürfen wir ihn einen Einfaltspinsel schimpfen. Ohne Persisch-Kenntnisse ist es nur dann möglich, Hafis einigermaßen kennen zu lernen und einschätzen zu können, wenn man mehrere Übersetzungen in mehreren Sprachen und aus mehreren Epochen nebeneinander hält. Tut man dies oder vergleicht gar den originalen Hafis mit den literarischen Strömungen, die seiner Rezeption den Weg bereiteten, gerät man ins Staunen.

Ist Hafis ein Empfindsamer? Ein Stürmer und Dränger? Ein Romantiker? Wenigstens ein Anakreontiker vielleicht, spielt der Wein doch unstrittig eine Rolle in seinen Gedichten und wird zuweilen sogar auch auf dem Gebetsteppich vergossen? Zur Anakreontik lese ich in Gero von Wilperts beliebtem *Sachwörterbuch der Literatur,* dass sich in ihr »Spannung und Pathos der Barockdichtung zu kokett eleganter Kleinkunst [glätten].«[52] Man wird verstehen, dass ich mich angesichts dessen dagegen sträube,

52 Gero von Wilpert, *Sachwörterbuch der Literatur,* Stuttgart 1989, S. 27.

Hafis auch nur ansatzweise als Anakreontiker zu bezeichnen, wie es in der germanistischen Fachliteratur immer wieder vorkommt, eine Folge von Hammer-Purgstalls Bezeichnung des »Gasels« als »anakreontische Ode«.[53]

Überhaupt weisen weder Hafis noch die wenigen weiteren Beispiele der orientalischen Dichtung, die in dem entscheidenden Jahrhundert zwischen den 1760er Jahren und Friedrich Rückerts Tod 1866 in Deutschland übersetzt wurden, offensichtliche Schnittmengen mit den erwähnten literarischen Strömungen auf. Eher würde man sagen: Die Lyrik des islamischen Mittelalters hat damit wenig bis gar nichts zu tun, vielmehr gleicht sie derjenigen Dichtung, gegen die sich diese neue Generation damals abgrenzen wollte, nämlich Barock und Manierismus. Die orientalische Lyrik, die von Hafis zumal, ist weder sentimental noch empfindsam. Ihr Subjektbegriff oder ihr lyrisches Ich hat nichts mit dem zu tun, was uns seit dem 18. Jahrhundert in unserer Lyrik begegnet und unser Bild des lyrischen Ichs bis in die Gegenwart so sehr geprägt hat, dass es uns noch heute schwer fällt, die oftmals subjektlose Lyrik unserer Zeit angemessen zu würdigen.

Die Themenpalette der hochklassischen orientalischen Lyrik ist breit und reicht von Jagd- und Heldendichtung, über Trauerlyrik, Panegyrik und Selbstlob, teilweise extrem obszöner Spottdichtung bis hin zur religiösen Lyrik und allen Spielarten der Liebeslyrik, hocherotisch ebenso wie platonisch, homosexuell ebenso wie heterosexuell, um es mit unserer Begrifflichkeit zu sagen, die im vorliegenden Zusammenhang freilich anachronistisch ist. In den Übersetzungen kam jedoch nahezu ausschließlich die Liebeslyrik zu Wort,[54] deren ursprünglich arabische Gattungsbezeichnung,

53 Hafis, *Der Diwan,* aus dem Persischen von Hammer-Purgstall, München 2007, S. 9

54 Das gilt noch heute: Falls überhaupt orientalische Lyrik überblickshaft vorgestellt wird, muss es die Liebeslyrik sein. Vgl. z. B. die Anthologie von Claudia Ott (Hg.), *Gold auf Lapislazuli. Die 100 schönsten Liebesgedichte des Orients,* München 2008. Eine der wenigen Ausnahmen in älterer Zeit ist Rückerts Übersetzung einer Anthologie

ghazal, sich als Name für eine orientalisierende lyrische Form, das Gasel, im Deutschen eingebürgert hat.

Im Vergleich zur Lyrik aus der Zeit des Sturm und Drang und der Romantik umgibt die klassische persische Kunstlyrik, mit Hafis als Gipfelpunkt, den Dichter mit einem Korsett aus Konventionen inhaltlicher und formaler Art. Dichterisches Genie äußert sich nicht überschäumend und individualistisch, sondern dadurch, sich innerhalb der Vorgaben dieses Korsetts möglichst so kunstfertig zu bewegen, als gäbe es dieses Korsett gar nicht. Bis ins 20. Jahrhundert hinein gehorchte diese Lyrik aufs strengste einer Regelpoetik, die Herder in seiner zitierten Invektive gegen »Poetiken, Ethiken« (und so weiter) erst kurz vor der Entdeckung dieser Poesie verworfen hatte.

Die Hafis-Übersetzung von Hammer-Purgstall jedoch, der Goethe seine Anregungen verdankt, weist – um hier nur ein Zugeständnis an den Zeitgeschmack zu nennen – eine strophische Formenvielfalt auf, die das strophenlose Original gar nicht kennt. Die Strophe, Hafis unbekannt, ist eines der ersten Elemente, die von den meisten Übersetzern bis heute regelmäßig wieder in den Text hineingetragen werden. Wir finden in der Lyrik des Hafis, ja der ganzen im Westen rezipierten klassischen orientalischen Lyrik zudem nur wenig, was Erneuerung, Bruch, literarische Revolution bedeutet, so sehr die Übersetzungen vielleicht danach klingen oder dahingehend gelesen wurden.

Die Anschlussfähigkeit der orientalischen Dichtung im Allgemeinen und der des Hafis im Besonderen an die deutsche Literatur zwischen Sturm und Drang und Spätromantik verdankt sich zwei Faktoren, die mit dem Original gar nichts zu tun haben. Der eine ist die Entwurzelung dieser Dichtung, verstanden als die

altarabischer Heldenlyrik, der sogenannten *Hamasah,* für die sich Rückert vermutlich aus nationalistischen Gründen interessierte. Vgl. Friedrich Rückert, *Hamasa oder die ältesten arabischen Volkslieder. Werke der Jahre 1846–1847,* hrsg. von Rudolf Kreutner, Göttingen 2004.

Unkenntnis ihrer Zusammenhänge und Kontexte. Eine entwurzelte, aus ihrem Kontext gerissene Dichtung, eine Dichtung vor allem, deren Kontexte nicht oder nur sehr ungenügend bekannt sind, ist zwangsläufig besonders deutungsoffen. Wir können mit ihr machen und in sie hinein lesen, was wir wollen. Sie kann sich nicht wehren und hat keine eigenen Anwälte.

Der zweite entscheidende Faktor der Hafis-Orient-Rezeption ist natürlich die Übersetzung. Es ist für die Rezeption der orientalischen Literatur, wenn nicht des Orients, genauer, des islamischen Kulturkreises insgesamt, bis heute zumindest in Deutschland ein äußerst folgenschwerer Umstand gewesen, dass sie (mit ihrem Hauptkronzeugen Hafis) in das Umfeld der genannten literarischen Strömungen und damit genau in die von Herder aufgemachte Dichotomie von Gefühl und Verstand fiel.

Es war unvermeidlich, dass die wenigen Übersetzer der orientalischen Literatur, das zu übersetzende (Roh)Material ihrer Zeit, ihrem Zeitgeist, ihrer Sprachgemeinschaft lesbar zu machen versuchten, es ihr anpassten und für sie frisierten. Das geschah schon bei Shakespeare und beim *Hohen Lied*, mithin bei Texten, die viele Zeitgenossen im Original lesen, deren Übersetzung sie überprüfen konnten. Wie also erst bei Texten, die nicht nur unbekannt in einer unbekannten Sprache vorlagen, sondern in aller Regel noch nicht einmal gedruckt waren, sondern den Übersetzern und Orientalisten lediglich in Manuskriptform vorlagen, von kaum einem anderen je einzusehen? »Als Hülfsmittel zog er die berühmtesten türkischen Comentare zu Rath, Schemii, Sururi und Sudi, von denen er die beiden ersten in Sultan Abdulhamids Bibliothek einzusehen Gelegenheit hatte, den letzten und vorzüglichsten aber selbst besitzet«, schreibt Hammer-Purgstall von sich selbst in der Vorrede zu seiner Übersetzung von Hafis' *Diwan,* und er meinte damit handschriftliche, kommentierte Hafis-Ausgaben, keinesfalls Sekundärliteratur in unserem Sinn.[55]

55 Hammer-Purgstall, *Diwan,* S. 11.

Wir sahen schon bei Herder, dass es bei den Übersetzungen in jener Zeit mehr auf das Ziel als auf die Quellen ankam: Das *Hohe Lied,* Shakespeare, die Dichtung der Wilden, *Ossian* – Texte, die verschiedener nicht sein könnten, gelten angesichts der angestrebten Entdeckung einer authentischen, echt gefühlten, vom Verstand unangekränkelten Poesie nahezu als Einerlei. Der deutsche Hafis, wie er von Goethe mit Begeisterung, sonst außerhalb der Orientalistik eher im deutschen Liedgut als in der Literatur rezipiert wurde,[56] fügt sich in dieses Programm, sieht man von ein paar Besonderheiten ab, die eher Hammer-Purgstall als Hafis selbst geschuldet sind. Dies Hammer-Purgstall vorzuwerfen, wäre unsinnig und ahistorisch. Wir müssen ihm und etwa auch Rückert im Gegenteil dankbar dafür sein, ihrer Zeit gemäß übersetzt zu haben. Hätten sie versucht, die orientalische Dichtung so zu übersetzen, wie Hölderlin die Griechen – ihre Arbeit hätte, wie übrigens auch die Hölderlins, nicht das geringste Echo gefunden; der von Herder geöffnete Raum für das eingedeutschte Fremde, wenigstens ein Stück weit Inkommensurable, wäre unbetreten geblieben. Die orientalische Dichtung hätte den guten, wenn auch einseitigen Ruf, den sie dank Goethe und ihren ersten Übersetzern doch immer noch hat, vermutlich nie erlangt.

Übersetzungen, auch wenn sie Entferntes zu vermitteln suchen, springen ebenso wenig aus den sprachlichen und literarischen Rahmenbedingungen ihrer Zeit wie sogenannte Originalwerke. Sie können ihrer Zeit und der sie umgebenden Sprache auch nicht voraus sein. Sie können aber, statt hinterherzuhinken, auf der Höhe der Zeit sein: die zeitgenössische Literatur begleiten, sich von ihr inspirieren lassen, sich in sie einschreiben. Genau dies haben die ersten Übersetzer orientalischer Dichtung getan. Zwar stimmt es, dass unser allzu simples und vielfach verzerrtes Bild

56 Vgl. J. Christoph Bürgel, *Zu Hafis-Vertonungen in deutschsprachigem Liedgut,* in Rüdiger Görner und Nima Mina (Hg.), *Wenn die Rosenhimmel tanzen. Orientalische Motivik in der deutschsprachigen Literatur des 19. und 20. Jahrhunderts,* London 2006, S. 67–94.

von der orientalischen Dichtung auf diese Epoche zurückgeht. Aber verantwortlich dafür, dass sich dieses Bild nicht gewandelt und ausdifferenziert hat, wie beispielsweise dasjenige Shakespeares, sind die Generationen von Literaten, Übersetzern und Orientalisten, die später kamen und eben das nicht leisteten, was die ersten Übersetzer so auszeichnete: auf der Höhe ihrer Zeit, der Sprache der Dichtung ihrer Gegenwart zu sein.

Wenn man Hafis in die Sprache des Sturm und Drang oder der Romantik übersetzen kann, kann man ihn ebenso gut in den Expressionismus, in den Surrealismus, ja erst Recht in die neue Sachlichkeit übersetzen. Hafis ist ein Dichter, der mit seinen Sprachspielen und seiner Ironie wunderbar zu den Wiener Avantgarden gepasst hätte. Sie könnten daher durchaus auch von zeitgenössischen Avantgardedichtern rezipiert werden. Dass dies nicht geschah, hat zum einen den banalen Grund, dass keiner unserer Nachkriegslyriker einer orientalischen Sprache mächtig war.[57] Zum anderen hat es den weniger banalen Grund, dass, ganz anders als einst Hammer-Purgstall und Rückert, keiner unserer Orientalisten die Lyrik seiner und unserer Zeit und Muttersprache auch nur ansatzweise rezipiert hat, geschweige denn sich von ihr inspirieren ließ; sei es, weil sie kein Interesse daran hatten und dafür nicht empfänglich waren, sei es, weil die Fach- und Interessen übergreifenden Schnittmengen fehlen, die die Voraussetzung dafür wären, dass aktuelle Dichtung über einen engen Kreis von Spezialisten hinaus bekannt wird. Die Verantwortung läge dann nicht allein in der bildungskonservativen Grundhaltung der potenziellen Übersetzer, sondern ebenfalls in der gesamtgesellschaftlichen Stellung unserer Dichtung und damit durchaus auch bei den Dichtern selbst.

57 Die einzige Ausnahme ist der deutsch-iranische Lyriker Cyrus Atabay (1929–1996). Seine Hafisnachdichtungen in Prosa unterscheiden sich radikal von den Übersetzungen unserer Orientalisten. Sie sind gesammelt in dem Band *Die schönsten Gedichte des klassischen Persien*, übertragen von Cyrus Atabay, München 1998.

Für die Orientierung an ihren klassisch-romantischen Vorläufern, wie es etwa bei Annemarie Schimmel überdeutlich ist, hatten diese Übersetzer und Orientalisten immerhin einen guten Grund. Die alte Form ist diejenige gewesen, in der ihnen die orientalische Poesie auf Deutsch begegnete, und sie war es auch, in der ihnen (nämlich in Gestalt unserer Klassiker) Poesie überhaupt begegnete. Und berechtigte nicht die formale Strenge der orientalischen Dichtung eben dazu, die Anlehnung an unsere eigenen Klassiker und Meister der Form zu suchen; machte es das Vergangensein dieser Dichtung nicht nötig, sie auch in eine ältere klassische Sprache zu übersetzen?

Freilich ist die vermeintlich ältere Sprache, in die übersetzt wurde, oft nur ein lebloser Klon der Sprache unserer Klassik und Romantik. Zu welchen geschmacklichen Verirrungen das bis heute führt, belegte erst vor wenigen Jahren eine von Claudia Ott herausgegebene Anthologie orientalischer Liebeslyrik, deren Verhaftetsein im Paradigma der Blumigkeit sich schon im Titel ausdrückt, welcher die Blumigkeit auf mineralogisch-koloristische Weise interpretiert: *Gold auf Lapislazuli*! Mit der folgenden Übersetzung Annemarie Schimmels wird versucht, die osmanische Dichtung den Leserinnen und Lesern von *Gold auf Lapislazuli* nahezubringen:

Meine Brust durchbohrte heut ein Liebchen, spielend Kastagnetten,
Rosenwangig, rosablusig, und in Seiden, violetten.
Lichtgesichtig, silbernackig, mit zwei Schönheitsmalen, netten,
Rosenwangig, rosablusig, und in Seiden, violetten.

Einen reichgestickten Turban sie sich um ihr Köpfchen schlingt,
Ihre parfümierten Brauen hat mit Surma sie geschminkt,
Und ich glaub, dass ihre Jahre kaum auf fünfzehn sie erst bringt –
Rosenwangig, rosablusig, und in Seiden, violetten.[58]

58 Claudia Ott (Hg.), *Gold auf Lapislazuli. Die 100 schönsten Liebesgedichte des Orients*, München 2008, S. 76.

Niemandem von Geschmack ist es übel zu nehmen, wenn er sich angesichts solcher Texte für die orientalische Literatur nicht interessieren zu müssen glaubt. Und so bleibt diese Poesie in Deutschland bis heute weitgehend zwischen Herder und der Romantik gefangen, eingesperrt in ein übersetzerisches Paradigma, das als eines von vielen seine Berechtigung hätte, als einziges oder auch nur dominantes spätestens seit der zweiten Hälfte des zwanzigsten Jahrhunderts jedoch als verzerrend und hinderlich gelten muss.

Eine Übersetzung der orientalischen Poesie auf der Höhe der literarischen Sprache unserer Zeit ist ein Desiderat umso mehr, als das Programm Herders, das der orientalischen Poesie den Status einer gegenaufklärerischen Hilfstruppe zuwies, unsere Auseinandersetzung mit der islamischen Kultur in die Sackgasse eines trügerischen Entweder-Oder zwischen Verstand und Gefühl, Aufklärung und Verzauberung getrieben hat. Dass eine solche moderne Übersetzung möglich ist, beweist immerhin die englisch- und französischsprachige Welt. Doch möge sich jeder anhand einiger zufällig ausgewählter Zeilen[59] von Hafis ein eigenes Urteil bilden – auch manche alte Übersetzung hat ihren Charme, und was davon Hafis selbst am ehesten ›wirklich‹ entspricht, wüsste er wohl selbst nicht zu sagen.

Verliere keine Zeit mit Gram,
Im Ganzen ist die Welt nichts werth,
Verkauf das Ordenskleid um Wein,
Es ist ja sonsten zu nichts werth.

Man giebt nicht einen Becher Wein
Für meinen Teppich in der Schenke,
Was für ein Teppich! Seh't er ist
Nicht einen Becher Weines werth.[60]

59 Anfang des Ghasels Nr. 147 nach der Zählung der Ausgabe von Parviz Nâtel Khânlari, Teheran 1980 (unter Omission eines in anderen Ausgaben und Übersetzungen interpolierten Verses).

60 Hafis, *Der Diwan*, aus dem Persischen von Hammer-Purgstall, München 2007, S. 259. Diese Übertragung erschien erstmals 1814.

*

Des Kummers werth nicht Einen Augenblick
Ist alles was die Welt enthält an Glück.
Verkaufe du mein Mönchsgewand für Wein,
Denn Besseres kann nimmer werth es sein.

Bei keinem Weinverkäufer nähme man
Nur für ein einz'ges Glas den Teppich an.
Ein schöner Tugendteppich in der That,
Der nicht den Werth nur Eines Bechers hat.[61]

*

Not all the sum of earthly happiness
Is worth the bowed head of a moment's pain,
And if I sell for wine my dervish dress,
Worth more than what I sell is what I gain!

Down in the quarter where they sell red wine,
My holy carpet scarce would fetch a cup –
How brave a pledge of piety is mine,
Which ist not worth a goblet foaming up![62]

*

Die ganze Welt verdient es nicht,
dass du dem Kummer hergibst
auch nur einen Augenblick;
verkaufe die Kutte für Wein,
besseren Erlös wird sie nicht finden!
Bei keinem Weinverkäufer nähme man
den Gebetsteppich an,
denn er wiegt nicht auf den Becher![63]

61 *Der Diwan des großen lyrischen Dichters Hafis,* ins Deutsche übersetzt von Vincenz Ritter von Rosenzweig-Schwannau, Wien 1858 – 1864. Band I, S. 375.

62 *The Hafez Poems of Gertrude Bell,* Maryland 1995, S. 103. Die Übersetzung erschien erstmals 1897.

63 *Die schönsten Gedichte des klassischen Persien,* übertragen von Cyrus Atabay, München 1998, S. 109.

*

Einen einzigen Augenblick im Gram zu durchleben, ist die ganze Welt nicht wert,
für Wein verschacher ich meine Kutte, etwas Bessres ist sie nicht wert.

In der Zeile der Weinverkäufer nehmen sie für nur einen Becher nicht meinen Gebetsteppich an –
bravo: Ein frommer Teppich, der nicht einen Humpen wert ist![64]

*

Le monde entier ne vaut pas un instant passé à s'en soucier.
Vends notre froc en échange de vin, rien ne vaut mieux.

Rue des marchands de vin, on ne le prendrait pas en gage d'une coupe:
Bravo pour ce tapis de dévotion qui ne vaut pas un verre à boire![65]

*

To spend even one moment grieving about this world
Is a waste of time. Let's go and sell our robes
For ordinary wine. Who says robes are better than wine?

In the crooked alleys where the wine sellers
Hang out, a prayer mat may not buy even
One glass of wine. What does that say about prayer mats?[66]

*

64 *Die Ghaselen des Hafiz,* neu in deutsche Prosa übersetzt von Joachim Wohlleben, Würzburg 2004, S. 222,

65 Hafez de Chiraz, *Le Divan,* traduction du persan par Charles-Henri de Fouchécour, Lagrasse 2006, S. 450.

66 *The Angels Knocking on the Tavern Door. Thirty Poems of Hafez,* translated by Robert Bly and Leonhard Lewisohn, New York 2008, S. 41.

Einen Augenblick lang sich zu sorgen:
Die ganze Welt ist's nicht wert!
Für Wein verkauf ich meine Kutte,
denn mehr ist diese nicht wert.

Im Viertel der Weinverkäufer
Gibt man für sie nicht ein Glas?
Ein Hoch dem Gebetsteppich: Er ist
So viel wie ein Becher nicht wert![67]

67 Hafez, *Diwan der Ghaselen,* aus dem Persischen ins Deutsche übersetzt von Reza Hosseini-Nassab und Christiane Tagunoff, Klagenfurt 2008, Band I, S. 270.

Die Ölquellen des Libanon

»Die Kultur ist für Libanon das, was für Ägypten der Nil und für die Golfstaaten das Erdöl ist.« Anfang des Jahres, in dem sich Beirut »arabische Kulturhauptstadt« nennen durfte, spottete der libanesische Dichter und Kritiker Shauqi Bzia in seiner Kolumne in der Tageszeitung »An-Nahar« über jenes bekannte Diktum eines früheren libanesischen Kultusministers. Die stets etwas eingebildete Selbsteinschätzung der Libanesen stehe in keinem Verhältnis zur Wirklichkeit. Schließlich habe das Land fünfzehn Jahre Bürgerkrieg, Dutzende Massaker und etliche tausend Tote gebraucht, um nur einigermaßen stabil zu werden. Doch anstatt Theater oder Lesungen zu besuchen, würden es die Libanesen vorziehen, durch die Einkaufsstraßen zu schlendern und ihr Geld in Restaurants zu lassen.

In der Tat fällt dem Besucher in Beirut auf, dass die Stadt über die blühendste Restaurant-, Kneipen- und Nachtklubszene im gesamten südlichen Mittelmeerraum verfügt. Wie der offensichtliche Nachholbedarf an Lebenslust, der die Restaurants nur so aus dem Boden schießen lässt, finanziert wird – die Preise in Beirut stehen denen in Paris nicht nach, sehr wohl aber die Einkommen –, ist freilich ein ebenso großes Rätsel wie die Frage, auf welche Weise die Milliarden zurückgezahlt werden sollen, die das Land in den letzten Jahren in den Wiederaufbau der Infrastruktur investiert hat.

Immerhin: Was die Fassade betrifft, waren die Investitionen erfolgreich. Wer heute noch einen genauen Eindruck davon bekommen will, was in Beirut zwischen 1975 und 1990 passiert ist, der muss in die Außenbezirke fahren, wo viele der ärmeren Schiiten und Palästinenser nach wie vor in regelrechten Trümmerhäusern wohnen. Dann aber gehe man nachts in eine der zahllosen Kneipen und Nachtcafés rund um die einst von Jesuiten gegründete Université de St-Joseph im zentralen Ost-Beiruter Stadtviertel Ashrafiye und mische sich unter die französisch parlierende jeunesse dorée. *Unter dem Damoklesschwert von Wirtschaftskrise und Staatsbankrott zelebrierte Libanon hier seine* golden nineties.

Dieser schillernden, hochpolierten Fassade ist auch das offizielle Programm von Beirut als arabischer Kulturhauptstadt verpflichtet. Erfolgreiche Selbstdarstellung ist oberstes Gebot. Und so kommt dieses Programm daher wie eine der übermäßig geschminkten jungen Frauen in der Einkaufsstraße Al-Hamra. Verwundert über so viel unnötige Maske sieht man sich um und schüttelt den Kopf. Denn es gibt hinter der Fassade (bis in die Gegenwart von 2011) tatsächlich eine sehr lebendige Kulturszene, die sich nicht zu verstecken braucht. Diese Kultur funktioniert wie ein selbstreferentielles, autarkes System, das nahezu ohne staatliche oder privatwirtschaftliche Förderung auskommt. Sie ist selbstreferentiell, weil sich das Publikum für diese Kultur fast ausschließlich aus Kulturschaffenden zusammensetzt, ganz gleich, ob es sich um Theater, Tanz oder Dichtung handelt, die nur von Dichtern gelesen wird. Sie ist autark, weil beinah jeder, der kulturell tätig ist, diese Tätigkeit aus eigener Tasche bezahlt.

Es gibt wohl nur einen Schriftsteller in Beirut, der allein von seiner Literatur leben kann. Er ist der jüngste und zugleich produktivste in der Phalanx der Beiruter Literaten. 1972 geboren, publiziert Rabi Djaber seit der Veröffentlichung seines ersten Romans im Jahr 1992, der ihm sogleich den Preis der Romankritik *eintrug, fast jährlich einen Roman. Strenggenommen lebt Rabi Djaber allerdings nicht von seiner Literatur, sondern für sie. Er habe sich überlegt, sagt er im Gespräch, dass die Literatur für ihn absolute Priorität besitze, und daher beschlossen, so bescheiden zu leben, dass er kaum Geld brauche. Wirklich erweckt Djaber einen sehr spartanischen Eindruck: Noch im Winter trägt er nur ein einfaches Hemd und Badesandalen, Kaffee und Zigaretten lehnt er ab. Auch verfügt er weder über eine feste Adresse noch – Beirut war schon in den Neunzigern die Hauptstadt der Handys – über eine Telefonnummer; wer ihn kontaktieren möchte, muss eine Nachricht bei seinem Verlag hinterlegen. So lebte der damals 27-Jährige, mit dem ich über Thomas Bernhard und Patrick Süskind diskutiert habe, wie ein Wanderderwisch aus dem 18. Jahrhundert.*

Auch der 1951 geborene Shauqi Bzia hat seine einstige Arbeit als Lehrer und Beamter im Informationsministerium seit einigen Jahren aufgegeben und schlägt sich nur noch mit Zeitungsbeiträgen durch. Viel braucht er nicht, denn er zahlt in der besten Wohnlage im West-Beiruter Stadtzentrum Al-Hamra keine Miete. Er lebt allein in einem zwölfstöckigen Haus, das normalerweise sechzig Familien Platz böte. Die saudischen Hauseigentümer haben zwecks Renovierung und anschließender Verteuerung alle Mieter herausgekauft, doch Bzia weigerte sich zu gehen. Der angedrohte Rechtsstreit lässt auf sich warten, Wasser und Strom fließen noch, sogar von den ehemals vier Aufzügen funktioniert noch einer. Die Wohnung voller Bücher wirkt durch die gespenstische Stille in dem riesigen, unbewohnten Haus wie der Grabraum einer postmodernen Pyramide. Nur dank seiner Wohnsituation kann es sich Bzia leisten, als freier Publizist zu leben; die meisten anderen Literaten haben einen Brotberuf als Lehrer, Universitätsdozent oder Journalist.

Die Feuilletonbeilagen der libanesischen Tageszeitungen, die zu den besten Presseprodukten in der arabischen Welt zählen, stehen denen großer europäischer Zeitungen kaum nach. Die meisten Kulturredaktionen werden von Schriftstellern geführt, deren Namen weit über Libanon hinaus bekannt sind. So arbeitet bei der linksgerichteten, prosyrischen Zeitung »As-Safir« seit 1997 mit Abbas Beydoun einer der renommiertesten libanesischen Dichter. Und für die wöchentliche Feuilletonbeilage der christlich-liberalen »An-Nahar« ist der Romancier Elias Khoury zuständig, dessen 500-seitiges Epos über die nach Libanon geflüchteten Palästinenser Das Tor zur Sonne *(Deutsch 2004) ein Jahr nach Erscheinen bereits in der zweiten Auflage vorlag – für arabische Romane in so kurzer Zeit eine Seltenheit.*

Es mag verwundern, wie beispielsweise Elias Khoury oder Abbas Beidun ihre Tätigkeit als verantwortliche Redakteure für die wichtigsten Feuilletonseiten der arabischen Welt mit eigener literarischer Tätigkeit vereinbaren können. Es reiche jedoch, sagt Abbas Beydoun, wenn er gegen Mittag und dann noch einmal abends für einige Stunden ins Büro komme, den restlichen Tag könne er zum Schreiben nutzen. Dennoch hat gerade Abbas Beydoun mit seinem unkonventionellen, sich über alle Gemeinplätze hinwegsetzenden Geist frischen Wind in die Beiruter Zeitungsszene gebracht. Überhaupt fällt auf, dass der kulturelle Diskurs in Libanon, der früher mehrheitlich von christlichen Literaten dominiert wurde, nach dem Bürgerkrieg wesentlich stärker von Schiiten aus Südlibanon wie Abbas Beydoun, Shauqi Bzia oder dem Romancier Hassan Daoud aus der Feuilletonredaktion der Zeitung »Al-Mustaqbal« bestimmt wird, die 1999 vom 2005 ermordeten ehemaligen Ministerpräsidenten Rafiq al-Hariri gegründet wurde.

Die Literatur ist, von ihrer historischen Verwurzelung in den arabischen Gesellschaften einmal abgesehen, nicht zuletzt deshalb die beliebteste Kunstform, weil sie außer einem Stift und einem Blatt Papier nichts braucht. Was gut ist, wird in Beirut auch irgendwann gedruckt – und sei es auf Kosten des Autors. Sieht man von Verlagen ab, die auf eine Finanzdecke aus dem Zeitungsgeschäft oder andere Quellen zurückgreifen können, wie der zur gleichnamigen Zeitung gehörige Verlag »Dar an-Nahar«, finanzieren sich die meisten Verlage durch die Autoren. Gute Häuser, wie etwa der mittlerweile bedeutendste libanesische Verlag für zeitgenössische Dichtung, »Dar al-Djadid« (»Das Neue«), achten indessen darauf, dennoch nur literarisch hochwertige Werke zu publizieren. Um dies zu gewährleisten, ist »Dar al-Djadid« dazu übergangen, unabhängig von seiner Literaturreihe auch Schriften islamischen Inhalts zu publizieren, sofern diese großzügig gegenfinanziert werden. Daher finden sich im Katalog von »Dar al-Djadid« neben Büchern des irakischen Surrealisten und enfant terrible *Abd al-Qadir al-Djanabi überraschenderweise auch Werke des ehemaligen iranischen Staatspräsidenten Khatami.*

Rascha al-Amir, Mitinhaberin von »Dar al-Djadid«, schätzt die Gestaltungsmöglichkeiten für Verlage skeptisch ein. So lehnte »Dar al-Djadid« ein Angebot von Suhrkamp ab, eine arabische Hermann-Hesse-Ausgabe mittels Fördergeldern finanziell abzusi-

chern. »Niemand liest«, sagt Rascha, und selbst die Bücher des weltweit populären Hesse würden nur auf Jahre hinaus die Lager zustellen. Eine unerlässliche Fußnote zu Raschas Kulturpessimismus setzen einige Tage später in einer Kneipe in Ashrafiye im Gespräch zwei junge Lehrerinnen, die mir begeistert von Stefan Zweig und Hermann Hesse erzählen. Beide hatten sie ihn auf Englisch gelesen. An arabischen Übersetzungen aus europäischen Sprachen besteht genau aus diesem Grund, zumindest im polyglotten Libanon, kaum Bedarf.

Als bei weitem unspektakulärste Kunst ist die Literatur in dem aufwendig gestalteten, vom libanesischen Kulturministerium herausgegebenen Katalog »Beirut 99, Kulturhauptstadt der arabischen Welt« nur spärlich vertreten. Sieht man von der stark geförderten frankophonen Literatur oder verstorbenen Autoren ab, werden von den großen Namen der derzeitigen libanesischen Szene nur Abbas Beydoun und Elias Khoury namentlich genannt. Lieber setzt man auf publikumswirksame Großveranstaltungen, zum Beispiel den Auftritt Pavarottis am 12. Juni in der funkelnagelneuen Cité sportive. Solche Happenings muss man wohl symbolisch begreifen: Beirut sucht Anschluss an Europa und das Mittelmeer, und wer Pavarotti hat, um den kann es so schlecht nicht bestellt sein. Dennoch stößt man in dem Programm bisweilen auf Überraschungen. Unter dem Titel Alif Noun Alif *(den Lettern des arabischen Wortes ana, »Ich«) präsentiert die Libanesin Chaza Charafeddine, die in La Branche bei Lausanne zur Heilpädagogin ausgebildet wurde und in Hamburg Eurhythmie studierte, ein von Gedichten des 1930 geborenen syrisch-libanesischen Avantgarde-Dichters Adonis inspiriertes Tanztheaterstück. Das Ergebnis darf mit Spannung erwartet werden, da sich die eurhythmische Bewegungskunst, die Rudolf Steiner Anfang des 20. Jahrhunderts vor allem an der Lyrik Goethes entwickelte, nicht ohne weiteres auf die metrisch wie klanglich gänzlich anders geartete arabische Dichtung übertragen lässt.*

Dass das Projekt in das offizielle Programm aufgenommen wurde, erfuhr Charafeddine selber erst durch den Katalog. Jetzt hofft sie, entsprechende finanzielle Unterstützung zu erhalten. Denn auch dieses Projekt wurde bis anhin fast ohne finanzielle Mittel in Angriff genommen: Das Wohnzimmer von Chazas Wohnung in einem kriegsversehrten Beiruter Vorort wurde zum Proberaum umfunktioniert, ihre Schauspieler sind junge Absolventen der Beiruter Theaterakademie und arbeiten unentgeltlich. Wenn sie ein attraktiveres Engagement bekommen, werden sie gehen, und auch das Bühnenbild kann ohne finanzielle Unterstützung nicht angemessen realisiert werden. Was für sie, die zehn Jahre in Europa gelebt hat, das Erdöl Libanons sei, möchte ich schließlich von ihr wissen. Die Antwort, so verblüffend einfach sie ist, verrät das eigentliche Geheimnis der kulturellen Blüte Beiruts: »Zeit«, sagt sie, »wir haben hier im Vergleich zu euch in Europa unglaublich viel Zeit.«

(1999)

Zu diesem Buch

Die vorliegenden Essays, Artikel und Reportagen sind eine Auswahl meiner Arbeiten aus den letzten zwölf Jahren. Die ausgewählten Texte erläutern Hintergründe und liefern Argumente, die sich meiner Ansicht nach unabhängig von den tagespolitischen Wandlungen bewährt haben.

Die Anordnung folgt den im Inhaltsverzeichnis genannten Themenblöcken, unterbrochen durch Berichte von Reisen in der islamischen Welt. Man kann und darf beim Lesen springen, sich das Buch nach dem jeweiligen Geschmack selbst neu zusammenstellen, darin ›surfen‹.

Noch ein Wort zum Titel: Der *Aufbruch in die Vernunft* ist zum einen – und die meisten werden es so verstehen – der revolutionäre Aufbruch der arabischen Völker in die Selbstbestimmtheit. ›Vernunft‹ bildet aber darüber hinaus den Fluchtpunkt einer jeden Auseinandersetzung mit uns selbst und (den) anderen insofern, als diese Auseinandersetzung sich an ihr messen lassen muss. Wer dagegen glaubt, er sei der Vernunft schon ausreichend teilhaftig, ist mit dem Denken fertig, bevor es überhaupt anfangen kann. Er steht damit der Vernunft unter Umständen so fern wie die, die sich gar nicht erst auf sie berufen.

Ich gehe also davon aus, dass Aufklärung, Vernunft, Moderne unvollendet sind – bei uns nicht unbedingt weniger als in der islamischen Welt. Geistige Bewegungen, selbst wenn sie sich in der Historie materialisieren, sind nie fertig und fraglos gegeben, sondern ein unendlicher, stets fortzuschreibender Prozess. Wer sich auf dem einmal Erreichten ausruht, fällt unversehens zurück. Der Titel dieses Buchs soll uns daran erinnern.

Verzeichnis der Erstveröffentlichungen

Texte, die hier erstmals publiziert werden, sind nicht verzeichnet. Alle anderen Texte sind für dieses Buch neu bearbeitet.

Epochenjahr – Januskopf: 2011 und die Folgen
Blätter für deutsche und internationale Politik 9/2011
Can you hear me, Major Mubarak? Die ägyptische Revolution auf ihrem Höhepunkt
Cicero.de (31.1.2011)
Mysterium Konversion: Wenn der Islam zum Heiratsantrag wird
Süddeutsche Zeitung (7.9.2007)
Vergesst die Konvertiten, zählt endlich Apostaten!
Süddeutsche Zeitung (19.9.2007)
Wie glaubwürdig ist die Trennung von Glaube und Politik?
Frankfurter Allgemeine Sonntagszeitung (15.3.2009)
Sind wir nur Materialisten? Die Fremdheit in der Welt im Kulturvergleich
Die Zeit (4.1.2011)
Islam und Westen: Hardware oder Software?
Merkur 662 (Juni 2004.)
Von Bin Laden wachgeküsst. Wie steht es um die deutsche Orientalistik?
Süddeutsche Zeitung (29.9. 2007)
Verwirrung allenthalben: der Gaza-Krieg und die deutsche Öffentlichkeit
Fikrun wa Fann 91 (Juni 2009)
Antigone im Morgenland: Ein Ausflug in den Gaza-Streifen
Süddeutsche Zeitung (31.12.2008)
Die Früchte des Zorns: Wie geht man mit Islamkritik um?
Süddeutsche Zeitung (13.2. 2010)
In Piratenmanier: Die kritische Islamkonferenz wird von Ideologen dominiert
Süddeutsche Zeitung (2.6. 2008)
Verfassungschauvinismus: Udo Ulfkotte bläst zum Krieg in unseren Städten
Die Zeit (15.5.2003)
Vom Nutzen und Nachteil der Islamkritik für das Leben
Aus Politik und Zeitgeschehen 13–14/2011 (März 2011)
Wir sind die anderen! Die Islamkritik nach dem Massaker in Norwegen
Süddeutsche Zeitung (29.7.2011)
Zweimal Iran
1. *Frankfurter Allgemeine Zeitung* (5.6.2003)
2. *Die Tageszeitung* (21.6.2003)

Islamische Aufklärung: Die »Kritik der arabischen Vernunft« des Marokkaners Mohammed Abed Al-Jabri
Neue Zürcher Zeitung (22.9.2009)

Bildersturm im Wasserglas. Die Hintergründe der islamischen Haltung zum Bild
Süddeutsche Zeitung (18.9.2007)

Der Hilfsbuchhalter Allahs. Die berühmt-berüchtigten Prophetenüberlieferungen al-Nawawis
Süddeutsche Zeitung (4.12.2007)

Zweimal Koran
1. Welche Übersetzung?
Frankfurter Allgemeine Zeitung (24.4.2010)
2. Der Koran, historisch-kritisch gelesen
Süddeutsche Zeitung (1.3.2011)

Machiavellistischer als Machiavelli. Der Islam als Kultur der Ambiguität
Süddeutsche Zeitung (27.7.2011)

Scharia und Grundgesetz
Cicero.de (2.11.2010)

Der lange Sommer der Anarchie. Afghanistan
Frankfurter Allgemeine Zeitung (8.10.2003)

Projektionsfläche Islam. Was unser Umgang mit den Muslimen über uns selbst sagt
Psychologie heute (April 2011)

Wutgegenstand Islam
On Rage, hrsg. von Valerie Schmidt / Susanne Stemmler / Cordula Hamschmidt (Hg), *Haus der Kulturen der Welt*, Berlin 2010, S. 289–298.

Verbeugung vor dem Buch. Riad
Süddeutsche Zeitung (16.3.2007)

Die Noblesse der Anderen. Über einen Satz von Mircea Eliade
Jahrbuch der Deutschen Akademie für Sprache und Dichtung 2007, Göttingen 2008.

Warum die orientalische Poesie so blumig ist
Antrittsvorlesung zur ersten Thomas-Kling-Gastdozentur an der Universität Bonn (11.4.2011)

Die Ölquellen des Libanon
Neue Zürcher Zeitung (8.5.1999)

Dank

den engagierten Mitarbeiterinnen und Mitarbeitern im J.H.W. Dietz Verlag, besonders Alexander Behrens; Etel Adnan für die freundliche Erlaubnis zur Verwendung ihrer Kalligrafie; Simone Falk für alles Mögliche; den Redakteurinnen und Redakteuren der Medien, für die ich die hier versammelten Texte schreiben durfte; und der Kunststiftung Nordrhein-Westfalen für ein Arbeitsstipendium in Istanbul, das ich unter anderem für die Arbeit an diesem Buch genutzt habe.

Stefan Weidner,

geb. 1967, studierte Islamwissenschaften, Germanistik und Philosophie und arbeitet heute als Autor und Übersetzer. Von ihm erschien u.a. der ›erzählte Essay‹ *Mohammedanische Versuchungen* (2004), die Erzählung *Fes* (2006) sowie die Streitschrift *Manual für den Kampf der Kulturen. Warum der Islam eine Herausforderung ist* (2008). Er ist Chefredakteur der vom Goethe-Institut für den Dialog mit der islamischen Welt auf Arabisch, Persisch und Englisch herausgegebenen Kulturzeitschrift *Fikrun wa Fann / Art & Thought*.